CB010974

✈ **Viagens com o Presidente**

Eduardo Scolese
Leonencio Nossa

✈ Viagens com o Presidente
Dois repórteres no encalço de Lula do Planalto ao exterior

2ª edição

EDITORA RECORD
RIO DE JANEIRO • SÃO PAULO

2006

CIP-BRASIL. CATALOGAÇÃO-NA-FONTE
SINDICATO NACIONAL DOS EDITORES DE LIVROS, RJ.

N785v   Nossa, Leonencio
2ª ed.   Viagens com o Presidente: dois repórteres no encalço de Lula do Planalto ao exterior / Leonencio Nossa, Eduardo Scolese. — 2ª ed. — Rio de Janeiro: Record, 2006.
     il.

     Apêndice
     ISBN 85-01-07630-9

     1. Silva, Luiz Inácio Lula da, 1945- – Viagens. 2. Repórteres e reportagens. I. Scolese, Eduardo. II. Título.

06-1537   CDD 923.281
                           CDU 929:32(81)

Copyright © Eduardo Scolese e Leonencio Nossa, 2006

Projeto gráfico de miolo, encartes e capa: Diana Cordeiro
Diagramação: Kátia Regina Silva
Mapas e infográficos: Renata Buono Design (www.renatabuonodesign.com.br)
Fotos de capa: Imagem principal — Dida Sampaio/Agência Estado; demais imagens, da esquerda para a direita — 1,2,3 e 4: Ricardo Stuckert/Presidência da República; 5: Sérgio Lima/Folha Imagem

Direitos exclusivos desta edição reservados pela
EDITORA RECORD LTDA.
Rua Argentina, 171 — 20921-380 — Rio de Janeiro, RJ — Tel.: 2585-2000

Impresso no Brasil

ISBN 85-01-07630-9

PEDIDOS PELO REEMBOLSO POSTAL
Caixa Postal 23.052 — Rio de Janeiro, RJ — 20922-970

Impresso no Brasil
2006

Aos bravos colegas da imprensa regional, que, além dos desafios diários da profissão, enfrentam a pressão política de seus patrões-coronéis.

Agradecimentos

Ao *Estado de S. Paulo* e à *Folha de S.Paulo*, pela confiança e responsabilidade atribuídas para acompanhar um presidente da República no Palácio do Planalto, no interior do Brasil e no exterior.

A militares, congressistas e integrantes do governo federal que narraram suas lembranças de viagens presidenciais. Seus relatos transportam os leitores a diferentes momentos de intimidade do presidente Lula.

A Cristiane Jungblut, Luiza Damé, Pedro Dias Leite e Tânia Monteiro, colegas de comitê de imprensa do Planalto e de viagens no encalço de Lula. Suas histórias renderiam outros livros sobre o tema.

A Fernando Rodrigues, João Domingos, José Casado, Juliana Ganz, pela leitura dos originais e oportunas sugestões.

A Adriano Ceolin, Alan Marques, Ana Paula Macedo, Clóvis Rossi, Cristina Lemos, Daniel Rittner, Demétrio Weber, Denise Chrispim Marin, Dida Sampaio, Dora Kramer, Ed Ferreira, Érika Klingl, Expedito Filho, Fabiano Lana, Fábio Marçal, Fábio Motta, Gabriela Guerreiro, Gustavo Miranda, Helayne Boaventura, Joedson Alves, Julia Duailibi, Kennedy Alencar, Leandro Fortes, Lula Marques, Orlando Brito, Paulo de Tarso Lyra, Roberto Stuckert, Roberto Stuckert Filho, Rodrigo Rangel, Rosa Costa, Rubens Valente, Samuel Figueiredo, Sandro Lima, Sérgio Dutti, Sérgio Lima e Taciana Collet, por cada minuto dedicado para a elaboração deste trabalho.

Eu sou um peregrino, eu ando muito por este país.

Lula, em maio de 2006, na cerimônia de implementação
do Programa de Medicamentos Fracionados,
no Palácio do Planalto.

O imperador está no Brasil.
[Aqui] Eu sou apenas um cidadão brasileiro.

D. Pedro II, em viagem ao exterior, registro de
As barbas do imperador, Lilia Moritz Schwarcz

Não vou viver trancado no palácio.

Lula, em seu gabinete no Planalto, na primeira semana
de governo, em janeiro de 2003

Ser presidente é difícil, mas é gostoso,
porque oferece a oportunidade de viajar bastante.

Em conversa com crianças argentinas,
em Buenos Aires, em outubro de 2003

Política não se faz via fax, telefone, internet.
É olho no olho. Como se diz no Brasil,
é no tête-à-tête.

Ao responder sobre o número de viagens internacionais,
em Abuja, Nigéria, em abril de 2005

É a viagem que eu gostaria de fazer.

Ao comentar a decolagem do tenente-coronel Marcos
Pontes, primeiro astronauta brasileiro, em março de 2006

Sumário

Apresentação

Um presidente nem sempre reage bem à perseguição da imprensa em viagens pelo país e exterior. Mesmo à noite, quando os jornais rodam, ou em dia de discursos e entrevistas suficientes para fechar várias reportagens, ele dificilmente anda sozinho.

Quando o presidente busca privacidade, os repórteres entram em desespero. É terrível não saber, por um minuto que seja, onde ele está. Afinal, atentados e acidentes são freqüentes na história. Assessores dizem que a possibilidade de um meteoro cair na cabeça do presidente é uma em milhões. Um repórter, assim como os seguranças, só pensa nesses meteoros. Uma frase basta para fazer estragos.

Luiz Inácio Lula da Silva, primeiro operário presidente do Brasil, aumentou a tensão. Poucos foram tão imprevisíveis, causaram tamanho alvoroço e viajaram tanto. A bordo de um avião, em banquetes de reis ou nos galpões de fábricas, ele tomou decisões, reagiu a críticas, falou da mãe e atacou a imprensa e a oposição.

Este livro narra as histórias dessas viagens, vividas ou presenciadas por nós e por outros colegas de profissão que também acompanharam o rastro do avião do presidente. Cada história de intimidade de Lula foi relatada por pelo menos duas pessoas. O trabalho contou ainda com a generosidade de pessoas do Palácio do Planalto, do Itamaraty, do Congresso Nacional e das Forças Armadas.

Os autores

A máquina

É tumultuada a chegada de Luiz Inácio Lula da Silva ao Palácio do Planalto, a 29 de outubro de 2002, na primeira viagem de São Paulo a Brasília como presidente eleito, menos de 48 horas após a vitória nas urnas.

Pelos corredores, ele é tocado, abraçado e beijado. Alguns funcionários não conseguem esconder o alívio com o fim dos oito anos de governo tucano, que deixa como marcas a estabilidade da moeda, a mediocridade do crescimento econômico, a suspeita de compra de deputados para aprovar a emenda da reeleição, os indícios de roubalheira nas privatizações, o desprezo pelas universidades públicas e a base de programas de transferência de renda como Bolsa-Escola, Bolsa-Alimentação, Cartão-Alimentação e Auxílio-Gás.

No gabinete do terceiro andar do palácio, Lula e o presidente Fernando Henrique Cardoso posam lado a lado para fotógrafos e cinegrafistas. Em busca de um melhor ângulo, profissionais de imagem gritam o nome de Lula. FHC os corrige:

— Lula, não. Presidente Lula.

Um repórter-fotográfico reclama do tumulto. Constrangido, Fernando Henrique sorri e leva Lula para uma sala ao lado. A portas fechadas, os adversários políticos e velhos conhecidos conversam descontraídos.

Lula, então, passa a ensaiar a melhor forma para trocar de assunto. O petista olha para os lados, verifica se não há ninguém por perto, aproxima-se um pouco mais do tucano e, quase sussurrando, lhe faz uma pergunta direta:

— Fernando, como você faz para dar uma escapadinha?

FHC sorri e também responde com discrição:

— É impossível, Lula... impossível... aqui tem ajudante-de-ordens para todos os lados.

Depois do encontro em que alertou o novo presidente para fofocas e intrigas palacianas, Fernando Henrique chama pelo menos dois jornalistas para, em bate-papos recheados de gargalhadas, relatar o que Lula lhe havia questionado naquela tarde.

Um parêntese: a primeira escapadinha do presidente eleito em Brasília ocorreu no *Réveillon* da vitória, noite anterior à posse, quando ele e a mulher, Marisa Letícia Lula da Silva, resolveram ir escondidos à festa familiar do vice-presidente eleito, José Alencar, no Hotel Nacional. A tática não deu certo. Um batalhão de jornalistas virou o ano nas ruas atrás do casal.

Depois de posar e conversar sobre "escapadinhas" com Fernando Henrique, Lula segue para o Congresso Nacional. Mais gente quer tocá-lo, abraçá-lo, beijá-lo.

O deputado José Dirceu, estrategista da campanha vitoriosa do PT, demonstra impaciência diante de tanta confusão e assédio a Lula:

— Não vejo a hora de isso terminar para a gente governar.

Nunca terminaria, ao menos no caso de Lula, que ainda visita o Supremo Tribunal Federal, onde funcionários também querem tirar fotos ao seu lado. No final da tarde, entra num BMW preto blindado da Polícia Federal, apreendido numa fiscalização naquele ano, e é escoltado por batedores e agentes armados até o hangar do aeroporto. Dali embarcará de volta para São Paulo.

Militantes com bandeiras vermelhas do Partido dos Trabalhadores aguardam o retorno de Lula ao hangar. Nas avenidas, motoristas buzinam e, nas margens, pedestres aplaudem o presidente eleito. Dois helicópteros da polícia sobrevoam a área.

Lula chega ao hangar antes dos militantes que seguem a comitiva. Ele está na porta da aeronave fretada pelo PT quando um dos autores deste livro, que chegara antes, aproxima-se. Diante da insistência, o petista comenta:

— Queria que esta festa durasse quatro anos.

Mesmo antes de assumir, Lula começou a demonstrar que sentia saudades dos comícios da vitoriosa disputa de 2002. Na quarta tentativa de ocupar o Planalto, teve 52,7 milhões de votos contra 33,4 milhões do tucano José Serra.

O petista obteve a maior votação proporcional da história, com 61,7 por cento dos votos válidos. Superou Eurico Gaspar Dutra, eleito com 55,4 por cento em 1945.

A presença de multidões, antes de assumir o poder e mesmo nas mais graves crises do governo, atenuaria a saudade do período eleitoral. Mas, a partir da eleição, Lula sabia que qualquer palavra solta nas ruas seria uma decisão tomada. Essa é a angústia dele, dizem os assessores. É preciso segurar a espontaneidade, aconselham os mais próximos.

A imagem do "Lulinha, paz e amor", como ele próprio definia seu estado de espírito durante o processo eleitoral, reduziu a rejeição a seu nome. O *marketing* transformou o homem raivoso e radical num bicho de pelúcia de *shopping*, literalmente. No documento "Carta ao povo brasileiro", ainda durante a campanha, ele deixava claro que não faria mudanças bruscas na economia e, como conseqüência, na estrutura social.

Na posse no Congresso, Lula diz, em tom moderado, que o momento é propício para as reformas sociais, pois empresários, partidos políticos, Forças Armadas e trabalhadores estão unidos. Também fala de ética, um dos pilares da imagem do PT. Chega a cutucar Fernando Henrique, acusado pelos petistas de permitir o roubo do dinheiro público e evitar com maestria a instalação de comissões parlamentares de inquérito para investigar as privatizações.

Encarregado de ler o termo de posse, o deputado Severino Cavalcanti, o rei dos parlamentares sem expressão e famoso por dar cheques sem fundos no sertão nordestino, faz um inesperado discurso.

— Não é coincidência nós dois, pernambucanos e retirantes, chegarmos até aqui?

Mais à frente, Severino vai complicar a vida do conterrâneo.

Assinada a ata de posse, Lula segue num Rolls-Royce até o Planalto. Fernando Henrique o aguarda. O novo presidente sobe a rampa do palácio. O vice, José Alencar, está ao lado dele. José Dirceu, o novo chefe da Casa Civil, apesar de apenas ministro, também sobe a rampa, um pouco atrás.

A multidão na praça dos Três Poderes está ansiosa em ver o ex-operário com a faixa no peito. A Polícia Militar e o noticiário *on-line* estimam um público que varia de 70 mil a 200 mil pessoas na área central da cidade.

Visivelmente emocionado, Fernando Henrique tira a faixa de seda puída para entregá-la ao sucessor. Os óculos do tucano caem. Lula se agacha para pegálos. Fernando Henrique não se move, pois, em oito anos de governo, acostumou-se com a antecipação de subordinados para pegar objetos no chão, retirar gravatas da mala, mover maçaneta, ligar ar-condicionado, acender a luz e buscar um copo d'água. Tanto é que um ajudante-de-ordens se agacha ao mesmo momento para pegar os óculos.

Dois objetos simbolizam o poder de um presidente brasileiro. O primeiro, a faixa verde e amarela, foi criado em 1910 pelo então presidente Hermes da Fonseca. Confeccionada para a posse de Fernando Collor em 1990, a faixa entregue a Lula apresenta um erro. Em vez dos 15 centímetros de largura exigidos por decreto, tem apenas 12 centímetros.

O segundo símbolo é entregue num ritual com a presença de poucas pessoas. O chefe da segurança do Palácio do Planalto olha para o novo presidente, estende a mão e entrega ao eleito um pequeno aparelho eletrônico com luzinhas: um bipe oferecido pelo povo brasileiro.

Uma luzinha verde fica acesa 24 horas por dia, sinal de que o objeto está ligado e funcionando. Diferentemente da faixa, que fica guardada numa caixa de madeira na sala do Cerimonial do Planalto, o pequeno aparelho oferecido pelos brasileiros e que mais parece um controle remoto para abrir portões é carregado pelo presidente para todos os cantos.

À noite, na hora de se deitar, o presidente coloca o símbolo máximo na mesinha-de-cabeceira. Ele só aperta o botão do aparelho, para acender a luzinha vermelha, em caso extremo, se passar mal ou sofrer um inesperado ataque. Nesse momento, outros aparelhos com seguranças do lado de fora do quarto trepidam e apitam, além de acender a tal luzinha vermelha. Os seguranças entram rapidamente no aposento para salvar a vida do presidente.

Com a faixa presidencial no peito e o aparelho da luz verde no bolso, sinais de que é de fato o chefe da Nação, Lula discursa no parlatório. Lembra que a vitória dele não foi resultado apenas de uma campanha.

— Antes do PT, companheiros e companheiras morreram para conquistar a democracia e a liberdade.

Às 17:40, Fernando Henrique deixa o palácio. O tucano e a mulher, Ruth, embarcariam para São Paulo, na primeira viagem dele como ex-presidente. Além da faixa e do bipe, deixa ao sucessor a fama e o gosto pelas viagens. No governo tucano, um dos personagens do humor nacional mais conhecidos foi "Viajando Henrique Cardoso", do programa *Casseta & Planeta urgente!*, da Rede Globo.

Lula e Alencar entram novamente no Rolls-Royce para outro desfile aberto na Esplanada dos Ministérios. O evento foi idealizado pelo marqueteiro Duda Mendonça e coordenado pelo então secretário-geral do PT, Sílvio Pereira. Dois anos depois, tanto Duda quanto Silvinho seriam acusados de corrupção e movimentação de caixa dois.

Jovens tomam banho no espelho-d'água em frente ao Congresso. Um militante petista exaltado agarra Lula durante o desfile, mas seguranças conseguem imobilizá-lo sem ferimentos.

No dia seguinte, o jornal inglês *Financial Times* traz na capa: "Brasileiros enlouquecem com posse de Lula", e ressalta o "fervor inusitado" nas ruas. O *Times* destaca que o presidente "capturou os corações dos pobres com sua história e teve o apoio da classe média, que considera que os oito anos de Fernando Henrique desaceleraram o crescimento e prejudicaram a indústria".

O *Le Figaro*, da direita francesa, critica o presidente Jacques Chirac por não participar da festa. O jornal diz que a posse de Lula foi um acontecimento importante da "história universal". Os três maiores jornais dos Estados Unidos —

The Washington Post, The New York Times e *The Wall Street Journal* — não noticiam a posse na primeira página.

Lula, no gabinete, estréia no cargo. Ao amigo e chefe-de-gabinete Gilberto Carvalho faz a primeira reclamação:

— Isto aqui é muito frio, me sinto prisioneiro. Queria estar na porta de uma fábrica, mobilizando os companheiros.

A imagem de Lula no gabinete vale ouro. Suas fotografias na sala de audiência, ao lado, onde recebeu em separado 13 personalidades estrangeiras no primeiro dia, não despertam o entusiasmo dos repórteres de imagem. A fotografia importante é a do homem despojado, das multidões e dos discursos inflamados sentado à mesa em estilo clássico do presidente.

Lula chegou às 8:10 ao palácio, e passaria dez horas ali no primeiro dia de trabalho. Tomou café com o presidente da Venezuela, Hugo Chávez, que atrasou cinqüenta minutos, e jantou na residência oficial da Granja do Torto, com o presidente de Cuba, o ditador Fidel Castro. O presidente não saiu do gabinete nem para almoçar. Essa rotina de chegar por volta das 9:00 e sair depois de 21:00 seria mantida no decorrer do mandato.

Lula, no entanto, seria chamado de preguiçoso em algum momento de seu governo. Fernando Henrique só aparecia por volta de 10:00 ou à tarde no palácio. A justificativa durante o governo tucano é que no Alvorada existia uma fantástica biblioteca, o que atrasava a ida do presidente ao Planalto. Numa entrevista ao final do mandato, no entanto, Fernando Henrique confessou que só sentiria falta da piscina da residência.

Seria sempre assim: lá pelas 21:30, a mulher de Lula, Marisa Letícia, telefona irritada aos assessores do gabinete.

— Falem para ele sair logo.

No final da tarde daquele primeiro dia de trabalho, assessores chamam os repórteres de imagem para, finalmente, retratar Lula sentado à mesa do gabinete presidencial. É a foto que os jornais querem para fechar as capas.

Em clima de expectativa, os repórteres de texto aguardam os fotógrafos e cinegrafistas no comitê de imprensa, uma sala no térreo do palácio. Todos estão ansiosos para ver se houve mudança na decoração do gabinete e como o presidente se comporta na jaula.

Falta hábito para chamá-lo de "presidente Luiz Inácio Lula da Silva", dizem os repórteres. Lula — apelido de infância no agreste pernambucano — sempre foi o barbudo raivoso dos protestos, o político que perdeu três eleições para presidente e uma para governador de São Paulo e que disse existirem "trezentos picaretas" no Congresso, uma frase mais lembrada do que a sua própria atuação na Câmara, de 1987 a 1991. No pleito de 1986, foi o deputado federal mais votado do país, com 600 mil votos. No Parlamento, teve uma atuação pífia.

Qualquer fato envolvendo o presidente é destaque certo nas páginas dos jornais, nos programas de rádio e televisão. É preciso ficar atento para movimentos no Planalto. Arranjo de flores, santo, livro ou CD de música. Um pequeno objeto no gabinete rende uma reportagem. Por isso, não se pode vacilar e deixar detalhes passarem. Tudo que vem de um presidente carismático e popular tem interesse extraordinário.

No gabinete, os *flashes* disparam. Minutos depois, os fotógrafos e cinegrafistas saem correndo com tripés, lentes e escadas portáteis para agilizar o envio das imagens.

Nas redações os editores querem saber qual foto vai para a capa. Antes, os fotógrafos têm de relatar aos repórteres de texto o que viram no gabinete, o que Lula falou, quantas vezes sorriu ou abriu os braços. É a foto esperada por vinte anos. Pelos minúsculos visores das máquinas, os repórteres olham as primeiras imagens de Lula sentado à mesa de presidente. Ali está um homem de gravata de listras vermelhas, terno cinza com os três botões presos. Os pés dele estão bem à frente, por baixo da mesa. As mãos, juntas, em cima de uma pasta. Em outra foto, as mãos estão apoiadas em papéis. Ele deveria estar buscando algo para fazer no instante da foto. O ombro está um pouco à frente, e o olhar, para um canto da sala.

É a imagem de alguém que ainda não se adaptou ao espaço, dando a impressão de que o ambiente é pesado, um empregado recém-promovido.

— Ele tenta demonstrar que sabe trabalhar nisso — comenta meses depois um repórter-fotográfico que esteve no gabinete naquele dia.

O chefe-de-gabinete, Gilberto Carvalho, e o ministro-chefe da Casa Civil, José Dirceu, aparecem em algumas fotos, do outro lado da mesa. Numa delas, Dirceu olha fixo para a câmera, como se estivesse num momento de êxtase.

No mesmo dia no Planalto, na posse como ministro, Dirceu lembra o período do regime militar. Agradece a Fidel Castro, um dos presentes à cerimônia, por abrigá-lo durante o exílio.

O ex-prefeito paulistano Paulo Maluf, adversário dos petistas e acusado de roubar os cofres de São Paulo, também está ali. Fidel compara a vitória do PT à entrada dele em Havana, na revolução de 1959. Por sua vez, Dirceu defende uma "revolução social".

— Quis o protocolo e o destino que eu subisse a rampa junto com o general Félix. Subi a rampa com toda a minha geração.

O militar Jorge Armando Félix, ministro do Gabinete de Segurança Institucional da presidência da República, almoçaria, mesmo durante as crises, no restaurante do Planalto freqüentado por repórteres. Pelos corredores de acesso ao local, ele daria entrevistas à imprensa.

Ao contrário do general, Dirceu optaria pela imagem de homem poderoso e hostil. Sempre ressaltou o passado de "combates". Não há registro desses enfrentamentos. Ele nunca foi amigo de Lula, o companheiro que despontou no meio conservador e sindical do ABC, em São Paulo, no declínio do regime militar.

O pragmatismo os uniu. Lula precisava das estratégias de Dirceu, que, por sua vez, dependia do carisma dele para chegar ao poder, dizem alguns petistas. Por temer a influência de Dirceu no governo, Lula escolheu um terceiro nome: Antonio Palocci Filho, prefeito de Ribeirão Preto, que coordenou a transição de governo e, depois, assumiu a pasta da Fazenda.

Durante os 31 meses em que ficaria no governo, Dirceu seria protagonista de histórias contadas a gargalhadas em rodinhas de seguranças. Toda vez que chegava ou saía de casa, o ministro arregalava os olhos, assustado, como se estivesse à espera de um atentado. Por isso passou a ser chamado pelos seguranças de "o guerrilheiro".

Desde a inauguração da capital, o ato de subida da rampa, um elevado de concreto que vai da pista em frente à praça dos Três Poderes ao Salão Nobre, no segundo andar do Planalto, é uma das marcas da presidência.

Muitos tentaram, sem sucesso, subir a rampa. O próprio construtor do palácio e de Brasília, o presidente Juscelino Kubitschek, a subiu para inaugurar o prédio. Viu frustrado o sonho de voltar ao poder e subir a rampa em 1965, por causa do golpe militar ocorrido um ano antes.

JK não foi apenas o construtor do Palácio dos Despachos, rebatizado de Planalto. Ele contribuiu mais do que qualquer outro para a montagem da "máquina de fazer presidentes", termo usado por repórteres e políticos para se referir à estrutura palaciana, capaz de mudar hábitos, transformar comportamentos e tornar iguais quem conseguiu subir a rampa por meio de voto ou golpe, apoiado por grupos políticos e sociais totalmente diferentes.

Os repórteres de imagem reclamam da "máquina" quando sobem ao terceiro andar e se deparam com o presidente recebendo alguém no sofá vermelho, tendo de compor uma foto igual às de antecessores.

As várias contribuições de JK para o aperfeiçoamento da "máquina" estão registradas no livro *Por que construí Brasília*, uma das tantas obras que merecem ser lidas pelos jornalistas que acompanham o dia-a-dia da presidência — os chamados "setoristas do Planalto".

Ele foi o primeiro presidente a pedir "paciência" e vender "confiança" a miseráveis da seca, em pleno sol do sertão nordestino. Isso ocorreu em Sousa, na Paraíba, e em Quixadá, no Ceará, em abril de 1958. O primeiro a citar a mãe em momentos de dificuldades — "Ela só viveu para o seu trabalho e para a educação dos filhos, nunca teve uma palavra de desalento, mesmo nas horas mais difíceis" — e a conversar com as pessoas em comícios nos grotões. Foi numa dessas conversas, em Jataí, Goiás, em abril de 1955, que um morador local o questionou se ele respeitaria a Constituição e construiria uma nova capital.

Embora tenha respeitado as regras democráticas, Juscelino contribuiu ainda com a "máquina" ao lançar a mania de presidente da República desfilar em carro aberto com algum ditadorzinho no exterior. Em visita a Lisboa, ele percorreu sob chuva de papel picado as ruas da cidade em companhia de Antônio de Oliveira Salazar, que governou Portugal de 1932 a 1968. Aliás, Juscelino sofreu críticas pela "cumplicidade" com as ditaduras de Portugal, do Paraguai e da República Dominicana.

Quebrar protocolo talvez seja um clichê palaciano. Todo presidente quebra o protocolo, especialmente para conversar, abraçar e beijar pessoas na rua. No auge do sucesso do Plano Cruzado, José Sarney quebrou o protocolo inúmeras vezes em viagens, como na visita a Vitória em abril de 1986. Na ocasião, Sarney cumprimentou pessoas num parque da cidade e visitou operários na obra da terceira ponte da capital do Espírito Santo. Até o sisudo João Figueiredo se deixou carregar nos braços por garimpeiros de Serra Pelada. Trocar o terno e a gravata por uma roupa mais leve é outra quebra de protocolo comum.

Ernesto Geisel não dava entrevistas, mas se deixou fotografar de cuecão nas areias de Natal. Fernando Henrique adorava uma camisa xadrez nos eventos eleitoreiros do sertão. E usar chapéu de vaqueiro se tornou uma indumentária presidencial. Em campanha em 1994, usou um chapéu de couro e chegou a montar num cavalo velho.

A "máquina" herdou de Getúlio o hábito de presidentes se apresentarem como "pais" do povo e da pátria. Getúlio também levou para a presidência o costume de usar roupas "diferentes", no caso, uma bombacha de gaúcho. Fernando Henrique também usaria uma bombacha presenteada pela bancada do Rio Grande do Sul.

Por falar em roupas, Sarney inovou ao usar "roupa de papa", como a imprensa se referia à toga e ao chapéu de doutor *honoris causa*, título que ele ganhou das universidades de Coimbra, Pequim e Moscou. Fernando Henrique também colecionaria várias fotos de "papa" no decorrer de seu governo.

O uso dos termos "plantar" e "colher" para falar de obras eleitoreiras foi uma marca do governo Sarney que se tornou comum entre os presidentes. "Tirar o país do marasmo" e reclamar da "elite" foram máximas de Getúlio que azeitaram a "máquina de fazer presidentes". O velho caudilho conversava também com as pessoas da sacada do Palácio do Catete, no Rio de Janeiro.

A "máquina" é passível de ser usada por presidentes na liberação de recursos para projetos apresentados por parlamentares ou mesmo para pagar mesada em troca de apoio no Congresso. Sarney e Fernando Henrique foram acusados de apertar o botão da "máquina" ao se relacionarem com deputados e senadores e garantirem mais tempo no poder.

Nos momentos de turbulência política a "máquina" funciona para mobilizar claque a favor do presidente e lotar o palácio de pessoas simples. Collor usou bastante esse recurso, mas errou ao achar que a "máquina" funcionaria também nas ruas. Ele pediu, no auge da crise do seu governo, que a população fosse às ruas de verde e amarelo. O pessoal vestiu o preto. E dentro do Planalto a "máquina" não apresentava problemas na hora de mobilizar gente com roupas nas cores nacionais.

Se Juscelino foi apelidado de presidente voador de tanto que viajava pelo país, Fernando Henrique, é redundância dizer, tinha o hábito de viajar para o exterior. Na época da ditadura e nos governos seguintes, os presidentes viajavam com alguma freqüência. Esse costume nos anos mais remotos era impensável.

Na República, o primeiro a arriscar uma viagem ao exterior foi Campos Sales. Em 1900, ele foi à Argentina, 11 anos após o início da República. Mais de três décadas depois, Getúlio cruzou as fronteiras, numa viagem ao Uruguai e também à Argentina. Em meio a tentativas de golpes e rebeliões, os presidentes tinham receio de, em sua ausência, perder o emprego no palácio.

Nos últimos anos, as oposições — o PT no governo FHC, o Partido da Social Democracia Brasileira (PSDB) e o Partido da Frente Liberal (PFL) na gestão Lula — passaram a reclamar que a "máquina" montava viagens para livrar presidentes de problemas e crises. Isto é, para afastá-los dos momentos de fervura e lhes dar tempo para recompor apoios. Aqui e no mundo, os presidentes também usam as viagens para marcar pontos de popularidade e mostrar trabalho, quando do isso não pode ser obtido em âmbito interno.

O Planalto tem quatro andares e um subsolo. No térreo fica o comitê de imprensa. A Secretaria de Imprensa, a sala de entrevistas do porta-voz e os salões Leste, Oeste e Nobre se localizam no segundo andar, área aberta a jornalistas. O gabinete presidencial ocupa o terceiro andar, onde está o Salão Oval, espaço remodelado no início dos anos 1990, inspirado por Fernando Collor na sala de reuniões da Casa Branca. É no Salão Oval que Lula comanda a primeira reunião ministerial, dois dias depois da posse. O encontro fechado dura cerca de cinco horas. Ele pede ética e empenho.

No subsolo ficam a entrada privativa dos carros usados pelo presidente, salas de seguranças, arquivos e um pequeno auditório. O gabinete do vice-presidente, a biblioteca e os restaurantes estão em prédios anexos.

Segundo ministros, Lula reclama do espaço "pouco acolhedor". Cristovam Buarque, da Educação, diz que o lugar é frio, propício ao "presidente que pensava ser europeu", numa ironia a Fernando Henrique. Um ano depois, Buarque, em visita à Europa, seria demitido por telefone pelo presidente petista.

Para Lula, o Planalto é mesmo frio. Logo depois da posse, ele diz que não vai viver "trancado" ali. O presidente quer um governo itinerante, com o "pé na estrada", nas ruas. Ao ser questionado naqueles dias se tinha medo de ser agredido por algum maluco nos contatos com o povo, ele responde:

— Só tenho medo de ficar sozinho.

A pessoas próximas repete que deseja sentir o calor das ruas, viajar pelo interior do Brasil.

— Os ministros não podem trabalhar apenas com números. Não quero ver ninguém pisando só em carpete.

Quem marca e cancela viagens de Lula é Gilberto Carvalho, amigo e chefe do Gabinete Pessoal. O assessor, com 51 anos quando o presidente tomou posse, conhece Lula desde 1980, na época das greves dos operários das multinacionais instaladas no ABC. Natural de Londrina, no Paraná, Carvalho estudou 12 anos num seminário. Trocou a batina pelo macacão de fábrica.

Lula idealiza com Carvalho uma viagem em companhia de todos os ministros ao "coração da miséria" já para a segunda semana de governo. O roteiro da primeira viagem do presidente inclui as piauienses Guaribas e Teresina, a favela Brasília Teimosa, no Recife, e a pobre cidade de Itinga, no vale do Jequitinhonha (Minas Gerais). Os militares convencem o presidente a excluir Guaribas por questão de logística. E, em discurso em Teresina, justifica a ausência no interior do estado.

— Se tem que gastar tanto dinheiro assim em avião para ir a Guaribas, vamos guardar esse dinheiro e gastar para combater a fome neste país, que a gente ganha muito mais.

Da boca para fora, a ordem é não gastar dinheiro com avião.

Toda vez que o presidente passa a noite fora de Brasília, funcionários do Planalto instalam um *laptop* com intranet no quarto de hotel reservado a ele. A tela fica sempre aberta com uma caixa de mensagens. Pessoas próximas ao presidente recebem uma senha para escrever-lhe. Poucos ministros têm esse privilégio.

Por meio do computador e de um celular que fica nas mãos de um ajudante-de-ordens, Lula se comunica com os subordinados mais diretos que permanecem em Brasília.

A 10 de janeiro, Lula e os ministros chegam à Vila Irmã Dulce, em Teresina. Os ministros estão em estado de êxtase. É o início para valer do governo. Tudo é diferente.

Sob sol escaldante, o presidente apresenta os companheiros, um a um, aos moradores da pobre comunidade. Garçons com gravata-borboleta preta enxugam o suor do rosto e andam sem parar pelo palanque para servir água às autoridades. As pessoas acompanham o discurso mesmo sob o calor. Ao apresentar o general Jorge Félix, Lula diz:

— Vocês sabem que nós temos um gabinete que cuida de informações precisas do governo, que cuida da segurança do presidente. De vez em quando a gente fala assim: "Ah, ninguém precisa de segurança porque Deus protege." Vejam o que aconteceu com o nosso prefeito Celso Daniel, de Santo André, e com o Toninho, de Campinas.

Em seguida, fala do combate à fome:

— A pessoa pode não poder comprar um *rayban*, é normal. A pessoa pode não comprar um boné, é normal. Agora, não é normal, não está na Bíblia e em lugar nenhum, que uma pessoa pode ficar sem comer três ou quatro dias.

Lula reclama dos homens que sumiram depois de engravidar as mulheres do bairro:

— Eu vi quatro mulheres nas casas em que entrei com mais de dois filhos cada e todas sem marido. Precisamos melhorar os compromissos morais e éticos de alguns homens neste país, para na hora de fazer filho saber cuidar desse filho que ele ajudou a colocar no mundo.

Ele pede paciência aos moradores:

— A coisa que a gente mais adora no mundo é um filho. Mas, vejam, mesmo quando a gente gera um filho, ele demora nove meses para nascer. Depois, mais nove, dez ou 11 para andar. O governo também é assim. Não posso prometer a vocês que amanhã vai estar tudo resolvido, mas posso prometer que vou voltar aqui para provar que fizemos muita coisa.

Em 2005, Lula voltaria lá para entregar obras.

De Teresina, a comitiva segue para Recife. Tumulto nos caminhos das palafitas da favela Brasília Teimosa, na beira do mar. Um repórter cai na lama. Ministros pisam em detritos.

Os organizadores da visita combinam com jornalistas que a imprensa só poderá ficar numa área de areia entre um muro do quebra-mar e o início das palafitas. Dali seria possível fotografar Lula, pois o presidente passaria perto e teria ao fundo o cenário das palafitas — casas de madeira, papelão, lona e todo tipo de material retirado dos lixões — construídas em plataformas a um metro e meio do chão. A maré pode subir até um metro naquela área.

O esquema de cobertura falha. Na chegada da comitiva, os repórteres de imagem não conseguem ver Lula. Líderes comunitários e políticos invadem de forma discreta a área reservada, impedindo os profissionais da imprensa de verem o presidente. Os invasores se aproximam muito dele. Com isso, moradores que eram mantidos distantes também invadem a área. Por último, os jornalistas entram no local, resultando num caos total.

Um repórter-fotográfico se afasta da segurança e entra por baixo das palafitas. Com a vazante da maré, ele tem facilidade de caminhar, mesmo se agachando, pelo subterrâneo da favela cheio de lixo e lama. O fotógrafo percebe um buraco no piso de uma travessa. Um menino está sentado na borda. Ele pede licença e sobe. Dá de cara com o presidente, que caminhava com assessores por uma passarela. E começa a fotografá-lo. Um jovem de cabeça raspada, recrutado para ajudar na segurança, agarra o fotógrafo e tenta jogá-lo para fora. Depois que o presidente passa, sem interferir na cena, o fotógrafo continua a briga, agora para sair dali. O recruta, já com reforço de outros seguranças, insiste em jogá-lo palafita abaixo.

— Sai fora, sai fora — grita o fotógrafo.

Os jornais de Recife conseguem captar boas fotos do presidente na favela. No dia anterior, os diários fecharam acordos com moradores para colocar jornalistas dentro das casas que seriam visitadas por Lula. Assim, publicaram fotos do presidente com crianças no colo no interior dos barracos.

Quem está acostumado a recepções de gala demonstra ter intimidade com Brasília Teimosa. Celso Amorim, que pela segunda vez ocupa o cargo de chanceler (a primeira foi no governo Itamar Franco — 1992-1994), lembra a repórteres que fez cinema em lugares pobres quando jovem. Com máquina fotográfica a tiracolo, ele é só alegria.

— Quando namorava minha mulher, a gente disputava para saber quem tinha sido mais pobre na juventude. E eu ganhei. Já fui pobre.

O presidente determina que todas as bebidas alcoólicas consumidas pelos ministros no hotel devem ser pagas com dinheiro do bolso de cada um. No final da visita a Recife, uma fila se forma no saguão do hotel para pagar uísque e cerveja.

Ao mesmo tempo que se preocupa em respeitar a liturgia, Lula quer passar a imagem de homem do povo, que corre risco ao abraçar e cumprimentar as pessoas. Desde Fernando Collor, os seguranças do Planalto não tinham tanta dificuldade para se adaptar aos hábitos de um presidente. Lula simplesmente se comporta como um *showman*. São constantes as discussões dele com os militares, que criam empecilhos à aproximação das pessoas.

— Não é o presidente que deve adaptar-se à segurança, é a segurança que deve se adaptar a ele — minimiza o general Jorge Félix em entrevistas.

É início de governo, e a portaria do Palácio da Alvorada, residência oficial do presidente, vira ponto de romarias. Ao sair ou chegar, Lula cumprimenta os fãs.

Os jornalistas nunca conseguem conversar com ele. O presidente vira o rosto sempre que alguém faz perguntas. Só aceita ser fotografado. Mas toda manhã, quando deixa o Alvorada, ou à noite, ao retornar do Planalto, os repórteres têm de estar ali. Da portaria sairiam fotos de repercussão, como as de Lula em cima de uma motocicleta ou recebendo um mandacaru de quatro metros.

O hábito de parar na portaria do Alvorada seria deixado de lado ainda no tempo de grande popularidade, no primeiro ano de mandato. Numa ocasião, Lula foi surpreendido por um casal de empresários, que aproveitou para reclamar que tinha falido por conta da carga tributária do governo Fernando Henrique. O presidente havia parado para cumprimentar as pessoas quando a mulher se jogou na frente do carro dele. A empresária se aproximou com um cartaz: "Lula, não queremos promessa; queremos solução."

— Tá bom, tá bom... — disse Lula, que em seguida autografou o cartaz.

Cobrir Lula é tarefa diferente para a imprensa. Anúncios de nomeação de ministros e presidentes de estatais passaram a ser feitos de forma improvisada nas portarias do Alvorada e da Granja do Torto, por pessoas que se encontram com ele.

No governo Collor, os repórteres ficavam atentos às corridas matinais do presidente. Mas o que valia, como nos outros governos, era o bastidor. Antes de Lula, em conversas reservadas e jantares pagos pelas redações, os repórteres obtinham informações de fontes bem alimentadas.

No governo Lula o bastidor e o jantar perderam força. Informações passaram a ser dadas aos repórteres que habitualmente ficam de plantão nas portarias. Mesmo que o presidente não respondesse a perguntas e só quisesse posar em situações engraçadas e inusitadas no meio do povo, os repórteres saíam das portarias, no início do governo, com informações relevantes. Um sindicalista, um bispo, um governador ou um prefeito viravam porta-vozes das ações e decisões do novo presidente. Mas, para chegar perto de Lula, os jornalistas têm de atravessar uma muralha de seguranças do palácio. Em qualquer viagem, são comuns bate-bocas e empurrões entre repórteres e seguranças.

Certa vez, em São Paulo, um homem que estava na calçada de uma rua por onde a comitiva presidencial passava resolveu brincar com os seguranças no exato momento em que o carro de Lula se aproximava. O homem enfiou a mão numa bolsa, como se fosse pegar um revólver. De forma sincronizada, vários seguranças se voltaram para o sujeito, com armas apontadas para sua cabeça. Um dos seguranças gritou:

— Tira [a arma], neném, tira ela.

O homem ficou branco, segundo testemunhas. Um amigo dele reclamou quase chorando da brincadeira:

— Você é um babaca. Falei para não fazer essa brincadeira.

Se estiver certo de que o presidente corre mesmo risco, o segurança atira. Nenhum militar quer entrar para a história por não ter evitado a morte de um presidente.

Nas viagens, em conversas pelo rádio, os seguranças recorrem a inúmeros códigos para garantir a integridade do chefe do governo. Em cada "missão", o presidente é chamado por um apelido, geralmente em referência a mamíferos, planetas ou movimentos de astros do universo. "O Tigre está se aproximando", "lá vem o Leão", "a Pantera está a caminho", "Saturno tem pressa e está nervoso", "o Eclipse apareceu". Já a primeira-dama é muitas vezes chamada de "Estrela" ou "Damasco", e o chefe da segurança, de "Gavião".

Os integrantes do Itamaraty têm um tratamento carinhoso e diferenciado, com direito até a nome de desenho animado. Diante da aproximação dos diplomatas, os seguranças comunicam os sinais de alerta: "Lá vêm os Bambis", "Bambi dois, em cartaz, próximo à saída" ou "as Gazelas estão a caminho".

Os seguranças usam nomes de insetos e de pequenos animais para se referir a repórteres e fotógrafos: "Retirem os Besouros do local." Ao final, diante da saída do comboio de carros da comitiva, passam a coordenada: "Atenção, a Centopéia se move."

A vida de um segurança presidencial é de riscos e dificuldades. Trabalham muito e ganham pouco. Além da preocupação em manter a integridade do presidente e evitar ao máximo a aproximação da imprensa, eles têm um motivo extra para se estressar. Estão sempre "duros" nas viagens. Isso porque o dinheiro das diárias só cai na conta depois dos deslocamentos. O jeito é viver na base do "miojo". Quando chegam à cidade visitada pelo presidente, eles vão até o armazém mais próximo e compram saquinhos de macarrão para preparar no hotel. Além da família do presidente, os seguranças do Planalto também fazem a vigilância do vice-presidente e do ministro-chefe da Casa Civil.

A presença tão próxima dos militares causou preocupações especialmente à primeira-dama. Dona Marisa, que durante a ditadura viu o marido ser preso pelos militares, ficou preocupada se os filhos iriam aceitar a nova situação, com menos liberdade e mais vigilância. Ela estava em Brasília, nos primeiros dias de governo, quando foi informada de que um grupo de militares iria subir ao apartamento da família, em São Bernardo do Campo, para conversar com os filhos sobre o trabalho de segurança.

— Não, não subam. Deixa eu chegar aí primeiro. Eu quero participar da conversa — disse, por telefone.

Os seguranças não subiram. Os filhos do presidente, segundo amigos, levaram tempo para se soltar e deixar de lado marcas "visíveis" do período da ditadura militar. Ainda no primeiro ano de governo, um segurança morreria baleado ao evitar que um assaltante se aproximasse de um dos filhos do presidente, em São Paulo. Na relação com os seguranças ou assessores, os filhos de Lula sempre demonstraram ser astutos e discretos, com receio de causar problemas à imagem do pai.

Há situações em que os seguranças usam coletes à prova de bala. Isso ocorreu na viagem a Porto Príncipe, no Haiti, no segundo ano de governo. Mas amigos do presidente dizem que ele jamais aceitaria usar o equipamento de segurança. Em Vitória, no primeiro ano de mandato, quando Lula defendeu a abertura da "caixa-preta" do Judiciário após ouvir histórias da corrupta e nefasta Justiça capixaba, houve o rumor de que ele usou um colete desse tipo.

Em mais uma viagem ao "coração da miséria", em abril do primeiro ano de governo, Lula por pouco não é picado por uma cobra-coral. Depois de visitar a família do agricultor José Cícero Filho, na zona rural de Buíque, no sertão pernambucano, ele beija e dá autógrafos a pessoas que estão do outro lado de uma cerca de arame farpado. É nesse momento que a cobra aparece. Lula e o povo se assustam. O presidente fica sem saber o que fazer. Nesse momento, o coronel e chefe da segurança Marco Edson Gonçalves Dias (promovido a general-de-brigada no início de 2006) se aproxima, entra na frente do presidente e pisa na cabeça da cobra. O povo grita:

— Pisa, pisa, pisa.

Um tumulto só. Meninos aparecem com pedaços de pau para ajudar a matar a cobra, que rasteja com dificuldades. Mulheres põem a mão na cabeça. "Ai, meu Deus!" Os seguranças e os moradores avançam para cima da cobra como urubus em cima de carniça. A coral, agora morta, fica estendida no chão. E Lula, refeito do susto, volta a beijar e cumprimentar o pessoal.

A seguir, ele se emociona ao entrar na casa onde vive o agricultor, a mulher, Isabel Maria, e os sete filhos do casal. A família perdera parte da safra do ano com a seca, mas estava no programa do governo de seguro-safra. O agricultor também nasceu em Caetés, cidade natal do presidente, a cinqüenta quilômetros de Buíque. O casal aproveita para pedir um poço de água e energia elétrica.

— Vocês têm de ter paciência, a vida vai melhorar aos poucos — diz Lula aos conterrâneos.

O homem que pisou na cabeça da cobra-coral foi apresentado ao presidente cinco dias antes de começar o governo. O coronel Gonçalves Dias passou por todos os cursos de guerra e viveu todas as fases que um oficial pode ter no Exército antes de ser promovido a general. Representante da nova linha de militares que alçaram vôo após a redemocratização, G. Dias, como é conhecido, dava aulas sobre a China na Universidade de São Paulo.

Um assessor do Planalto conta que, ao ser apresentado a Lula, Gonçalves Dias disse ao presidente:

— Eu não trabalho com o senhor se não tiver certeza de que respeita todos os princípios morais e éticos.

Lula achou aquilo bonito, e o coronel gostou dele.

Seguranças contam que G. Dias tem capacidade de absorver problemas e encontrar rapidamente uma solução, sem perder a calma com os subordinados. O coronel não joga um segurança contra o outro, tática usual de garantir o domínio do grupo. Em vez de perseguir pessoas, dizem os seguranças, ele aponta problemas e dá a orientação, inclusive para serem duros com a imprensa, quando acharem necessário.

Gonçalves Dias chefia uma estrutura com um efetivo de 120 integrantes. Um total de 77 homens faz a segurança do círculo presidencial. Até o governo Collor, a segurança contava com 23 homens. Lula é acompanhado por turmas, que se revezam a cada 24 horas, formadas por um oficial superior (tenente-coronel, major ou coronel), um capitão e cinco sargentos. Os seguranças têm um dia de folga. Depois, precisam fazer treinamentos antes de voltar à nova escala.

Os militares que viajam na comitiva são responsáveis pela vida do presidente. Mas, em toda missão, um segurança é designado para ser o homem "B", também chamado de Mosca ou Sombra. Ele sempre está atrás do presidente com uma pastinha preta feita com o mesmo material usado na fabricação de coletes à prova de balas. Aberta, a pasta vira um escudo. E é o primeiro a pular na frente e impedir que o presidente receba um tiro, uma pedrada ou uma ovada.

Os seguranças devem evitar, inclusive, que o presidente tome um choque de chuveiro elétrico em hotéis mundo afora. Literalmente, chegam a dar o sangue para garantir a vida de Lula. Os que têm sangue A+ contribuem para o banco de sangue do presidente. As sacolas com o líquido são levadas nas viagens para uma eventual necessidade de transfusão de emergência.

Um mês antes de cada viagem, a segurança faz um levantamento estratégico da área a ser percorrida. O estudo leva em conta o local do evento, as rodovias de acesso, as principais autoridades que estarão presentes e o número total de pessoas previstas na solenidade.

Cinco dias antes, a segurança conclui o levantamento da quantidade necessária de pórticos, técnicos e helicópteros. A viagem nasce, no entanto, no Gabinete Pessoal do presidente, que envia *e-mail* comunicando os deslocamentos ao Exército, ao Cerimonial do Planalto e à segurança da presidência.

Um total de 250 a 300 homens, entre militares, agentes da Polícia Federal, policiais civis e militares e funcionários da segurança do gabinete do governador, atuam na segurança do presidente num evento.

Uma viagem mobiliza 12 órgãos da presidência, desde a Secretaria de Imprensa até o departamento médico. Sempre 12 ou 13 seguranças viajam com o presidente. O venezuelano Hugo Chávez viaja com 60. Já o argentino Néstor Kirchner possui um efetivo semelhante ao de Lula.

Dias antes de o Airbus do presidente levantar vôo, uma equipe precursora faz os primeiros contatos e averiguações da área visitada. E, com dois dias de antecedência, um Boeing 737 da presidência leva as 35 pessoas do chamado "escav" — escalão avançado —, com um grupo de seguranças, jornalistas da Radiobrás e assessores que vão trabalhar no local.

No exterior, a segurança passa a ser responsabilidade do país anfitrião. Por isso, os seguranças brasileiros precisam negociar com todas as polícias e órgãos de informação do país visitado. Na Espanha, a polícia que fez a escolta de Lula não entrou no palácio do rei, prédio que contava com polícia própria.

Antes de uma viagem, a segurança do presidente divide a área do evento em quadrantes, classificados de acordo com o grau de risco, que leva em conta a probabilidade de impacto físico e moral no presidente.

Mesmo com dezenas de cursos em seu currículo, Gonçalves Dias depara-se com situações novas e inesperadas. Como ele poderá dar ordens a um grupo que só nas viagens conta com representantes de 12 órgãos diferentes da presidência? Sem falar nos jornalistas que acompanham o presidente, gente que não costuma aceitar interferência de nenhuma espécie.

O coronel trocou a palavra "ordem" por "convencimento", na tentativa de dar tratamento personalizado. Logo que chegou ao Planalto, percebeu que na "máquina" atuavam profissionais de diferentes personalidades e estilos, do bajulador ao revoltado com o mundo. E, mesmo sendo o homem que não se afasta dois metros de Lula nem nas folgas do presidente, o chefe da segurança não tem poder de controlar todos os que atuam no Planalto.

Ricardo Kotscho, amigo de Lula e secretário de Imprensa até novembro de 2004, dizia que o governo não podia dar certo, pois tinha uma "flor" no comando da segurança e um "bruto" na chefia do Cerimonial, cargo ocupado por um diplomata.

Tanto Gonçalves Dias como o embaixador Paulo César de Oliveira Campos, o Poc, no entanto, têm algumas características de atuação semelhantes que conquistaram o presidente. Os dois são ágeis e não conversam nos bastidores com os jornalistas. Se o chefe do Cerimonial do governo petista tivesse o perfil clássico de um diplomata, teria talvez caído em depressão. Para garantir o mínimo de liturgia no exterior, Paulo César de Oliveira teve de recorrer a tapinhas nas costas de ministros e a sutis cotoveladas em parlamentares que integravam a comitiva presidencial.

Quando chegou ao Planalto para trabalhar com Lula, Poc percebeu que teria de dividir a função com um petista oriundo da prefeitura de Santo André. O aparelhamento da máquina pelo PT tinha chegado ao Cerimonial, posto tradicionalmente ocupado pelo pessoal do Itamaraty. Sem papas na língua, Poc se dirigiu ao presidente e disse: "Ou ele ou eu." Lula gostou e colocou o petista no segundo escalão do Cerimonial do Planalto.

Em maio do segundo ano de governo, o presidente leva uma supercomitiva à China. O grupo é formado por sete governadores, oito ministros e quinhentos empresários. Poc tem trabalho. A deputada Telma de Souza, do PT paulista, tira sem cerimônia os sapatos no interior do Grande Palácio do Povo, pisando descalça em tapetes milenares.

Funcionários do palácio gesticulam, atônitos, para que ela calce imediatamente os sapatos.

— Meus pés não estão agüentando mais.

— Por favor, calce os sapatos — insistiu o chefe do Cerimonial do Planalto, atendido a seguir pela parlamentar.

Um chefe de Cerimonial, no entanto, não tem como assegurar diálogos ricos e proveitosos para a melhoria das relações comerciais e políticas do Brasil com o país anfitrião.

Num jantar oferecido a Lula pelo presidente da China, Hu Jintao, Telma de Souza está numa mesa que, entre outros convidados, conta com uma autoridade chinesa da saúde.

— Vi uma loja do McDonald's aqui em Pequim. Isso não é prejudicial para a saúde dos chineses? — questiona a deputada.

A autoridade chinesa nem se dá o trabalho de responder. Diante do constrangimento, a deputada arrisca outra pergunta:

— A China parece ter menos bicicletas nas ruas. Isso não é ruim para a saúde da população?

Mais uma vez teve o silêncio do chinês como resposta.

O presidente não gosta de rodeios, de quem leva tempo para dar uma explicação. Prefere ouvir palavras duras a frases bem construídas e polidas. Um funcionário do palácio diz que Lula muitas vezes não é claro porque os petistas com cargos no Planalto também não são claros com ele. Muitas vezes o presidente quer resolver um problema, mas se perde em explicações desencontradas de assessores.

O comportamento do presidente de exigir sempre objetividade, sem dar muita importância à política, causa estranheza em profissionais graduados das Forças Armadas e do Itamaraty.

No gabinete, no terceiro ano de governo, um embaixador apresentou a Lula três páginas com informações que poderiam ser usadas num discurso que o presidente faria a um chefe de Estado da Ásia.

— Presidente, se Vossa Excelência quiser, posso adensar mais dados aqui.

Lula fixou o olhar no diplomata e disparou:

— Pô, você acha que eu sou babaca de ler tudo isso? Resumo isso em três ou quatro coisas e chegando lá eu improviso o resto.

A freqüência de viagens de Lula leva muitas vezes os seguranças e os demais funcionários do "escav" a improvisar. Quando o presidente chegou a Arneiroz, no interior do Ceará, a cerca de 390 quilômetros de Fortaleza, para inaugurar um açude no terceiro ano de mandato, o pessoal ainda montava o palanque oficial.

Repórteres também se deparam com viagens imprevistas do presidente. Por isso, recomenda-se ter sempre pronta uma pequena mala com roupas. Uma viagem presidencial começa para um repórter que cobre o Planalto no momento em que se divulga a previsão da ida do presidente a determinado lugar.

Na viagem a Arneiroz, os autores deste livro embarcaram num avião em Brasília por volta de 10:00 e, cerca de 11 horas depois, chegaram a Juazeiro do Norte, reduto de misticismo e romarias onde viveu padre Cícero, a cidade com aeroporto mais próxima a Arneiroz. Quem foi no avião da OceanAir, por exemplo, seguiu para Barreiras, na Bahia, depois para Lençóis, até pousar em Salvador. Da capital baiana, pegou outra aeronave para Petrolina, no sertão pernambucano. O avião deixou alguns passageiros lá e foi para Recife, na contramão de Juazeiro do Norte. Da capital pernambucana, enfim, a aeronave seguiu para Juazeiro do Norte, onde pousou às 21:00.

Do aeroporto de Juazeiro do Norte, os repórteres seguem para um hotel onde se hospedam romeiros de padre Cícero. Na manhã do dia seguinte, horas antes da chegada de Lula, seguem de carro a Arneiroz. No caminho, passam por cidadezinhas como Assaré, terra do poeta Patativa. Depois de um trecho asfaltado e de atravessar a serra do Araripe, os repórteres pegam uma estrada de terra.

Os últimos mil metros antes da entrada de Arneiroz estão ocupados por tratores. Uma poeira só. Finalmente, no início da tarde, os repórteres almoçam na casa de um morador e seguem para o açude que será inaugurado por Lula.

Para o presidente é mais fácil chegar a cidades do interior. Geralmente, ele desembarca na capital do estado e segue de helicóptero para o local do evento.

Todo o aparato de vigilância montado nos eventos de um presidente não é garantia total de segurança. Para Arneiroz, mesmo com todo o esquema usado em viagens presidenciais, estava reservado um fato que retrata o caos da segurança pública. Imagine alguém ser assaltado enquanto conversa com o presidente da República.

Apenas uma pequena grade de ferro, sem nenhuma vigilância, separa os moradores e militares dos convidados, que, antes de se aproximarem do palanque, têm de enfrentar uma longa fila para ultrapassar um pórtico de raios X. Algum mal-intencionado que estivesse do lado de fora do cerco poderia, sem problemas, entregar uma arma para algum dos convidados.

Enquanto a população chega em paus-de-arara para ver o presidente, tudo ainda está sendo montado. O palanque para a imprensa, por exemplo, é erguido sob um calor de 35 graus, duas horas antes da chegada da comitiva. O local do evento, às margens de uma barragem finalizada quatro meses antes (mas que seria inaugurada naquele dia), fica a 14 quilômetros da cidade, com acesso por uma estrada tortuosa e empoeirada.

Lula chega, discursa, transpira e, como costuma fazer após discursos com clima de campanha eleitoral, se aproxima das grades que separam a comitiva dos convidados para abraçar moradores e, conseqüentemente, ouvir perguntas de uma imprensa preocupada pela falta de notícia. Em meio ao empurra-empurra, misturados aos cearenses que tentam se aproximar do presidente, estão os jornalistas. Os fotógrafos, que mais tarde seriam vítimas de um ágil batedor de carteiras, sobem em cadeiras de plástico no meio da multidão em busca da melhor imagem do presidente. Isso chama a atenção de Lula, que, por segundos, tira os olhos dos fãs e faz uma pergunta a um repórter-fotográfico:

— Vocês [jornalistas] estão voltando hoje [a Brasília]?

— Estamos, sim — responde o fotógrafo, que vive na capital federal e acompanha o dia-a-dia do Planalto.

O fotógrafo nem teve tempo de prosseguir a conversa. Por conta do tumulto, é jogado ao chão assim que responde ao presidente. Ao se levantar, percebe que a carteira não está mais no bolso. Olha para os lados e comenta o ocorrido com um colega e repórter-fotográfico, que, não por acaso, também acabara de ser vítima de um batedor de carteiras.

Antes de dar queixa na polícia, os fotógrafos precisam encontrar um local com linha de telefone para transmitir as fotos. As linhas e computadores de uma escola disponibilizada pela prefeitura não funcionam. Não há sinal. Os celulares dos repórteres também não funcionam. Os dois telefones públicos da cidadezinha estão com defeito. Alguns repórteres conseguem conectar o computador numa linha do gabinete do prefeito, enquanto fotógrafos pedem ajuda a moradores que têm telefone em casa. Da sala ou da cozinha, conseguem enviar as fotos para as redações.

À noite, um assessor do prefeito encontra os autores deste livro exaustos, tomando Coca-Cola quente para aliviar a fome, sentados num banco da praça central da cidade. Eles aguardam os fotógrafos, que foram à delegacia registrar um boletim de ocorrência sobre o roubo de suas carteiras.

O assessor insiste e diz que o prefeito quer conhecer a "imprensa do Sul". Por diplomacia, os repórteres vão até a casa indicada. Chegando lá, encontram o prefeito na ponta de uma grande mesa de madeira, rodeado de aliados políticos. Os homens chupam laranja e tomam Fanta Uva. O prefeito cumprimenta os repórteres sem nada dizer. Demonstra estar emocionado com a visita do presidente a Arneiroz. Fecha os olhos, abre-os, parece flutuar. Depois, comenta a emoção de poder conversar com Lula. Nesse momento, aparecem os fotógrafos reclamando da perda das carteiras. Antes que o prefeito se assuste, um aliado se antecipa:

— Mas o ladrão não é morador de Arneiroz, eu garanto.

Outro aliado pergunta:

— Vocês deram queixa na delegacia?

Um dos fotógrafos diz que o delegado está fora da cidade.

— Como está fora? Hoje é dia dele trabalhar — afirma o prefeito, em voz alta, levantando-se da cadeira.

Um assessor tenta explicar o motivo da ausência:

— É que, vocês sabem, né, Arneiroz é muito tranqüila — ressalta. — Não precisa ter delegado todo dia.

O prefeito parece não flutuar mais.

Como não há hotel em Arneiroz, os repórteres voltam no mesmo dia de carro para Juazeiro do Norte. Ali, pegariam na tarde do dia seguinte um avião para Fortaleza. E, de lá, outro para Brasília.

Nem sempre os repórteres contam com motoristas nas viagens. Foi o que ocorreu, por exemplo, com um dos autores, que se revezou no volante com um amigo fotógrafo no trecho de quatro horas entre Porto Alegre e Bagé, na fronteira com o Uruguai. Lula iria para a cidade, em agosto do terceiro ano de mandato, lançar o projeto da Universidade do Pampa.

O carro é estacionado em frente ao hotel, numa área próxima ao palanque no qual o presidente discursaria e vestiria poncho e boina típicos de gaúcho. À noite, depois de enviar textos e fotos para o jornal, os repórteres não encontram mais o carro. Telefonam à delegacia. Um policial diz não ter informações sobre o veículo.

Somente na tarde do dia seguinte o carro é encontrado num depósito da periferia. Os seguranças da presidência, com receio de que pudesse se tratar de um carro-bomba, mandaram um guincho retirar o veículo do local, deixando a conta para os repórteres. É o que informa o dono do guincho que fez o serviço. Ao saber que o carro é de jornalistas, ele então passa a reclamar do governo. Fora eleitor de Lula em quatro eleições. Agora, admite a disposição de seguir o exemplo de seu primo e tentar a vida nos Estados Unidos.

Ao discursar para cerca de dez mil pessoas no centro de Bagé, Lula compara seu governo com o de Fernando Henrique. Observa que o antecessor, no último ano de governo, gastava 2,2 bilhões de reais em mesadas para pobres. Lula, no quarto ano de mandato, repassava 8 bilhões de reais.

— Estou pedindo a Deus para chegar o dia 31 de dezembro de 2006 e poder comparar cada coisa que fizemos com o que foi feito nos últimos vinte anos, para ver se existiu na história deste país alguém que investiu mais em políticas públicas do que nós.

Lula governaria com os olhos no retrovisor. Em qualquer discurso, citaria a gestão de Fernando Henrique, especialmente ao apresentar números de governo. Só Lula parecia fazer comparações com os tucanos. Como o desiludido empresário que guinchou o carro em Bagé, pessoas em contato com repórteres nessas viagens comparavam muito mais o Lula radical e candidato das mudanças com o Lula das reclamações e das promessas de longo prazo. Era esse Lula do passado que surgia maior do que o presidente.

Comparar o governo Lula com o dos tucanos servia apenas para alimentar polêmicas, que sempre esbarravam nos contextos mundiais de cada período. Os tucanos alegam que nunca enfrentaram um céu de brigadeiro. Por sua vez, os petistas dizem que assumiram o poder diante da desconfiança internacional. Retóricas à parte, tucanos e petistas nunca dariam explicações convincentes sobre as roubalheiras em seus governos.

Ao provocar polêmicas e ressuscitar Fernando Henrique, Lula minimizava a figura do outro Lula. O presidente tirava da agenda política suas promessas de melhoria da qualidade de vida e de mudanças no país.

No final do primeiro ano de governo, Lula vai a Mossoró entregar títulos de terras para famílias de pequenos agricultores. O evento acontece debaixo do sol de meio-dia. Para piorar a situação das centenas de pessoas no local, o presidente atrasa a sua chegada em uma hora. Ainda puxa um Pai-Nosso antes de discursar.

O presidente nunca se preocupou com os atrasos em sua agenda, nem quando chegava duas ou três horas depois do horário previsto. Tanto em campanhas como no Planalto, nunca soube distinguir o individual do coletivo. Para ele, atender a uma pessoa é a mesma coisa que a uma multidão. É normal deixar centenas de pessoas sob o sol esperando enquanto ele conversa com um sindicalista ou um amigo de partido. Tem na cabeça e costuma repetir a seguinte idéia aos amigos:

— As pessoas [que o estão esperando] têm amanhã o dia inteiro para descansar. E nós amanhã já estamos na batalha de novo.

Mesmo com as dificuldades de logística, a agenda do presidente continua a reservar espaço para viagens aos grotões. Nas viagens pelo Brasil, nos três primeiros anos de mandato, Lula passaria em média sete dias por mês fora de Brasília. Ainda é pouco, avalia um assessor, para um presidente que tem no contato com o povo uma forma de se "energizar" ou fazer campanha.

Indiferente às críticas, o gabinete do presidente aumenta o número de convidados para as solenidades no Planalto. Qualquer assinatura de ato ou apresentação de projeto de ministro vira motivo de festa, com grupos de música e muitos gritos histéricos da platéia ao astro Lula. Mas isso também não basta para "energizar" o presidente, por isso a assessoria cria a "hora da princesa". De segunda a sexta-feira, sempre por volta das 15:00, o gabinete é aberto para receber vereadores, antigos companheiros de sindicato, padres, princesas de festas regionais (daí o nome), empresários e pessoas simples que telefonam pedindo para tirar uma foto ao lado do presidente. Em geral, os encontros da "hora da princesa" não entram oficialmente na agenda nem são comunicados à imprensa.

— Por que vocês ficam armando esses penduricalhos na minha agenda? — reclamava Lula a um auxiliar de gabinete.

— Cara, não enche, isso é bom para você — respondia um influente assessor.

Lula reclamava dessa agenda. Mas, quando se passavam cinco ou dez minutos de "princesas", aí os papéis se invertiam. O presidente não queria terminar a audiência, atrasando outras marcadas para a seqüência. Um assessor avalia:

— A hora da princesa é justamente o momento depois do almoço para o presidente ganhar fôlego. As pessoas não entram no gabinete para pedir nada. Os abraços são gratuitos, fazem muito bem a ele. E sempre foi o jeito dele de fazer política. Podem chamar de populismo. Tem coisa que é incompreensível. Ele tem necessidade de contato com as pessoas para garantir uma fonte de energia. Após a hora da princesa, é outro homem. O raciocínio dele se forma assim. Tem gente que é mais racional e dedutiva. Ele é indutivo e intuitivo no diálogo. Tem seus *insights* com essas conversas.

Nas viagens, ao ver um antigo militante na platéia, Lula faz questão de convidá-lo a se aproximar. Isso causa confusão. Jornalistas e seguranças também têm de acompanhá-lo. Assessores o aconselham a evitar esse tipo de contato. E a resposta do presidente é sempre a mesma:

— Porra, essa gente se fodeu para fazer minha campanha e agora não posso dar um abraço neles?

A "fórmula" do gabinete para aproximar o palácio das ruas e não deixar a bateria do presidente descarregar é justamente a agenda de viagens. Lula consegue se adaptar aos poucos à rotina do Planalto. Um amigo avalia que os deslocamentos dos primeiros seis meses de mandato foram fundamentais para que o presidente não sentisse a mudança brusca da campanha para o governo.

A agenda do presidente atende a três demandas específicas. A primeira é acatar os pedidos do próprio Lula, que solicita viagens e eventos, tanto no país como no exterior. O gabinete leva em conta também a demanda interna, desde o político que deseja conversar com o presidente até o lobista que tenta contar com a presença de Lula no lançamento de um carro — esses pedidos continuaram após a crise do terceiro ano de governo. Também estão incluídos nessa demanda pedidos de visitas a instalações de fábricas e empreendimentos agrícolas. A terceira demanda é a do Itamaraty e dos demais ministérios.

— Os países sempre estão convidando o presidente para visitas — conta um assessor importante. — Mas, se deixarmos, o Itamaraty ocupa toda a agenda. Já a inauguração de fábricas é um estímulo à produção, mas o gabinete prefere ações próprias do governo.

Na metade do último ano de governo, só faltava Lula visitar um estado, Roraima, onde a situação fundiária ainda não estava resolvida e a demarcação da reserva indígena Raposa Serra do Sol sofria contestação de invasores brancos com influência econômica na região.

Antes de marcar uma viagem, o gabinete avalia se o presidente não ficará exposto a alguma situação de risco na área.

— Mandamos alguém na frente para dar uma olhada. Às vezes, uma autoridade pede a presença do presidente, mas informa um quadro muito diferente da real situação do lugar. É preciso evitar que ele entre numa fria, num conflito local, por exemplo, do qual não tenha responsabilidade — explica o assessor.

Determinadas viagens são vetadas pelo próprio Lula. Ele pergunta aos assessores se vale a pena mesmo um presidente estar em certos lugares. Sua preferência é por viagens em que possa inspecionar grandes projetos, como uma plataforma de petróleo, a criação de uma universidade ou uma cooperativa de biodiesel. Para eventos de sem-terra e pequenos agricultores, o presidente avalia antes o comportamento desses grupos nas manifestações em Brasília. Ir a um acampamento do MST na mesma semana de uma onda de invasões pelo país é um risco político desnecessário.

Em seu governo, Lula avançou na liberação de verbas para a agricultura familiar e chamou ao diálogo os movimentos sociais, que, em gestões anteriores, eram criminalizados em sua maioria. Ficou devendo, porém, na reforma agrária. Jogou famílias na Amazônia e evitou desapropriar fazendas improdutivas. Com isso, nos três primeiros anos de gestão petista, o número de invasões de terra cresceu 55 por cento em relação aos últimos 36 meses de FHC.

Ao retornar ao gabinete depois de uma viagem, o presidente sempre comenta os abraços e beijos que recebeu, o assédio da multidão, os aplausos. Ele volta mesmo "energizado".

O começo de uma reunião com ministros no palácio se inicia com um breve relato dessas viagens. Nem sempre a avaliação é a mesma da imprensa. Antes mesmo de chegar a Brasília e abrir os jornais, Lula reclama do pouco-caso que a mídia faz dos eventos.

No retorno, ainda no avião, Lula costuma chamar à cabine presidencial o fotógrafo oficial Ricardo Stuckert, pois gosta de ver as imagens do dia. Uma forma de passar o tempo durante as insônias. Em outras ocasiões, o próprio presidente vai até o fotógrafo, na parte traseira do avião. Em pé no corredor da aeronave ou sentado ao lado de Stuckert, observa uma a uma as imagens no pequeno visor da câmera ou no *laptop*.

Stuckert faz uma seleção de 20 a 100 fotos para mostrar ao presidente durante o vôo. Em viagens internacionais, o fotógrafo espalha imagens impressas na mesa da cabine. Quanto mais longa a viagem, mais fotos são selecionadas. Como não costuma dormir muito, Lula olha fotografias até altas horas da noite. Muitas vezes invade a madrugada.

— Stuckinha, cadê as fotos, porra? — repete o presidente.

Uma das fotografias preferidas de Lula foi a feita em Castilho, no interior de São Paulo, no exato momento em que ele mexia uma peneira cheia de grãos de feijão. Os grãos formaram um feixe vertical.

— Legal, essa foto ficou perfeita — avaliou o presidente.

E, ao ver uma foto em preto-e-branco de uma viagem a Botsuana, em que aparece ao lado de um batalhão de soldados negros, Lula comentou o trabalho de Stuckert:

— Esta ficou digna de uma exposição. Muito boa, muito boa.

O presidente sempre demonstrou incômodo com o peso da bolsa que o fotógrafo carrega, um total de dez quilos. Stuckert não se separa de duas câmeras Canon, computador portátil e lentes.

— Stuckinha, por que você tem de carregar tanto peso? — pergunta o presidente.

Ricardo Stuckert se aproximou de Lula na campanha eleitoral, quando fez um ensaio em preto-e-branco do então candidato do PT para a revista *IstoÉ*. Com a vitória de Lula, Stuckert foi convidado para ser o fotógrafo oficial do Planalto.

Não foi o primeiro da família a ocupar o posto. O fotógrafo conhecia desde pequeno os gramados da Granja do Torto. Quando criança, andava a cavalo com o presidente João Batista Figueiredo, último general do regime militar.

A história dos Stuckert no Brasil começa no início do século XX. O bisavô paterno do fotógrafo de Lula, Eduard Francis Rodolf Deglon Stuckert, deixou a Suíça num navio, cruzando o Atlântico como desenhista das cartas náuticas da embarcação. Ele se instalou na Paraíba, onde passou a viver de fotografia.

Anos mais tarde, em Brasília, Roberto Stuckert, o Stuckão, um dos descendentes do imigrante suíço e pai de Stuckinha, montou uma agência de fotografia. Certo dia, Roberto Filho, o filho mais velho de Stuckão, atendeu a um telefonema:

— Cadê o filho-da-puta do seu pai, garoto?

— Quem está falando? — perguntou o menino.

— É o presidente da República... o Figueiredo, porra.

Recém-escolhido presidente, João Figueiredo convidava Stuckão para ser o fotógrafo oficial do Planalto. Stuckão mantinha relação estreita com o general desde a época em que Figueiredo chefiava o Serviço Nacional de Informações (SNI). O fotógrafo era um dos civis com mais influência no gabinete presidencial. Tanto Ricardo quanto Roberto se tornaram fotógrafos como o pai, o avô e o bisavô.

Amigos contam que, no governo Fernando Collor, Ricardo se posicionou na frente do espelho-d'água do palácio, onde o presidente criava carpas. Em início de carreira, o fotógrafo resolveu esperar, para risos de profissionais de mais experiência, a chegada de garças que vivem em bandos na região. Depois de longo tempo, ele conseguiu fotografar aves bicando e comendo as pequenas carpas. Quando perceberam a situação, os demais fotógrafos correram para fazer a mesma foto do foca, "roubar" a foto, como se diz no meio jornalístico. Ricardo sacudiu os braços e as pernas para espantar as aves:

— Xô, xô, xô!

As garças voaram, e armou-se a confusão.

Lula se irrita quando não vê o fotógrafo por perto. Um desses estresses ocorreu no Vaticano, no velório do papa João Paulo II. Acompanhado de seus antecessores José Sarney (1985-1990), Itamar Franco (1992-1994) e Fernando Henrique Cardoso (1995-2002), ele não queria de jeito nenhum perder a chance de guardar aquela imagem na história.

— Cadê o Stuckinha, porra? — esbraveja em voz baixa.

Como outros fotógrafos oficiais, Stuckert não havia conseguido ter acesso à área. Mas o presidente não desiste. Coloca na cabeça que não pode sair do velório sem uma foto ao lado dos três ex-presidentes. Numa mistura de mímica com um *"please"*, Lula pede ao fotógrafo do colega francês Jacques Chirac, que tinha obtido uma credencial por outros meios, para registrar os quatro lado a lado. Lula comenta a fotografia numa conversa mais tarde com jornalistas:

— Não sei em que momento da história do Brasil se conseguiu juntar quatro presidentes (...) Eu fui pedir para o fotógrafo do Chirac tirar uma fotografia nossa. Para que a gente tenha isso como recordação, como história.

No governo Lula, Stuckinha e seu pai, Stuckão, agora na Infraero, sempre se encontram em serviço na inauguração de aeroportos. Durante visita do presidente às obras de ampliação do aeroporto de Macapá, em dezembro do terceiro ano de governo, Stuckão conta:

— Dona Marisa disse que tomou meu filho de mim. Ela e o Lula gostam muito do Ricardo. Ela cuida da alimentação dele. O Lula é muito preocupado com o menino, é filho dele. Sabe como é... fotógrafo não tem tempo para nada, só para fotografar.

Pessoas próximas do presidente confirmam o carinho do casal presidencial pelo fotógrafo. Tanto Marisa como Lula sempre estão perguntando a Stuckert:

— Você almoçou mesmo?

Sérgio Lima – Folha Imagem

**Encontro com descendentes
de escravos brasileiros, em Acra (Gana)**
12/4/2005

Sérgio Lima – Folha Imagem

✈

**Chegada ao aeroporto de
Bissau (Guiné-Bissau)**
13/4/2005

Joedson Alves – Agência Estado

Em Pretória (África do Sul)
11/2/2006

Ricardo Stuckert – Presidência da República

Desembarque no aeroporto
de Abuja (Nigéria)
11/4/2005

Joedson Alves – Agência Estado

Joedson Alves – Agência Estado

Joedson Alves – Agência Estado

**Trajeto entre o aeroporto e a sede
do governo do Senegal, na chegada a Dacar**
13/4/2005

Recepção no aeroporto de
Acra (Gana)
12/4/2005

Joedson Alves – Agência Estado

Sérgio Lima – Folha Imagem

Chegada a Gaborone (Botsuana)
11/2/2006

Joedson Alves – Agência Estado

**Na porta do "nunca mais", na ilha
de Gorée (Senegal)**
14/4/2005

Sérgio Lima – Folha Imagem

**Ainda em Gorée, com a porta
do "nunca mais" ao fundo**
14/4/2005

Sérgio Lima — Folha Imagem

Na casa dos escravos da ilha de Gorée
14/4/2005

Sérgio Lima – Folha Imagem

**Rua de Argel (Argélia), no dia da
chegada de Lula**
8/2/2006

Ricardo Stuckert – Presidência da República

Pôr-do-sol de Maputo (Moçambique)
5/11/2003

Ricardo Stuckert – Presidência da República

**Na cabine do "Sucatão", no trecho entre
Gabão e Cabo Verde**
28/7/2004

Nas pirâmides do Egito, no Cairo

8/12/2004

Dida Sampaio – Agência Estado

No Cairo (Egito), diante da tumba
do faraó Tutancâmon

8/12/2004

Dida Sampaio – Agência Estado

Descida do Airbus, na chegada a Dacar (Senegal)

13/4/2005

Joedson Alves – Agência Estado

Diante da resposta afirmativa do fotógrafo, Marisa e Lula repetem com firmeza:

— Já almoçou?

Foi com luzes de Stuckão que Gervásio Batista, o fotógrafo de Sarney, fez a fotografia oficial do maranhense, o primeiro presidente depois dos militares. Quando Fernando Collor assumiu, Ubirajara Dettmar, fotógrafo do ex-presidente, teve Stuckinha como estagiário.

Ao assumir o poder todo presidente tenta passar a imagem da novidade. Fernando Henrique evitou o fraque, para não ficar igual a Collor e Sarney. Lula posou sem a faixa, ressaltando a diferença em relação a Fernando Henrique. Quem faz as imagens da novidade, quase toda vez, é a família Stuckert.

Quando Fernando Henrique assumiu, Stuckão forneceu equipamentos e ajudou o fotógrafo oficial Getúlio Gurgel a fazer a foto do presidente. Com a reeleição, foi a vez de Stuckinha dividir com Getúlio o trabalho de composição da segunda foto oficial de FHC.

O único presidente da história recente que não teve um Stuckert na produção da fotografia foi Itamar Franco. O mineiro não posou para foto oficial. Pior para Itamar, pois no governo do rival Fernando Henrique penduraram na parede da galeria dos ex-presidentes uma imagem dele com óculos de armação grossa, olhar perdido, topete revoltado. Tanto que, nas visitas de escolas ao palácio, o retrato de Itamar é o que mais causa medo nas criancinhas.

Um fotógrafo oficial tem mais acesso ao presidente e a ângulos melhores do que os demais profissionais da imagem.

Mas trabalhar com Lula significa correr o risco de se "perder" a foto pela própria característica dele. Para acompanhar seu ritmo, o fotógrafo costuma deixar a mala pronta à noite para acordar cedo e sair correndo na manhã seguinte. O presidente nunca pode esperar ninguém.

Lula costuma chamar Stuckinha para fazer registros simples, pequenas recepções em família, jogos de futebol. Certa noite na Granja do Torto, telefonou para o fotógrafo:

— Stuckinha, venha aqui fazer uma foto minha e da Marisa com a lua. A lua está linda.

Stuckinha fez imagens que Lula e a primeira-dama Marisa Letícia incluíram, claro, no álbum de família. O casal posou para ele, por exemplo, em frente à Pirâmide de Gizé, no Egito, e ao Taj Mahal, na Índia.

— Quero voltar aqui um dia — disse Lula, sentado ao lado de dona Marisa num banco em frente ao mausoléu indiano de mármore branco, construído pelo imperador Shan Jehan no século XVII para enterrar a mulher, Muntaj Mahal.

Lula teve dificuldades de chegar a Agra, cidade onde está o Taj Mahal. É que a neblina atrasou em mais de uma hora a decolagem do avião presidencial em Nova Déli.

— Chegar até aqui e não conhecer o Taj Mahal é o mesmo que não vir à Índia — argumentou.

Diante do monumento, ele brincou com os fotógrafos:

— Vocês já viram alguma coisa mais bonita?

A resposta foi negativa.

— Não é lá atrás, não. Sou eu, gente.

Neta de italianos e embaladora de bombons na adolescência, Marisa Letícia frustrou quem esperava dela gafes no modo de se vestir. Era tradição na imprensa criticar o gosto das roupas escolhidas pelas primeiras-damas.

Rosane Collor usava vestidos floridos e muita maquiagem. Ruth Cardoso foi criticada pelas roupas que vestia no início da gestão do marido. Todas fora do contexto, diziam.

Para não fazer feio e sempre sair bem na foto, a mulher de Lula foi pedir ajuda até a Marta Suplicy, sexóloga, ex-apresentadora de televisão e ex-prefeita de São Paulo. Nas solenidades no palácio, das quais faz questão de participar, a primeira-dama usa geralmente terninhos.

Marisa é adepta do silêncio. Conhecida pelo temperamento forte e pelo ciúme quase doentio do marido, a primeira-dama evita dar palpites em público sobre qualquer tema. Numa das visitas de Lula a Brasília antes de assumir o poder, Marisa repreendeu o marido na frente de todo mundo por ele estar do lado de dentro do hangar, exatamente atrás de uma grade. Ela o aconselhou a conversar com os jornalistas do lado de fora:

— Você não é um presidiário para ficar atrás das grades.

Depois disso, Marisa passaria três anos sem dar uma palavra a jornalistas. Só se manifestaria no final do terceiro ano de governo, ao sair de um evento militar.

Um dos autores pergunta a Lula se ele votaria "sim" ou "não" no referendo das armas de fogo. O presidente entra no carro sem responder. Para ironizar, o repórter faz a pergunta à sempre quieta Marisa. Ela ergue dois dedos, sinal de que votaria "sim", pela proibição das armas (opção que seria derrotada nas urnas). O gesto da primeira-dama é tão inesperado que só um fotógrafo da Agência Senado consegue registrá-lo.

Em algumas viagens, Marisa costuma passar e depois guardar as roupas do marido. Às vezes, a primeira-dama é surpreendida pelos ajudantes-de-ordens, que chegam a arrumar até o guarda-roupa dela. E essa história de ajudante-de-ordens, sempre um oficial das Forças Armadas, tirar roupas da primeira-dama da mala e pendurá-las nos cabides desperta ódio entre militares que atuam no Planalto.

Com salários baixos, militares e assessores da presidência travam a chamada "guerra das diárias". Viajar com o presidente significa aumentar os rendimentos mensais, com as diárias oferecidas pelo Planalto. Se ministros e assessores oriundos do PT vêem na possibilidade de acompanhar Lula aos grotões e ao exterior uma chance de estar perto do presidente e demonstrar *status* entre outras autoridades, seguranças e funcionários de carreira enxergam nas viagens a chance de conseguir um salário maior.

Os seguranças, militares que passam um período da carreira servindo ao Planalto, no entanto, avaliam que o orgulho e a conduta de um representante das Forças Armadas não podem ser deixados de lado na "guerra das diárias". Na visão deles, a guerra deve ser travada levando em conta princípios militares. Por isso, dizem que certos ajudantes-de-ordens jogam sujo, quando, por exemplo, fazem trabalho de camareiro sem ninguém pedir, por pura bajulação.

A vida dos ajudantes-de-ordens não é fácil. Eles têm a responsabilidade de estar sempre prontos para um pedido imediato do presidente, como isqueiro, toalha ou caneta.

A presidência tem quatro ajudantes-de-ordens, que se revezam na função. Cada dia um cumpre a missão de acompanhar o presidente da Granja do Torto até o último compromisso no Planalto. Dois ajudantes são da Aeronáutica, um do Exército e outro da Marinha. Quando o presidente está no palácio, o ajudante fica sempre numa ante-sala, ao lado do gabinete. Em outra sala próxima trabalham duas secretárias. A sala do chefe de gabinete pessoal também se localiza perto do local de despachos de Lula.

Numa manhã, bem cedo, um dos ajudantes apareceu na copa do palácio. Funcionários perguntaram o motivo da cara de tristeza.

— Levei um esporro daqueles... só não foi pior porque mais gente levou... assessor, segurança, todos levaram.

Os seguranças vibram quando o presidente dá broncas nos ajudantes-de-ordens "bajuladores".

Em Puerto Iguazú, na Argentina, num encontro do Mercosul, no final de 2005, Lula está reunido com os colegas Néstor Kirchner (Argentina), Tabaré Vázquez (Uruguai), Nicanor Duarte (Paraguai) e Hugo Chávez (Venezuela). No meio do encontro, fechado à imprensa, Lula pede que auxiliares distribuam aos presentes uma cartilha preparada pelo Planalto sobre investimentos e projetos brasileiros para os países que integram a área de livre-comércio. O ajudante-de-ordens admite que esqueceu o material na bagagem da comitiva. Lula não explode de pronto. Segura a raiva e a extravasa no intervalo da reunião, quando presidentes, ministros, diplomatas e assessores dividem uma mesma sala para um rápido cafezinho.

— Cadê as cartilhas, porra? — esbraveja o presidente.

O ajudante tenta se desculpar, meio sem jeito. O presidente está uma fera, elevando o tom de voz na frente de todos. Vermelho de raiva, Lula grita ao mesmo funcionário:

— Como é que não trouxe as cartilhas? Seu incompetente.

Os demais presentes, entre goles de café e mordidas nos lanches argentinos, vêem o auxiliar sair em disparada para providenciar as tais cartilhas. Com a cara fechada e ainda sem ter assimilado o golpe, cruza a sala, sem olhar para os lados, até sair por uma porta lateral.

Como não poderia ser diferente, a bronca de Lula vira tema de conversas paralelas. É assim num bate-papo de dois diplomatas brasileiros que acompanham tudo de perto. Quase que sussurrando para não ser ouvido por algum dos bajuladores do Planalto, um comenta rapidamente com o outro:

— Se ele fala desse jeito com o ajudante-de-ordens na frente de todo mundo, imagine com os outros assessores lá no palácio.

A relação dos seguranças com Lula é de amor e ódio. Alguns deles têm saudades do tempo de Fernando Henrique. O tucano costumava participar de churrasquinhos feitos pelos seguranças que davam plantão na fazenda do então presidente em Buriti, Minas Gerais. Outros se lembram das noites frias do sítio de Ibiúna, em São Paulo, quando FHC os convidava para dormir na casa principal.

— Não posso, presidente.

— Fique aqui dentro. Assim, você não passa frio e pode proteger a mim e a Ruth [Cardoso] melhor.

Tanto Fernando Henrique quanto Lula são admirados de forma intensa pelos seguranças, que apontam pontos positivos nos comportamentos dos dois presidentes. Os seguranças lembram que o tucano segurava a raiva e nunca explodia com os bajuladores, preferindo resolver problemas com classe e ironia fina. Ele pensava e calculava gestos e atitudes. Usava a emoção de forma inteligente. Homens de visões estratégicas caem fácil no gosto dos militares. Lula, dizem, merece elogios por deixar claro que não tolera puxa-sacos e não é dessas pessoas com chances de morrer de enfarte por engolir sapos.

Lula não mede as palavras e fala o que quer. Move a peça de xadrez sem medo de xeque-mate, contam. Embora não seja cordial como o antecessor, o presidente é visto com simpatia pelos seguranças por ter, segundo palavras dos próprios, a disposição de trabalho e o jeito durão de um militar. Não tem muita paciência. Para ele, tudo tem que ser na hora. Costuma estressar-se com auxiliares a qualquer tropeço. Fica nervoso, por exemplo, se vai a algum lugar que não tenha um café expresso à disposição.

Ajudantes-de-ordens, assessores e seguranças sabem que o bom humor do presidente pode ir para o espaço se ele não conseguir fumar sua cigarrilha com uma xícara de café na mão. É uma cigarrilha holandesa, marca Café Cream, nada suave. A caixinha com dez cigarrilhas custa 14 reais em Brasília.

Logo no início do governo, numa dessas viagens pelo país, Lula perdeu as estribeiras com um ajudante-de-ordens por causa de uma toalha. Ao chegar a uma cidade, ainda na pista do aeroporto, decide curtir um pouco o então altíssimo índice de popularidade. A euforia da campanha ainda contagia os primeiros meses de governo. Tudo é novidade, tanto para Lula como para a população. O presidente, ao lado de seguranças e assessores, segue para cumprimentar as pessoas que o aguardam atrás de uma cerca de arame farpado do aeroporto. Lula não quer nem saber. Sob um sol de rachar, abraça, beija, toca e se deixa tocar. Molhado de suor, olha para o ajudante-de-ordens e lhe pede uma toalha — branca e felpuda, peça obrigatória nas viagens presidenciais.

— Espere um pouco, presidente, vou buscá-la no avião — responde meio sem jeito o funcionário do Planalto, que sai em disparada pela pista do aeroporto para cumprir a ordem do presidente.

Ainda ao lado da cerca, Lula não se contém com a cena. Enquanto observa a rapidez de um ajudante-de-ordens absolutamente fora de forma, o presidente cai na gargalhada e faz um comentário rápido e rasteiro a um de seus seguranças.

— Olha lá o bundão, olha lá. Olha o bundão correndo para pegar a minha toalha.

Fora dos holofotes, porém, Lula nunca escondeu o incômodo ao ver um de seus assessores com fome. Num jantar com o secretário-geral da ONU, Kofi Annan, na cidade suíça de Lausanne, em maio do primeiro ano de mandato, ele percebeu que o intérprete Sérgio Ferreira estava faminto e cansado. Sentado enquanto ouvia um discurso, o presidente pegou um prato com pães e aproveitou enquanto as câmeras apontavam em outra direção para cortar os pães em pedacinhos, passar manteiga e, discretamente, entregar o prato ao intérprete, que desde cedo traduzia conversas e declarações.

Lula, dizem amigos, não está preocupado se a pessoa está cansada. O que o aflige é ver os outros passando fome.

Principais alvos dos momentos de estresse do presidente, os ajudantes-de-ordens também têm direito a brincadeiras do chefe petista. Piadas e histórias inusitadas são contadas nos dias em que Lula está de bom humor.

Vaidoso com suas roupas, tem sempre à disposição um terno reserva nas viagens. Pendurada num cabide, a peça segue sempre embalada numa capa de plástico especial que tem o nome "Lula" bordado em letras douradas.

— Você está arrastando minha roupa. Tome cuidado — grita o presidente, descontraído, toda vez que vê um funcionário balançar ou não erguer com firmeza seu terno reserva.

O cerimonial se inspirou no guarda-roupa dos presidentes americanos para resolver um problema de liturgia nos grotões calorentos. Não ficava bem Lula participar de encontros formais, mesmo no interior, só de camisa de manga curta. O presidente foi presenteado com uma jaqueta bege, bordada com um escudo da República. Ele passou a usá-la nas solenidades em que recebia uma medalha ou assinava um documento, mesmo sob o sol do sertão.

É agosto do terceiro ano de mandato. Na tarde de um mesmo dia, Lula participa de dois eventos no interior do Tocantins. Ele inaugura uma turbina de usina hidrelétrica, na cidadezinha de Peixe, e minutos depois vai de helicóptero para o centro de Gurupi, a 140 quilômetros do local do primeiro evento, para visitar um trecho reformado da rodovia Belém–Brasília. Como estavam de carro, os repórteres temiam não conseguir cobrir os dois eventos.

Sob um calor de quase quarenta graus, o presidente sobe no palanque armado no pátio de obras da usina. Cerca de duzentas pessoas, a maioria absoluta de operários que trabalham na construção da hidrelétrica, acenam para ele. Suado, com a toalha felpuda nas mãos, Lula também acena e dá alguns autógrafos em camisas e pedaços de papel que chegam ao palanque. De frente para os operários, ele discursa para megainvestidores que estão a milhares de quilômetros dali:

— Eu queria dizer aos empresários... nós fizemos a aprovação da lei da PPP [lei que permite obras de parceria entre o poder público e empresas privadas]. O Brasil entrará definitivamente na rota do crescimento sustentável e ninguém mais vai correr o risco de chegar em casa e não ter luz porque não tem hidrelétrica ou termelétrica.

Depois de tentar dar segurança aos investidores externos, explica o motivo de tantas viagens.

— Viajei muito nos três primeiros anos de governo. Sabem os empresários e sabem os trabalhadores que eu viajei. Viajei por quê? Porque era preciso vender as coisas boas que o Brasil tem. Saímos de uma taxa de 60 bilhões de dólares de exportações para 110 bilhões de dólares.

Os operários o aplaudem. Lula dava mostras de encerrar o discurso quando os repórteres saem do evento com os gravadores ligados, para chegar a tempo de cobrir o evento seguinte, em Gurupi. A esperança dos jornalistas é de que o presidente, no meio dos operários, demore nos abraços, beijos e cumprimentos.

Os carros dos repórteres saem em disparada pela estrada de chão da usina ao centro da cidade de Peixe. A poeira se levanta. No asfalto, os motoristas pisam mesmo no acelerador, chegando a 120, 140 quilômetros por hora. Nesses momentos, ninguém tem tempo para pensar nos riscos da alta velocidade em estrada precária. Nem os autores, que estão em dois dos três carros que formam o comboio da mídia rumo a Gurupi.

Percorridos cerca de 100 quilômetros, é possível ver, à esquerda, a passagem dos dois helicópteros da presidência. Quando os carros se aproximam do trecho da rodovia onde Lula estaria, no centro de Gurupi, os autores enxergam uma pequena multidão.

Todos descem ligeiro dos carros e correm até as grades que separam os moradores das autoridades. Os jornalistas chegam esbaforidos nas grades no exato momento em que o presidente passa pelo local. Ninguém tem fôlego para fazer uma única pergunta. Lula sobe num pequeno tablado de madeira instalado no asfalto. A multidão grita sem parar o nome do presidente. Semanas antes, o governo havia mandado capinar as margens da pista e tapar buracos de um trecho de 60 quilômetros. No tablado, o presidente lembra que é o dia do aniversário do prefeito de Gurupi, o tucano João Cruz.

— Trinta e nove anos de vida — diz o presidente, que pede aos presentes para cantar um improvisado "Parabéns pra você".

Em seguida, o presidente lembra que a estrada foi construída por Juscelino Kubitschek. Lula, que no início do mandato dizia ser o presidente da história que mais estava fazendo pelo país, passaria o terceiro e o quarto anos de governo se comparando a Kubitschek. Associar o próprio nome ao de JK virou chavão entre os presidentes após o regime militar, por conta da imagem de prosperidade de seu governo e do carisma pessoal de JK, ainda presentes na cabeça dos eleitores mais velhos.

Como se estivesse num programa de auditório de televisão, Lula dialoga com a multidão de Gurupi. Diz que uma "moça de amarelo" e um "rapaz", presentes na platéia, precisam ter cuidado para não cair de um muro, de onde assistem ao evento. Depois, promete pensar no pedido de instalação de uma universidade federal na área.

— E se com a tal universidade, que esse pessoal está pedindo aos gritos o tempo inteiro com uma faixa, a gente conseguir resolver o problema, aí vai trazer mais conhecimento. Aliás, parecem papagaios, pois gritam o tempo inteiro.

Os estudantes o aplaudem.

— Se eu pudesse, ia entrar no meio, dar um abraço em cada um de vocês, mas eu não posso. Então, gente, fique com Deus, até outro dia, porque eu tenho de levantar vôo enquanto tem a luz do sol. Tchau.

Após a solenidade, os autores comentam sobre a aventura daquele dia para conseguir acompanhar dois eventos do presidente. Combinam escrever um livro sobre essas histórias.

Nos discursos durante viagens pelo país, Lula repete que nunca precisou estudar para se tornar presidente. Quando foi diplomado pelo Tribunal Superior Eleitoral, ele chorou e disse que era o primeiro diploma que recebia na vida. No dia seguinte, os jornais informam que ele já tinha recebido um diploma de torneiro mecânico do Senai. Seja como for, o discurso emocionou o país. Contudo, de tanto repetir nas viagens que não tinha se formado na universidade, Lula seria criticado por dar o exemplo de que não é preciso estudar. Ele não perde a oportunidade de dizer que chegou ao poder sem diploma:

— Tá vendo? Eu não tenho mesmo curso superior, mas quem carrega papel pra mim tem... todos eles têm curso superior — disse Lula a um ministro, depois de receber um discurso escrito das mãos de um assessor.

Pelo menos dez anos antes de chegar ao poder, Lula era cidadão de classe média, com bom salário, apartamento e sítio para fins de semana. Num país com parcela considerável de trabalhadores sem carteira assinada ou sem emprego, ser metalúrgico é posição de *status*. Mesmo na presidência, o passado de homem pobre e de hábitos que estão longe de atender às regras de etiqueta da alta sociedade é "lembrado" por pessoas próximas ou muito próximas dele. Não só as críticas da imprensa irritam o presidente, mas as ironias de companheiros, conta um assessor.

Em março de 2005, depois da solenidade de posse do presidente uruguaio Tabaré Vásquez, Lula despista a imprensa e sai para jantar em Montevidéu. O então líder do governo no Senado, o petista Aloizio Mercadante, homem de família rica em São Paulo, informa, no dia seguinte, que Lula tinha ido a uma churrascaria popular e saboreado diversas carnes. Uma repórter fica intrigada, pois Lula acordara cedo e parecia bem disposto, sem a fisionomia de quem passou a noite comendo churrasco. E o senador a surpreende:

— Ele é peão. É peão, é peão... peão come tudo... pode comer carne e feijoada que mesmo assim vai dormir sem problema.

Sempre que pode, Lula vai à forra em público contra os subordinados e petistas letrados e de hábitos ditos refinados. A faixa de presidente no peito e o bipe no bolso parecem não ser suficientes para minimizar comentários no palácio sobre uma certa inferioridade sentida por ele. Um amigo de Lula, no entanto, avalia que atacar Fernando Henrique no início do governo teria sido apenas a forma escolhida pelo presidente para uma auto-afirmação do governo. A estratégia, segundo essa mesma pessoa, resultou na ressurreição do antecessor.

Mais um parêntese: um líder tucano, desses que aparecem com freqüência nos jornais, avalia que Fernando Henrique tem desprezo pelo estilo de Lula. O tucano não disfarça, no entanto, o ciúme do sucessor, deixando claro em conversas reservadas não entender o motivo de Lula ter mais a simpatia dos pobres. FHC argumenta ter criado o Real e programas de transferência de renda. A despeito de ideologias e tradições, todo político deseja ser querido, especialmente pelas pessoas humildes.

Em Aparecida de Goiânia, em janeiro do terceiro ano de mandato, Lula afirma, ao abandonar o discurso preparado pelo ministro Luiz Dulci, da Secretaria Geral da presidência, que quer falar à "alma" do povo brasileiro. Dulci foi professor de literatura em Minas Gerais e é um dos responsáveis por escrever os discursos do presidente, que costuma debochar dos textos do ministro e ressaltar a capacidade de falar de improviso.

Nisso os jornalistas, em busca de frases de efeito e ataques políticos, concordam. Os discursos escritos só enfatizam números e fatos que não rendem reportagens. Nos eventos, os repórteres só começam a fazer anotações quando Lula dá o sinal e diz que "agora vai falar algumas coisas de improviso". O presidente quase sempre se deixa levar pela emoção e comenta assuntos políticos com frases fortes para jornais, rádios e tevês.

Nem sempre o presidente pode jogar fora os discursos preparados por Dulci, sendo, então, obrigado a lê-los do início ao fim e sem pausas para improvisações. É o que ocorre na abertura da 58ª Assembléia Geral das Nações Unidas, em Nova York, em setembro do primeiro ano de governo. Os discursos de autoridades de países que não têm o inglês como língua oficial devem ser entregues com antecedência aos tradutores, que fazem a tradução simultânea com os ouvidos no aparelho de escuta e os olhos no texto escrito.

Depois da sessão da ONU, Dulci faz questão de marcar entrevista no saguão do hotel Waldorf Astoria, na Park Avenue, região nobre de Manhattan, onde a comitiva de Lula está hospedada, só para dar detalhes de como tinha preparado o texto que colocou, segundo o próprio ministro, a questão da pobreza na agenda mundial.

O ministro está visivelmente maravilhado por ter escrito o discurso lido pelo chefe. Embora Dulci tenha considerado que a elaboração do texto merecesse explicações, Lula não foi o primeiro brasileiro a usar aquela tribuna para falar da miséria. O general João Batista Figueiredo, último presidente militar, tinha feito isso no distante ano de 1979.

Enquanto assessores e ministros insistem no tom professoral em discursos e audiências, Lula se comporta, nos momentos mais privados, com a mesma descontração dos tempos de sindicato. Numa audiência no gabinete concedida a amigos do ABC, em maio do primeiro ano de governo, ele brincou com os visitantes. Lembrou de histórias e se divertiu. Manuel Anísio Gomes, sindicalista que articulou a visita dos metalúrgicos que queriam anistia por terem sido demitidos nos anos da repressão, contou depois aos jornalistas detalhes do encontro:

— Foi ótimo, muito bom. Ele estava tão descontraído que beliscou a bunda do pessoal.

Numa audiência com a ministra do Meio Ambiente, Marina Silva, na época em que o governo começa a discutir a transposição de parte das águas do rio São Francisco, o presidente ouve atentamente a opinião contrária dela às obras e os argumentos favoráveis dos técnicos da área. Após ouvi-los, Lula consola a ministra:

— Marina, essa coisa de meio ambiente é igual a um exame de próstata, não dá pra ficar virgem toda a vida. Uma hora eles vão ter que enfiar o dedo no cu da gente. Então, companheira, se é pra enfiar, é melhor que enfiem logo.

Lula, até para mostrar personalidade em relação aos "estudiosos" e "professores" do governo, leva para dentro do Planalto seu jeito descontraído, seu costume de falar palavrões. É assim que se relaciona com alguns ministros e assessores. As pessoas mais próximas, que sabem como o presidente age e se comporta, dizem entender as brincadeiras. Entre os petistas palacianos foi difundida a idéia de que, quanto mais pesado o palavrão, maior o grau de intimidade do presidente com o interlocutor. Daí, ouvir um palavrão pode significar *status*.

Antes de uma cerimônia no palácio, o brincalhão Lula se aproxima de seu assessor para assuntos internacionais, o professor universitário Marco Aurélio Garcia, e diz na maior descontração:

— Marco Aurélio, eu já mandei você tomar no cu hoje?

O professor sorri.

Lula sabe de onde vem o chamado fogo amigo. Ele é alvo há anos de piadas e ironias de amigos intelectuais. Nada melhor, então, do que levar toda a Esplanada dos Ministérios, com direito a cantor famoso, professor universitário, ex-reitor e empresário, nas viagens pelo mundo e pelo Brasil, o qual ele afirma conhecer muito bem. Um país que não se vê em livros, mas em "viagens".

Milhagem

Senhoras e senhores, atenção. Daqui a pouco nós estaremos chegando. O problema é que ninguém sabe aonde exatamente.

Lula, em janeiro de 2004, no céu da Europa

Ninguém vai para o Japão por ser o mais bonito ou por ser o maior contador de piadas, não. (...) Vai por competência.

...a estudantes do Senai, em março de 2006, em Olinda (PE)

Por oito anos, enquanto aparecia na mídia como um eterno candidato à presidência, Lula gostava de criticar as viagens de Fernando Henrique ao redor do mundo. Via nesses deslocamentos um desperdício de dinheiro público e uma forma que o tucano encontrava para fugir dos problemas nacionais.

Ao chegar ao poder, o ex-metalúrgico e fundador do PT mudou de idéia. Passou a adotar a linha do "comigo é diferente". Ele logo argumentou que as suas viagens ao exterior tinham outro enfoque e, na condição de presidente da República, não poderia ficar trancado num gabinete só falando ao telefone. Era preciso "olhar no olho" dos líderes mundiais.

Com esse argumento, ninguém mais conseguiu segurar o presidente no Brasil. Nos primeiros três anos de governo, Lula visitou nada menos que 48 nações. Incluindo as repetições, foram 85 visitas a outros países. Média de mais de dois países a cada mês (2,36).

Entre janeiro de 2003 e dezembro de 2005, Lula permaneceu 159 dias fora do Brasil — o que representa, na prática, 14 por cento de seus primeiros 36 meses de mandato no Palácio do Planalto. No período, acumulou uma decolagem internacional a cada 23 dias, com o discurso de integrar fisicamente a América do Sul, ajudar no desenvolvimento dos países pobres da África e da América Latina, avançar na relação comercial com a Ásia e o Oriente Médio e ainda estreitar as relações políticas e econômicas com a União Européia e os Estados Unidos.

No *ranking* de visitas, Argentina e Estados Unidos aparecem à frente. Nos 36 primeiros meses de governo, Lula esteve cinco vezes nos países de Néstor Kirchner e George W. Bush. A seguir, com quatro visitas, aparecem Bolívia, Colômbia, Paraguai, Peru, Suíça e a Venezuela de Hugo Chávez, figura polêmica de que Lula costuma zombar nas conversas com auxiliares:

— Vocês viram o discurso hoje do Chávez? E a massa entendeu tudo o que ele falou — ironizou depois de um evento no final de 2005 em Garanhuns, Pernambuco, com ministros e parlamentares. Naquele dia, o venezuelano falou em espanhol por quase uma hora e meia aos conterrâneos do presidente que ferviam sob um sol nordestino.

Na agenda de viagens internacionais do presidente destacam-se também os deslocamentos à África. Entre o início de 2003 e o primeiro bimestre de 2006, Lula passou por 18 países africanos, como São Tomé e Príncipe, ilha de língua portuguesa que recebeu Lula em duas oportunidades.

Ao viajar com freqüência ao exterior, foi acusado pela oposição de estar deslumbrado com o poder e ao mesmo tempo usar tais deslocamentos como uma forma de fugir de suas responsabilidades como governante do país. Lula ignorava as críticas e ampliava cada vez mais sua agenda estrangeira. Esses encontros com presidentes e chefes de Estado não ocorriam apenas em outros países. Lula e o ministro Celso Amorim cansaram de recebê-los na rampa do Planalto, em almoços no Itamaraty e nos encontros organizados pelo Brasil, como a Cúpula América do Sul—Países Árabes, em maio de 2005.

No Brasil, ele também não saía de dentro das aeronaves da FAB. De janeiro de 2003 a dezembro de 2005, o presidente passou por 139 diferentes municípios de 25 estados. Apenas Roraima ficou de fora da lista. Foram 170 decolagens para 280 visitas a cidades brasileiras, incluindo as repetições.

Por conta dessas viagens nacionais, que fizeram a oposição também acusá-lo de usar a máquina para fazer campanha eleitoral antecipada, o presidente ficou 249 dias fora ou parcialmente fora do Palácio do Planalto. Era comum, por exemplo, despachar pela manhã em Brasília e cumprir agenda à tarde em Belo Horizonte. Ou participar de um evento logo cedo no Rio de Janeiro e voar para Brasília no início da tarde.

Em 36 meses de governo, Lula visitou, em média, um município a cada quatro dias. A capital paulista lidera com folga esse *ranking*, com 52 visitas oficiais do presidente. Rio de Janeiro (24), São Bernardo do Campo (12), Belo Horizonte (6), Porto Alegre (6) e Recife (6) vêm na seqüência.

Entre os estados, São Paulo também está à frente dos demais quando é computado o número de municípios visitados. Entre 2003 e 2005, Lula passou por 23 cidades paulistas. A seguir vêm Minas Gerais (12), Rio Grande do Sul (11) e Pernambuco (9). Para se ter uma idéia um pouco melhor do que esses deslocamentos representaram nos três primeiros anos de governo, Lula passou 408 dias em viagens nacionais e internacionais. Isso significa 37 por cento de seus 36 primeiros meses de mandato.

A compra de um novo avião presidencial se tornou uma das obsessões do governo Lula. Uma prioridade. Mesmo ciente de que tal iniciativa poderia render-lhe um desgaste na opinião pública, por investir milhões de dólares na compra de uma aeronave diante de milhões de miseráveis no país, o presidente manifestava certeza de que valia mesmo a pena arriscar. Tudo isso para se livrar do barulho e das constantes oscilações de temperatura no interior do Sucatão, como ficou conhecido o Boeing 707 da Força Aérea Brasileira fabricado em 1968 e que chegou ao Brasil em meados dos anos 1980, comprado à época pela Varig. Em solo, Lula dizia que o Boeing parecia um forno de microondas. No ar, segundo o presidente, um *freezer* ligado com a máxima potência.

Em seu governo, Fernando Henrique usou o Sucatão até o final de 1999, quando decidiu aposentá-lo para vôos presidenciais por conta de um incidente com uma aeronave semelhante da FAB, na qual viajava o vice Marco Maciel. O Sucatão só era usado em vôos internacionais.

Político pernambucano discreto e de fala mansa, o vice de Fernando Henrique ficou enfurecido com o que teve de passar numa viagem que fez à China em dezembro de 1999. No trajeto de ida a Pequim, uma das quatro turbinas do Boeing pegou fogo em pleno ar, quando sobrevoava a Europa. As chamas foram rapidamente contidas, mas uma pane no sistema hidráulico da aeronave a obrigou a um pouso de emergência em Amsterdã, na Holanda. Fernando Henrique ficou com medo de viajar no Sucatão. Telefonou para o vice-presidente, que ainda estava no exterior:

— É verdade o que os jornais disseram sobre o problema do avião?

— É verdade. Não dá mais, presidente — respondeu Maciel.

Para Lula, não apenas as alterações de temperatura eram estressantes. Por conta da barulheira, muitas vezes era preciso um intenso trabalho diplomático para convencer autoridades de determinado país a autorizarem a entrada desse Boeing em seu espaço aéreo. Suíça e Estados Unidos eram dos que mais implicavam com a antiga aeronave presidencial.

No primeiro ano de governo, num desses deslocamentos pelo país, o presidente demonstra toda a sua irritação com o avião herdado da gestão tucana. O ataque de nervos se dá logo após a aterrissagem, enquanto o presidente aguarda o encaixe da aeronave no túnel que levaria os passageiros ao terminal de desembarque do aeroporto. Um militar do Planalto, após ter ouvido reclamações durante parte da viagem, tenta convencer o presidente sobre as qualidades da aeronave da Força Aérea Brasileira:

— Presidente, as coisas aqui no avião estão funcionando perfeitamente. Veja esta televisão, por exemplo. Ela é boa — disse em tom entusiasmado o auxiliar, enquanto apontava o dedo para um aparelho de tevê instalado num armário de madeira na parte superior da cabine presidencial. A tentativa do militar, porém, foi inócua. Lula tinha uma resposta preparada na ponta da língua:

— A tevê não é boa porra nenhuma. A gente querendo fazer a reforma trabalhista e você querendo manter uma televisão de bosta da época do Getúlio. — As palavras do presidente arrancaram risos dos poucos que testemunharam a cena. — Esta tevê é tão velha como a que tem lá no Alvorada. Outro dia desisti de assistir a um filme, porque os canais da televisão ficavam mudando sozinhos. Não precisava nem de controle remoto.

A compra de uma nova aeronave presidencial vinha sendo estudada no governo Fernando Henrique. Em final de mandato, preferiu não assinar a abertura da licitação, e transferiu um eventual desgaste ao sucessor petista. Em 2000, FHC deixou o Sucatão de lado, em troca de aeronaves fretadas da TAM.

— Se você quiser, eu assino agora essa licitação — diz Fernando Henrique a Lula num encontro no final de 2002, no Palácio do Planalto, no chamado período de transição entre os governos tucano e petista.

Lula coça a barba, olha para os lados e faz valer a máxima de que, quando a esmola é vultosa, até o santo desconfia. O petista recusa de pronto a oferta daquele que em alguns dias seria seu antecessor.

— Não precisa, não precisa, meu caro. Me deixe tomar pé das coisas por aqui primeiro. Depois eu resolvo isso com calma.

E Lula muda rapidamente de assunto. Já desconfiava que essa questão ia lhe trazer problemas. Mas foi cedendo aos poucos. E não apenas os ruídos do Sucatão o fizeram mudar de idéia. Nos primeiros meses de governo, enquanto não cumpria as promessas de campanha, o presidente arrumou tempo para ler uma biografia de Juscelino Kubitschek.

No livro, o presidente ficou sabendo que JK foi ferozmente atacado pela opositora União Democrática Nacional (UDN) ao decidir trocar a aeronave presidencial. Investiu dinheiro na compra de um então moderno turboélice Viscount para aposentar o velho DC-3, uma herança da Segunda Guerra Mundial. Lula comentou com alguém: "Se o Juscelino trocou de avião e foi o presidente que foi, então eu também posso. Afinal de contas, o avião não será meu."

Em janeiro de 2003, em sua primeira viagem à Europa como presidente, Lula usa um esquema parecido com aquele herdado dos tucanos. Com uma comitiva reduzida, embarca rumo a Paris num vôo de carreira da TAM. Naquele dia, mesmo na primeira classe da aeronave, Lula não fica à vontade. A assessores, mais tarde, reclama que nem pôde colocar o pijama a bordo. Admite também que o estresse com sua segurança era tamanho que chegava a atrapalhar o sossego dos demais passageiros das classes executiva e econômica do vôo. E trata logo de reclamar da vida:

— Eu não me conformo que o Brasil não tenha sua própria aeronave — esbraveja o presidente a um pequeno grupo de ministros e assessores na chegada à capital francesa.

Atento à conversa, um oficial da Aeronáutica sutilmente retruca seu superior.

— Presidente, nós temos o nosso Boeing 707 [o Sucatão]. Houve um problema com ele no passado, mas hoje ele está em perfeitas condições de uso. Não há motivo para preocupação.

Lula não sabe, mas o Sucatão está na Europa. Havia transportado assessores e seguranças para acompanhar aquela visita presidencial.

— Então eu quero voltar nesse avião para o Brasil — ordena em seguida o presidente.

Na chegada ao Brasil, depois de desfrutar algumas horas de um Sucatão reformado e pintado, com cama e chuveiro privativos, Lula admite que passaria a usá-lo.

— Não sei por qual motivo reclamam tanto desse avião. É o que nós temos e vamos usá-lo. Não vale a pena ficar gastando dinheiro nesses vôos comerciais — declara o presidente na primeira reunião com a coordenação de governo após essa visita à Europa.

Mas a lua-de-mel com o Sucatão dura pouco. A privacidade e o serviço de bordo exclusivo não são suficientes para que Lula abandone a idéia da compra de um novo avião. Tem a certeza disso meses depois, quando ouve um relato pouco animador de um integrante de elevado escalão da Força Aérea Brasileira.

— Presidente, esse avião é seguro, mas está no limite.

Estimado em 56,7 milhões de dólares, o Airbus ACJ, versão corporativa do A-319 batizado oficialmente de *Santos Dumont*, tem um custo médio de 2 mil dólares para cada hora de vôo, de acordo com a Aeronáutica. Para o mesmo intervalo de tempo no ar, um vôo fretado seria pelo menos seis vezes mais oneroso, o que, segundo o governo, justifica o investimento milionário na aeronave, fabricada na Alemanha e equipada nos Estados Unidos.

A chegada dela ao Brasil estava prevista para o final de 2004. Mas o receio de que a imprensa pudesse explorar o fato, como se o Airbus fosse um presente de Papai Noel ao presidente, faz o Palácio do Planalto adiá-la para o início do ano seguinte.

Livre do presente de Natal, a presidência tem ainda de resolver outro embaraço. A primeira viagem internacional prevista para 2005 é justamente ao Fórum Econômico Mundial, que reúne todos os anos milionários e banqueiros em Davos, na Suíça. Numa avaliação interna de governo, não pegaria bem para um presidente que se apresenta no mundo como representante dos pobres e oprimidos estrear um avião novinho em folha numa viagem como essa. Um deslocamento ao coração da Amazônia, então, é a opção encontrada de última hora para a estréia do famoso Aerolula.

Longe do circuito Elizabeth Arden, como os diplomatas chamam o roteiro das badaladas Nova York, Londres, Roma e Paris, Lula segue para Tabatinga, município do extremo oeste do Amazonas, e para Letícia, cidade colombiana do outro lado da fronteira, ambas encravadas na densa floresta amazônica. Sob intenso sol de janeiro, fotógrafos e cinegrafistas tentam no início da tarde a melhor posição para registrar a aterrissagem da nova aeronave e o momento em que o presidente surgirá na porta para descer a escada. No jargão jornalístico, as primeiras páginas dos principais jornais do país já estavam "riscadas" para encaixar aquela foto na edição do dia seguinte.

Esse primeiro vôo cria expectativa e tensão dentro do próprio governo. A primeira-dama, Marisa Letícia, cujo nome não constava da lista inicial de passageiros, decide embarcar na última hora. Um militar tem de ser excluído do passeio.

No trajeto Brasília–Tabatinga, os militares dão o apelido de Marisão à nova aeronave presidencial, o que de fato não pega. O *Santos Dumont* fica mesmo conhecido por Aerolula, denominação dada pelo jornalista Elio Gaspari.

Passar a noite em Tabatinga é difícil. O único hotel disponível aos repórteres na cidade é a pousada do Mohamed, um árabe que baba enquanto recepciona os hóspedes. Os quartos não têm janela. Sem chuveiro no banheiro, o jeito é se molhar debaixo de uma bica que jorra um filete de água escura. Pela manhã, os repórteres encontram Mohamed suado cortando carne para servir no café. Gota a gota, o suor cai na carne.

Em Tabatinga, para dificultar a exploração da imagem de Lula com a nova e caríssima aeronave, o Cerimonial da presidência impede a entrada de jornalistas tanto na pista como na área interna do aeroporto da cidade. O jeito, então, é improvisar escadas do lado de fora, atrás de cercas, no mato e na poeira. A distância é grande, mas os fotógrafos estão preparados com suas lentes de longo alcance.

O presidente, enfim, desce da aeronave. Nada demais na cena se não fosse a estréia do Airbus. Ainda assim, ninguém tem dúvida de que aquela imagem será estampada nas capas dos jornais no dia seguinte. Todos, porém, erram o prognóstico. A foto mais importante da primeira viagem do Aerolula registra uma situação bem diferente.

Após o desembarque, Lula segue em comboio de carros para uma escola da cidade, onde participa de uma solenidade da retomada do Projeto Rondon, uma ação da época da ditadura militar que levava estudantes universitários para conhecer a realidade dos grotões, num tempo em que jovens comunistas criavam focos de guerrilha na selva amazônica. Em seguida, o presidente conhece o batalhão do Exército em Tabatinga.

Lula e Marisa posam ao lado de onças domesticadas do batalhão e conhecem armadilhas e tipos de treinamentos de militares na selva. A imprensa está afastada quando oficiais mostram uma jibóia ao presidente. O fotógrafo oficial, Ricardo Stuckert, fotografa Lula com as mãos na cobra e de sorriso aberto ao lado de militares. A imagem da jibóia engole o Aerolula nas capas dos jornais.

Naquele dia, enquanto fotógrafos e cinegrafistas tentam registrar a melhor imagem do presidente com o avião ao fundo, repórteres procuram informações triviais sobre a primeira viagem oficial da aeronave. O objetivo é conversar com integrantes da comitiva que possam relatar os bastidores do comportamento de Lula naquele vôo. Todos, porém, parecem orientados ao silêncio. O então ministro da Coordenação Política, Aldo Rebelo, nada comenta. Assessores como Marco Aurélio Garcia dizem que não sabem o que Lula comeu, bebeu, falou ou ouviu durante o vôo.

— Eu não tenho frases do presidente nem sou porta-voz dele. Eu tenho as minhas palavras, as minhas opiniões — responde Garcia, irritado com as perguntas.

Os repórteres então questionam Garcia sobre o que ele havia consumido a bordo do Aerolula.

— Tomei suco de laranja, água e comi sanduíche.

Um outro assessor, questionado se o presidente havia ouvido música ou assistido a algum filme, responde:

— É, passaram o novo DVD do Roberto Carlos.

Pronto. Os jornalistas sabem o que foi servido e exibido durante o vôo inaugural do Aerolula.

A troca do Sucatão pelo Aerolula torna mais confortável não só a vida do presidente, mas também a dos integrantes da comitiva do Planalto, sempre escalados para voar no mesmo avião do presidente. São eles ministros, assessores, integrantes da segurança e do Cerimonial, parlamentares e convidados em geral, além de repórteres, fotógrafos e cinegrafistas da Radiobrás.

A primeira diferença notada é o conforto dos 16 assentos da parte traseira da aeronave, o chamado "fundão" do Aerolula. Os bancos têm reclinação de quase 180 graus, como se fosse uma adaptação da primeira classe de um vôo comercial. À frente de cada um desses bancos há ainda aquele puxadinho para esticar as pernas. Além disso, as janelas abrem e fecham com um simples apertar de botão. Coisa chique.

Além de um conforto invejável, há os sinais da tecnologia. Nos oito monitores instalados acima de cada par de bancos, os 16 seletos passageiros do Airbus presidencial, por exemplo, podem assistir à decolagem por meio de uma câmera de vídeo instalada no trem de pouso. Depois de voar no Aerolula, os outros vôos perdem a graça.

O serviço de bordo também melhorou com a troca de aeronave. O "prato feito" servido no Sucatão e comum na classe econômica de vôos comerciais foi aposentado. Agora, no Airbus, há um minibufê à disposição dos passageiros. Os comissários de bordo da Força Aérea Brasileira, conhecidos como taifeiros, passam de poltrona em poltrona oferecendo sempre opções variadas de comida, com direito a doces, sanduíches sofisticados, vinhos e iogurtes. Tudo servido em pratos de louça, com talheres de prata e copos de cristal.

No giro pela África em 2006, Lula vangloriou-se desse cardápio ao visitar o "fundão" da aeronave justamente no momento em que assessores e seguranças se preparavam para almoçar. O elogio ao bufê também valeu brincadeiras com o serviço de bordo dos tempos de Fernando Henrique.

— Que maravilha essa classe executiva, hein? Vocês se lembram da comida vagabundinha que era servida aqui no governo do outro? Agora é de primeira classe, igual à da elite lá da frente.

Com um cardápio desses, a indigestão só tem chances de acontecer se o horário da refeição coincidir com os momentos nos quais o presidente resolve fumar suas cigarrilhas em pleno vôo. Quem fica na parte traseira do Aerolula respira como se estivesse sentado ao lado do fumante, tamanha é a impregnação do ambiente por conta do cheiro da fumaça. Fumar é proibido em todos os vôos no país.

Na parte traseira da aeronave, os 16 lugares são previamente reservados pelo Palácio do Planalto. Ao entrarem no Aerolula, ministros, assessores e demais credenciados encontram seus respectivos nomes em etiquetas coladas pela FAB em cada um dos assentos.

Ministros sempre ganham assentos na primeira fileira, próxima à porta do corredor que dá acesso à cabine presidencial. A seguir, ficam o chefe da segurança, o secretário de Imprensa e o fotógrafo oficial.

Em conversas sem a presença do presidente, ministros e integrantes do alto escalão do governo chamam a parte traseira da aeronave de "senzala", enquanto a cabine presidencial leva o apelido de "casa-grande". Ficar na "senzala" durante todo o vôo e não ser chamado por Lula para uma conversa na cabine presidencial é um sinal de falta de prestígio. Muitos preferem o constrangimento de se oferecer para uma conversa a correr o risco de serem ignorados por Lula na viagem.

Ocupar um desses lugares no fundo da aeronave sempre requer atenção redobrada. A qualquer momento Lula pode aparecer de surpresa. Isso, por exemplo, ocorreu na viagem de ida a Quixadá, no interior do Ceará, em agosto de 2005.

Ao entrar na aeronave, os integrantes da comitiva tratam logo de fechar as janelas e apagar as luzes acima de seus assentos. O sol ainda nasce no horizonte e, pela frente, têm três horas de viagem num dia repleto de atividades e que promete ser cansativo. Na agenda, a inauguração de um centro de comercialização da agricultura familiar e o lançamento de um programa de desenvolvimento sustentável do Banco do Brasil.

Lula, porém, não quer saber de descanso. Logo após a decolagem, corre para os fundos do avião e invade a ala da comitiva batendo palmas e falando em voz alta:

— E aí, minha gente? Vamos acordar, vamos acordar.

Pegos de surpresa, ministros, assessores, jornalistas da Radiobrás e até alguns empresários convidados pela presidência buscam logo esconder o constrangimento e simular sorrisos de alegria ao ver o presidente. Alguns que cochilam somente notam a presença de Lula ao ouvirem os pedidos do Cerimonial para que abram as janelas e acendam as luzes. Tudo para simular um clima receptivo ao presidente da República.

— Abram as janelas, o presidente está aí — grita um dos bajuladores oficiais.

Uma situação parecida com essa, mas um pouco mais constrangedora, ocorreu em abril de 2004, depois de um dia de eventos em três municípios acreanos — Rio Branco, Manoel Urbano e Cruzeiro do Sul. Como era esperado após uma longa jornada de trabalho, a comitiva trata de se acomodar e dormir assim que a aeronave presidencial decola de Cruzeiro do Sul (extremo oeste do Acre) em direção a Brasília.

Na metade da viagem, quando todos já curtem um calmo e merecido descanso, eis que, atendendo ao pedido de algum puxa-saco de plantão, o serviço de alto-falante da aeronave anuncia o aniversário da primeira-dama, Marisa Letícia.

— Senhoras e senhores, como acabamos de passar da meia-noite, já podemos dar os parabéns à primeira-dama — diz uma voz vinda da cabine de comando, acordando toda a comitiva.

O locutor prossegue, dessa vez narrando o que se passa na cabine presidencial, tentando mexer com o imaginário de uma comitiva com sono e irritada pelo excesso de bajulação.

— Neste momento, meus caros, a primeira-dama está recebendo um buquê de flores por mais um aniversário. Parabéns!

Dona Marisa, que não tem por hábito sair da cabine do avião, dessa vez aparece no fundão para receber um a um os cumprimentos pelo aniversário. Beijinhos, votos de felicidades, troca de sorrisos e, enfim, todos de volta ao aguardado segundo tempo de soneca, depois de alguns minutos de puro puxa-saquismo.

Talvez essa turma do oba-oba de Lula não saiba, mas bajular o chefe pode ser motivo de advertência e até de suspensão. É pelo menos o que diz a lei 8.112, de 1990, que trata de direitos e deveres dos servidores públicos federais. Um de seus artigos deixa claro que não é apropriado ao servidor fazer manifestações ou considerações de apreço ou desapreço em relação a superiores ou colegas. Em outras palavras, é proibido o puxa-saquismo exagerado ao presidente da República.

O fundão da aeronave não serve apenas para momentos surpreendentes ou de adulação. É lá, por exemplo, onde o presidente procura seu fotógrafo, Ricardo Stuckert, para ver as imagens de mais um dia de viagem. Esses momentos ficam para o retorno a Brasília. Na ida, Lula gosta de revisar o discurso e conversar com ministros e assessores. Em casos de emergência, pode ainda dar telefonemas a bordo, graças ao serviço de telefonia instalado no Airbus presidencial. É justamente no fundão que Lula se sente mais à vontade. Não era assim no início do governo, quando, ainda desconfortável no cargo, teimava em visitar o baixo clero de sua comitiva na parte traseira da aeronave.

Além de buscar com seu fotógrafo as principais imagens do dia, ele passa alguns minutos apenas posando para fotos ao lado de seguranças, jornalistas da Radiobrás e principalmente de parlamentares convidados para aquele vôo. Todos querem guardar uma lembrança do dia em que viajaram com Lula. É comum seguranças e assessores viajarem com máquinas digitais justamente para registrar esses momentos. É lá na parte traseira também que o presidente conta piadas, fala palavrões e faz alguns desabafos contra a mídia.

— Vocês viram como [o evento] foi bom hoje? Quantas pessoas tinha? Mas eu tenho certeza de que os jornais amanhã vão puxar pelo lado negativo. É por isso que às vezes eu fico chateado — afirma o presidente à sua comitiva, depois de evento em Teófilo Otoni, Minas Gerais, em novembro do terceiro ano de governo.

Naquele dia, sob forte chuva, cerca de cinco mil pessoas haviam superado a estimativa prévia local ao participar de solenidade de anúncio de liberação de recursos para a construção da Universidade Federal dos Vales do Jequitinhonha e do Mucuri. O assédio a Lula naquele dia também foi marcante. O presidente subiu uma rampa de acesso à prefeitura com o chefe de sua segurança agarrando-o pela cintura, literalmente.

As mãos do coronel Gonçalves Dias serviram como uma espécie de gancho para que o presidente não caísse na rampa enquanto cumprimentava as pessoas que buscavam tocá-lo ao lado e abaixo da estrutura de cimento. Nesse dia, ele abraçou uma mulher que havia se ferido durante o evento. No avião, Lula teve de trocar de camisa, pois o sangue dela manchou sua roupa.

Quando o percurso é longo, o clima de descontração na "senzala" pode ocorrer também nos trechos de ida. Isso, por exemplo, aconteceu na viagem do Oriente Médio, no final de 2003. Naquele dia o telefone celular do ministro do Turismo, Walfrido Mares Guia, desperta a atenção da comitiva. À época, a novidade era a possibilidade de usar o aparelho como uma máquina fotográfica digital. Era o início da onda de telefones celulares com essa opção no Brasil e muitos parlamentares a bordo do vôo pedem para o ministro registrar uma imagem deles ao lado do presidente.

O senador Ney Suassuna, do PMDB da Paraíba, e o ministro Ciro Gomes, da Integração Nacional, tratam de fazer uma brincadeira com o colega do Turismo. Numa distração do ministro, que decide dar uma olhadinha na cabine de comando, Suassuna lhe toma o celular e anuncia a todos o início de um sorteio.

— Venha, pessoal, venham todos. Vamos sortear doces de leite, doces de caju e até um telefone celular que tira fotos — grita o senador no corredor da aeronave.

Sem saber que seu aparelho está no pacote, Walfrido volta correndo para o fundo da aeronave para também curtir a brincadeira. Naquele momento, Lula fica sabendo da trama e que seu nome será sorteado para levar o sofisticado celular.

— Agora eu vou sortear um telefone celular que tira fotos — diz o ministro Ciro Gomes, que tem escondido em sua mão um papelzinho com o nome do presidente. — E atenção. O celular vai para o presidente Lula.

Empolgado com a brincadeira e à vontade diante da expressão de desconforto do titular do Turismo, Lula trata logo de aprimorar o teatro aéreo.

— Está vendo, Marisa? Está vendo que sorte que nós temos? — grita o presidente, enquanto guarda o aparelho em seu bolso.

Walfrido assiste calado ao sorteio. E só algumas horas depois, na chegada a Damasco, na Síria, o presidente se lembra de devolver a ele o aparelho e desfazer a brincadeira.

O fundão da aeronave é como se fosse um recreio para o presidente. Isso porque, lá na frente, na cabine presidencial, reserva parte do tempo para trocar idéias de governo com ministros e alguns assessores.

Como o presidente não costuma dormir nas viagens, os ministros influentes acabam organizando uma espécie de revezamento. Enquanto um conversa com Lula, outro sai de fininho para descansar na parte traseira da aeronave. Luiz Fernando Furlan, o então ministro do Desenvolvimento, é um dos mais falantes do primeiro escalão do governo.

— Lá vem você de novo. Tudo o que você faz é a coisa mais importante do mundo — costuma brincar o presidente quando recebe Furlan em sua cabine durante os vôos. Principalmente nos internacionais, o ministro do Desenvolvimento é figura constante no avião presidencial.

Os ministros procuram aproveitar esses momentos. Sabem que é nessas conversas que conseguem vender o seu peixe ao presidente. Falam sobre o andamento de suas pastas e pedem ajuda a Lula para convencer a equipe econômica a investir em determinados projetos.

Nas viagens, Lula gosta mesmo é de usar o bom humor para brincar com os colegas, principalmente quando a vítima não está à sua frente. Os favoritos de Lula são aqueles ministros que pegam carona em determinada viagem, participam do evento e depois permanecem no estado para passar o fim de semana. Na volta, sem dó, o presidente não perdoa, sobretudo aqueles que só estão no governo por conta das alianças políticas para inflar a base aliada. Lula ironiza a roupa do sujeito, lembra-se das gafes e muitas vezes comenta que tal ministro "está se achando o bonzão" no cargo.

Anderson Adauto, mineiro indicado pelo PL que ocupou o Ministério dos Transportes nos primeiros 15 meses de governo, era uma das vítimas favoritas do presidente.

— Esse cara é uma piada. Ele é todo atrapalhado. Toda viagem ele me vem com uma porrada de números que ele mesmo havia me mostrado antes — repetia o presidente a assessores que o acompanhavam nas viagens.

Numa ocasião sobrou até para o ministro da Justiça, Márcio Thomaz Bastos. No início de 2006, num deslocamento ao interior de São Paulo, Lula chamou um auxiliar de segundo escalão para uma rápida conversa durante o vôo. Em ano eleitoral, o presidente queria detalhes sobre a possibilidade de greves em algumas categorias de servidores federais.

— Meu caro, onde você acha que pode ter greve neste ano? — perguntou o presidente ao subordinado.

Lula começou a perder a paciência, assim que ouviu o Incra e o Ibama como resposta. Uma paralisação na autarquia da reforma agrária poderia acirrar a relação do Planalto com os movimentos dos sem-terra.

— Puta que o pariu, assim não dá, porra ! — esbravejou Lula.

O auxiliar tratou logo de explicar ao presidente que outras categorias, como a Polícia Federal, que em 2004 passou dois meses em greve, receberam reajustes acima da média dos servidores que cuidam da reforma agrária e das florestas do país.

— O Márcio Thomaz Bastos com esse negócio de ficar me pressionando toda hora por mais aumento pra Polícia Federal está demais. Eu acho que ele quer ganhar uma estátua de ouro dos policiais federais — desabafou o presidente.

Sem dar chance ao auxiliar de respirar, Lula completou:

— Assim não dá. Daqui a pouco todas as categorias vão achar que têm o direito de ganhar um reajuste como o da Polícia Federal. Não é assim que as coisas têm de funcionar no governo. Eu tenho que dar aumento também pro Incra, pro Ibama e pros militares.

Lula reclama quando ouve queixas daqueles que se dizem ofendidos por piadas de viés racial, sexista ou religioso. E Marisa Letícia é uma delas. A primeira-dama odeia piadinhas de loiras.

— As pessoas têm que aceitar — comentou Lula, certa vez, antes de soltar uma piadinha famosa sobre o pão-durismo de um judeu. — Essa é boa, prestem atenção. Um judeu chamado Jacó levou o filho dele, o Jacozinho, para um grande parque de diversões. Chegando lá, o Jacó percebeu que a grande atração era um tal aviãozinho que levava as crianças para um rápido passeio. O Jacó levou o Jacozinho até o avião, e o piloto perguntou pra ele: "Quer dar uma volta com o garoto no avião? São apenas 50 reais." O Jacó, que era um baita de um judeu mão-de-vaca, respondeu que era muito caro. Aí o Jacozinho começou a chorar. O piloto viu aquela choradeira toda do judeuzinho e resolveu fazer uma proposta pro Jacó: "Olha aqui, meu senhor. Eu estou vendo que o seu filho quer muito ir, então vamos fazer um trato. Eu levo vocês de graça. Agora, se lá em cima o senhor ficar com medo, gritar ou até suspirar, vai ter de pagar o passeio." Jacó e Jacozinho entraram no avião, e o passeio começou. Aí o piloto fazia uma manobra e olhava pelo espelho, fazia outra pirueta e olhava pelo espelho. Mas nada do judeu ficar com medo. Estava com a mesma cara. O piloto dava rasantes, virava de cabeça pra baixo, fazia o diabo e nada do judeu ficar com medo. Até que o piloto desistiu e pousou o avião na pista do parque. Quando o avião parou, o piloto desabafou com Jacó: "Trato é trato, não precisa pagar nada. Mas o senhor tem que confessar. Não teve nenhuma vontade de gritar?" Aí o Jacó respondeu: "Bem, pra dizer a verdade eu quase gritei quando o Jacozinho caiu do avião."

Um hábito do presidente é segurar um terço e fazer algumas rápidas orações antes de cada decolagem. Ao contrário de Marisa Letícia, ele não tem medo de avião, principalmente depois de alguns apuros que acumulou em campanhas eleitorais passadas. Bimotores alugados pelo PT muitas vezes tiveram de arriscar pousos em pistas improvisadas em fazendas, por exemplo.

Nas refeições a bordo dos vôos presidenciais, ele não faz exigências por pratos refinados. Muito pelo contrário. Sendo almoço ou jantar, excluindo, é claro, os momentos de dieta, manda servir rabada com polenta (seu prato favorito), picanha, carneiro, macarronada e feijoada. De vez em quando ainda manda colocar nas panelas do avião alguns presentes nada comuns que recebe de parlamentares e governadores nos estados, como peixes da Amazônia ou carnes nordestinas exóticas.

O gosto do presidente por churrasco foi motivo de polêmica numa viagem, no final de 2004, a Torres (RS) e a Palhoça (SC). Naquele dia, num vôo de ida repleto de deputados e senadores gaúchos e catarinenses que acompanhariam a visita do presidente a dois trechos da BR-101, Lula resolve falar mal do churrasco do Rio Grande do Sul. Aliás, vai ao fundo da aeronave justamente para provocar essa discussão.

— Todo churrasco de gaúcho que eu comi estava muito ruim — dispara o presidente, para alegria de metade da comitiva e desespero do restante dela. E Lula prossegue a espetada, ao notar a repercussão imediata de seu comentário.

— A carne dos churrascos de gaúchos fica sempre seca. É uma coisa horrível. Por isso, sempre que tenho de organizar um churrasquinho lá na Granja do Torto, eu chamo um catarinense. Só o corte dele já é excepcional — diz o presidente, numa referência ao amigo Jorge Lorenzetti, que organizou sofisticados almoços de Lula a Fidel Castro e a Fernando Henrique.

Nas viagens internacionais, tem outra mania. Logo no início do trajeto de volta ao Brasil, chama o ministro Celso Amorim e um oficial da Aeronáutica à sua cabine e, com a ajuda de um grande mapa-múndi, trata de ficar imaginando quais poderiam ser as próximas nações a serem visitadas. A rotina, então, é questionar Amorim sobre as características dos países apontados por ele no mapa, e ao militar pergunta a respeito de questões técnicas das rotas imaginadas, como escalas e trajetos viáveis à aeronave.

Lula não tem por hábito levar livros em sua bagagem. Prefere dedicar-se aos discursos e relatórios. Quando resolve ler um livro, prefere fazê-lo em casa. Ele gosta de biografias. Desde o início do governo foi visto lendo as de JK (1902-1976), Garrincha (1933-1983) e a do ex-*premier* britânico Winston Churchill (1874-1965).

Essas leituras servem até de inspiração a alguns de seus discursos. Em julho de 2005, no auge da crise do "mensalão", o presidente parafraseou Churchill ao dizer que estava preparado para tocar o governo e receber as críticas da imprensa.

— Eu digo sempre o seguinte: nós nunca tivemos momentos fáceis na nossa vida, nunca. Eu não conheço um momento na minha vida em que uma conquista não foi à custa de sacrifício, com lágrimas, suor, sangue. E é assim.

Em 1940, às vésperas da Segunda Guerra Mundial, Churchill assumiu o governo prometendo sangue, suor, trabalho e lágrimas, em famoso discurso aos ingleses.

Outro passatempo comum durante as viagens é assistir a DVDs. Com as pernas esticadas e um fone de ouvido sofisticado, o presidente curte filmes históricos, como *Olga*, e de faroeste, principalmente os que têm Clint Eastwood como protagonista, e filmes como *Hotel Ruanda*, além de *shows* e videoclipes de pagode e MPB. Já assistiu a Roberto Carlos, Djavan e Zeca Pagodinho.

— Esse cara tem uma história de vida bem bacana — costuma repetir o presidente quando assiste a vídeos do pagodeiro.

O aparelho de DVD também serve para rever telejornais do dia anterior ou para que ministros mostrem a ele como determinados programas do governo aparecem na TV. Além disso, nos trechos de volta a Brasília Lula e Marisa costumam organizar um pequeno carteado na cabine presidencial. Sempre ao lado de dois convidados da comitiva, invariavelmente jogam mexe-mexe, uma espécie de buraco, um pouco mais dinâmico, cujo vencedor é aquele que consegue descartar primeiro todas as suas cartas.

Paulo César de Oliveira Campos, o Poc, e o então secretário de Imprensa, Ricardo Kotscho, uniam-se ao casal na jogatina nas madrugadas do avião presidencial. Marisa tinha uma tática. Muitas vezes organizava o jogo para interromper aquelas conversas chatas e intermináveis de política e economia. Lula convidava os amigos quando não conseguia pegar no sono, o que quase sempre ocorria.

O ministro Celso Amorim, figura obrigatória nas viagens internacionais, não gosta de bebidas fortes e não tem o hábito de jantar, portanto nunca foi uma companhia perfeita para Lula nos momentos de descontração na aeronave. Enquanto o presidente toma uma ou duas doses de uísque, o ministro das Relações Exteriores prefere sair de fininho da cabine presidencial para descansar no fundo da aeronave.

Além de sacar o baralho de sua bolsa, a primeira-dama tem outros afazeres nas viagens. Com raras exceções, não se mete em conversas de governo. Ouve tudo, é claro. Mas não emite opiniões em público. No poder, não aceitou funções tradicionais de sua primeira-dama, como por exemplo a chefia de programas sociais. Tomou para si, no entanto, a tarefa de cuidar da imagem do presidente. Nas viagens é quem escolhe a melhor camisa e quem penteia os cabelos do marido. É também quem o faz tomar os remédios na hora certa. Além disso, tem sempre à mão um remédio para conter a rinite alérgica de Lula, que o atacou nos dois primeiros anos de governo. Outra tarefa da primeira-dama: avisar aos taifeiros que está na hora de servir o almoço ou o jantar.

Bem no estilo dona-de-casa, fora das viagens a primeira-dama também cuida dos jardins do Palácio da Alvorada e organiza as férias dos filhos. Foi no quintal do palácio, patrimônio da União inaugurado em 1958, que, no início do governo, jardineiros da presidência plantaram sálvias vermelhas no formato de uma estrela, numa referência ao símbolo do PT.

Marisa também teve a idéia de usar o Alvorada como colônia de férias para 15 coleguinhas de um de seus filhos. Em julho de 2004, hospedados na residência oficial da presidência, todos eles tomaram café-da-manhã, almoçaram e jantaram à custa da União.

Depois, fizeram um *tour* por Brasília de dar inveja às melhores agências de turismo. De graça, obviamente, a molecada visitou a residência da Granja do Torto, fez passeios em lanchas da Marinha no lago Paranoá, desfrutou da piscina e do campo de futebol do Alvorada e ainda ganhou carona num Boeing da Força Aérea Brasileira no retorno a São Paulo. Dona Marisa não sossegou um minuto. Até no vôo da FAB ficou atenta ao filho e aos seus colegas.

— Está tudo bem aí, pessoal? — quis saber a primeira-dama ao deixar a cabine presidencial e ver como todos se comportavam ao lado de assessores e seguranças do presidente.

Enquanto Marisa adula os filhos, o que sempre fez por conta da ausência do marido, Lula reclama da vida de pai.

— Filho é fogo. Pede pra gente ir para São Bernardo passar o fim de semana, depois resolve ir dormir na casa da namorada. Aí, o que acontece? Eu e a Marisa ficamos sozinhos em casa — lamenta o presidente, que também ignora alguns pedidos da primeira-dama.

Num pouso para abastecimento no Alasca, no trajeto entre a China e o México, no segundo ano de governo, o presidente não quis colocar a mão no bolso para agradá-la numa visita ao *free-shopping* local.

— Kotscho, chama lá o Lula pra me dar esse ursinho de presente.

Passaram-se alguns minutos, e o então secretário de Imprensa voltou com a resposta.

— Sinto muito, Marisa, mas ele disse que não vem.

Marisa Letícia detesta ficar longe de Lula nas viagens internacionais. Sente-se desprotegida em locais de idioma diferente e com pessoas estranhas ao seu lado. Certa vez, numa viagem presidencial ao Reino Unido, em julho de 2003, a primeira-dama ficou tão amarga com a ausência de Lula que acabou tirando do sério a embaixatriz do Brasil em Londres, escalada naquele dia para fazer companhia à solitária mulher petista.

O estresse começou quando a primeira-dama foi informada pelos ajudantes-de-ordens da presidência de que as mulheres dos presidentes, de ministros e de embaixadores não poderiam participar de uma reunião da cúpula da Governança Progressista. Marisa então passa a demonstrar impaciência:

— O que eu vou fazer agora? — pergunta ao ajudante-de-ordens mais próximo.

É nesse momento que a embaixatriz se aproxima e convida a primeira-dama brasileira para um passeio turístico pela capital britânica. Por falta de opção, Marisa aceita o convite, mas entra emburrada no carro. A primeira-dama e a embaixatriz se sentam no banco traseiro. Marisa passa a dar ordens ao motorista.

— Vamos depressa com isso. Vamos andar rápido.

Motoristas e seguranças, para não contrariá-la de imediato, aumentam a velocidade, mas retornam em seguida ao ritmo permitido nas ruas de Londres. O carro em que elas passeiam faz parte de um comboio. À frente e atrás, há outros carros com seguranças da presidência, além de policiais londrinos.

Ainda irritada, contando com a paciência da embaixatriz, Marisa ouve a sugestão de conhecer não apenas os pontos turísticos, mas também locais discretos e aconchegantes da cidade.

— Marisa, olhe só, há locais ótimos e discretos que posso lhe mostrar aqui em Londres. Tenho certeza de que você vai adorar.

Como Lula não tinha hora para retornar da reunião, a primeira-dama considera interessante a sugestão da embaixatriz, mas com uma ressalva:

— Locais mais discretos? Seria ótimo. Agora seria bom se fôssemos sem essa gente aí atrás de nós — diz ela, numa referência aos seguranças e policiais que as acompanham, o que faz explodir, de forma sutil obviamente, a sua companheira de passeio.

— Essa gente aí é que te dá segurança e abre o nosso caminho no trânsito da cidade. Sem eles não tem passeio — responde a embaixatriz.

Marisa Letícia, é verdade, não se sente bem ao lado de seguranças. Se for mulher, pior ainda. Segurança mulher e ainda mais bonita, sem chance. No início do governo petista, uma militar alta e loira que fazia a segurança de Ruth Cardoso foi logo dispensada. A primeira-dama quer vê-las bem longe do marido. Ainda mais no quarto ano de mandato, quando Lula emagreceu 14 quilos, perdeu a barriga e se transformou num atleta presidencial.

Ela, na realidade, gosta de cuidar da privacidade da família. Um exemplo disso ocorreu no início de governo, quando cortou as asinhas de alguns ajudantes-de-ordens que trabalhavam no Palácio da Alvorada e se achavam no direito de circular livremente nas áreas privativas da residência. Marisa proibiu esse vaivém e vetou que esses funcionários mais próximos tomassem café-da-manhã nas imediações do quarto do casal presidencial. Mandou todos para o refeitório geral. E ordenou que fosse servido o mesmo tipo de refeição a todos os funcionários do palácio, sem nenhum tipo de privilégio.

Do casamento, em 1974, aos vinte anos de seguidas campanhas eleitorais, Lula e Marisa dividiram a sala de jantar com petistas e metalúrgicos. Os filhos cresceram sob os cuidados da mãe, enquanto o pai seguia em viagens, reuniões e assembléias. A mulher que em 1980 cortou e costurou a primeira bandeira do PT também se esforçava para levantar a auto-estima do marido nos momentos de crise, principalmente quando a capacidade e a honestidade dele eram questionadas.

Durante o governo petista, a primeira-dama pôde almoçar freqüentemente a sós com o marido. Com os filhos em São Paulo, o casal se reaproximaria em Brasília.

Embora fosse um presidente sempre cercado de multidões, Lula, assim como os antecessores, teria de conviver com o confinamento do poder, onde até o mais forte amigo pode ter interesses políticos. Marisa, dizem amigos, soube entender a nova situação e se colocar como uma figura-chave para o presidente. Mesmo com todo o aparato da presidência, não seria fácil para ela viajar ao exterior.

Num mundo completamente diferente, a dona-de-casa nascida e criada no ABC paulista teve de representar um papel que também era estranho, o de mulher do presidente. Acostumada a andar ao lado apenas do marido ou dos filhos, demorou a aceitar o batalhão de seguranças e assessores sempre no seu encalço.

Lula soube retribuir. Nas viagens, deu atenção especial à mulher e, em diferentes discursos, fez declarações carinhosas e bem-humoradas em relação à primeira-dama. Segundo amigos, o corre-corre e a responsabilidade da presidência fizeram Lula enxergar Marisa como a pessoa mais leal e de confiança ao seu lado.

A presença de uma aeronave de última geração no hangar da Base Aérea de Brasília, uma equipe de técnicos à disposição para rotinas diárias de inspeções e a possibilidade de mudanças de rota para fugir dos pontos de turbulência, além de DVDs, jornais e revistas e de todo o conforto possível a bordo, não impedem que Lula e seus acompanhantes estejam livres dos imprevistos climáticos.

Não foram poucas as viagens nacionais do presidente canceladas na última hora por conta do mau tempo. No local da visita, tudo estava pronto e programado, seguranças, assessores e jornalistas a postos, mas no meio do caminho a aeronave da FAB que o levava tinha de fazer meia-volta e retornar a Brasília. O problema talvez nem fosse a aterrissagem do avião na capital do estado ou da cidade com aeroporto mais próxima. O risco viria depois, quando Lula e sua comitiva seguiriam, sempre em dois helicópteros, até o local do evento.

— Mas não tem jeito mesmo? Será que a gente não consegue chegar lá um pouco mais tarde? — pergunta o presidente a assessores, assim que é informado de que, por conta do mau tempo, sua visita a Santa Rosa, no interior gaúcho, seria cancelada.

Naquele dia, a aeronave presidencial, antes de voltar ao Distrito Federal, ainda permaneceu por cerca de meia hora em Curitiba, à espera de uma eventual melhoria climática no extremo Sul do país. Mas não houve jeito. O evento com trabalhadores rurais, em julho de 2005, teve de ser retirado de vez da agenda.

Em outra ocasião não foi possível fazer meia-volta ou adiar a viagem presidencial. Todos foram pegos de surpresa com a aproximação de uma tempestade de verão no traslado de helicóptero entre o aeroporto e o ponto marcado para a solenidade. O episódio se deu em fevereiro de 2005, no sertão pernambucano, no trajeto entre Surubim e Caruaru.

A chuva nem sequer havia começado, mas, minutos depois da decolagem em Surubim, os radares das aeronaves localizaram a aproximação de uma tempestade justamente na rota até Caruaru. Naquele dia, não houve outra opção a não ser pousar os helicópteros, de forma preventiva, no meio da primeira fazenda que os pilotos encontraram pela frente. Presidente da República, ministros, assessores e seguranças ficaram isolados no meio do nada. Mais precisamente na fazenda Catolé, no município de Toritama. No horizonte, para todos os lados, era possível enxergar apenas uma vasta extensão de terra.

Ao lado dos helicópteros, enquanto aguardavam autorização para o prosseguimento da viagem, formou-se uma única roda de bate-papo, com todos os tripulantes e passageiros — cerca de vinte pessoas.

Aquela aparente calmaria rapidamente se transformou em histeria. Miseráveis, os moradores da região foram atraídos pelo pouso de dois helicópteros. O rumor de que Lula estaria por ali se espalhou nos arredores da fazenda.

— Porra, até no meio desse nada aparece gente. Vamos lá — disse o presidente, ao notar a aglomeração nas cercanias da fazenda.

Em questão de minutos, apenas separados por uma cerca de arame farpado, Lula conversa com seus conterrâneos. Protegido por um guarda-chuva erguido por um segurança, o presidente lembra seus tempos de criança em Pernambuco, fala da mãe e pergunta às crianças e às mulheres como é a vida deles por ali.

Há tempo até para uma conversa inusitada.

— Presidente, fale aqui com a minha irmã. Ela não acredita que o senhor está aqui na fazenda — grita um morador da região, entregando a Lula seu telefone celular.

— Oi, minha filha. Sou eu mesmo — diz o presidente.

Ao final, antes de se despedir e seguir de carro o restante da viagem para Caruaru, Lula ainda faz uma doação às crianças. Entrega a elas os lanches da comitiva e ainda duas barras de cereais que o fotógrafo oficial da presidência havia pedido a uma jornalista da Radiobrás antes de repassá-las ao presidente em meio ao alvoroço dos moradores.

A formação de tempestades e a aproximação de zonas de turbulência na rota da aeronave presidencial poucas vezes chegam aos ouvidos do presidente. Os militares da Aeronáutica preferem não incomodá-lo com o que consideram questões absolutamente técnicas de vôo. Em janeiro de 2004, na viagem entre Mumbai e Genebra, depois de quatro dias na Índia, Lula soube por terceiros de um pequeno estresse na cabine de comando e transformou aquilo num tema para comentários e brincadeiras no restante do trajeto.

Ele viajava para a Suíça, onde falaria com investidores estrangeiros e visitaria a sede do Comitê Olímpico Internacional (COI). No meio do caminho, a nevasca que atinge as proximidades de Genebra começa a preocupar a cabine de comando. Militares, então, fazem contato com autoridades italianas e francesas para uma possível mudança de rota para Pisa ou Lyon. Acreditam que mais tarde não haverá condições de pouso em solo suíço.

O vôo está atrasado. Um forte vento no sentido contrário da aeronave impede que ela viaje em sua velocidade máxima de cruzeiro, o que aumenta a movimentação e o falatório entre os militares. Ao notar esse vaivém da tripulação, o ministro Celso Amorim interrompe o bate-papo com Lula para matar a curiosidade.

— Eu vou lá ver o que está acontecendo — diz o ministro ao presidente.

Enquanto Amorim colhe as explicações do comandante, Lula se aproxima da cabine e interrompe abruptamente a conversa em tom de brincadeira.

— Porra, nós não vamos chegar nunca a Genebra? O que está acontecendo?

Impaciente, mas de bom humor, Lula ouve ao lado de Amorim o relato dos tripulantes.

— Que negócio de Pisa e Lyon porra nenhuma. Vamos direto pra Genebra — diz Lula ao comandante do vôo.

O presidente está mesmo elétrico nessa viagem e trata logo de zombar do restante da comitiva que viaja no fundão da aeronave. Usando o serviço de alto-falantes da cabine de comando, dá um recado aos que, até então, nada sabem sobre nevasca, vento, Pisa ou Lyon.

— Senhoras e senhores, atenção. Daqui a pouco nós estaremos chegando. O problema é que ninguém sabe aonde exatamente.

Divertindo-se com a situação, o presidente larga o microfone e corre até a "senzala" da aeronave para narrar os imprevistos a ministros, assessores, seguranças e jornalistas da Radiobrás. E faz uma sugestão tentadora aos presentes para disfarçar a impaciência com o vôo.

— Quando este avião descer, todos nós vamos ter direito a tomar um belo copo de vinho — diz o presidente, sentado no braço de uma poltrona.

Antes de qualquer viagem, José Henrique Nazareth, o Very Well, um dos mais antigos funcionários do Palácio do Planalto, faz questão de levar pessoalmente à Base Aérea de Brasília uma pilha de jornais e revistas para o presidente. E desempenha a função como se estivesse realizando a mais importante tarefa daquele dia.

Mineiro de Brasópolis, terra do ex-presidente Wenceslau Braz (1914-18), Very Well tem dois grandes orgulhos. O primeiro foi ter segurado por uma hora o casaco de pele de lontra da primeira-dama Maria Teresa, mulher de João Goulart, numa recepção no Palácio do Planalto ao marechal e presidente da então Iugos-lávia Josip Broz Tito (1892-1980), nos anos 1960. O segundo é ter a responsabi-lidade de deixar jornais e revistas no avião antes da decolagem. Ele ganhou o apelido Very Well por chamar desconhecidos de Mary ou Mike e usar uma ou outra palavra em inglês ao atender telefonemas no comitê de imprensa do Pla-nalto para mostrar que conhece o idioma. Quando um repórter veterano chega ao Planalto, Very diz que o mesmo tem "tiragem". Chama os novatos de "neófitos" e solta um arrastado "não" diante de polêmicas simples. Quando Lula assumiu, Very tinha 69 anos. A idade não é empecilho para continuar na tarefa de levar os jornais e as revistas ao presidente.

Uma Kombi branca da presidência o leva do Planalto à rodoviária de Brasília, onde compra jornais e revistas numa banca popular. Pode ser de ma-drugada ou à noite. De lá, segue para a Base Aérea. Isso desde o governo Jânio Quadros. "Tenho autoridade para entrar no avião do presidente", diz. Very se aposentou na função de contínuo, mas não largou o trabalho. Conseguiu um cargo de entregador de jornais e revistas numa empresa que presta serviços ao palácio.

Em 1991, na viagem de João Paulo II a Natal, organizada pelo Planalto, Very ficou encarregado de distribuir cópias de discursos do papa aos jornalis-tas. No momento em que Sua Santidade passou no papamóvel, o assessor jo-gou o tijolo de discurso fora e começou a cantar e saudar "João de Deus". Ele ainda estava extasiado, quando uma assessora cobrou as cópias dos discursos. Os jornalistas ficaram sem o material. No Rio, no mesmo périplo do papa, Very se fez passar por garçom para tirar foto e beijar a mão do ídolo. Ficou só na tentativa.

No segundo ano do mandato de Lula, assessores levaram Very para realizar "o maior sonho" da vida dele: conversar com o presidente da República. O entregador de jornais posou ao lado de Lula, tendo ao fundo um mapa-múndi. Assessores destacaram a importância do gesto do presidente em receber um dos funcionários mais antigos do Planalto em seu gabinete.

Very agradeceu. Disse aos jornalistas que nunca havia tido a chance de estar tão perto de um presidente. Depois, o entregador de jornais e revistas colocou a fotografia que recebeu na mesma caixa em que guarda fotos com Garrastazu Médici, Ernesto Geisel, João Figueiredo, José Sarney, Fernando Collor, Itamar Franco e Fernando Henrique.

No governo FHC, Very fazia questão que chegasse aos ouvidos dos assessores mais próximos do presidente que rezava e pedia a Nossa Senhora de Fátima pelo tucano. Quando o Brasil passou por uma de suas piores turbulências, na época da crise da Ásia, a secretária de Imprensa de Fernando Henrique, Ana Tavares, encontrou o contínuo num corredor:

— Reza para a gente, Very.

— Pode deixar, Ana, vou rezar.

Com Lula na presidência, Very passou a elogiar a simplicidade do novo presidente e ver sinais místicos no petista.

— Lula foi eleito com o número 13, é o 13º presidente para o qual eu trabalho. Gosto do 13 porque é o número do dia de Nossa Senhora de Fátima — argumenta Very Well.

Na lista de ex-presidentes com os quais afirma ter trabalhado, ele inclui o mineiro Tancredo Neves, que nem chegou a tomar posse, e conta duas vezes o nome de Fernando Henrique (1995-1998 e 1999-2002).

No encontro em que posou ao lado de Lula, Very recomendou ao presidente que visitasse as casas dos pobres. Era uma forma, segundo Very, de Lula obter as dádivas de Deus.

— O tempo não dá, o tempo não dá — respondeu Lula. O presidente mostrou a Very um crucifixo antigo na parede do gabinete. Ao sair da sala, o contínuo foi rezar para Nossa Senhora das Graças e Nossa Senhora de Fátima para protegerem o presidente petista.

A chegada de Lula à presidência do país depois de três derrotas seguidas (1989, 1994 e 1998), além de um fato histórico em território brasileiro, virou destaque em toda a imprensa internacional. Enquanto a mídia brasileira acompanhava os primeiros passos administrativos de seu governo, jornais e revistas do exterior ainda davam espaço ao fato de um ex-metalúrgico, que criou um dos principais partidos da América Latina, ter chegado à presidência do Brasil.

Nos primeiros meses de mandato, causava *frisson* a presença de Lula em fóruns e palácios da Europa, África e dos Estados Unidos. O presidente era uma espécie de novo Nelson Mandela para o mundo. Nos hotéis, garçons e recepcionistas formavam filas para que Lula posasse ao lado deles para fotos ou simplesmente autografasse um guardanapo.

O Itamaraty tinha dificuldades para justificar a ausência de Lula em eventos e recusar pedidos de visitas oficiais. Os convites de todas as partes do mundo não paravam de chegar. Era fácil agendar uma viagem oficial a qualquer país. A Alemanha, onde uma visita de chefe de Estado precisa ser organizada com pelo menos um ano de antecedência, aceitou receber Lula em dias.

Na embaixada brasileira em Berlim, brasileiros radicados na cidade compareceram em peso para ver o presidente. Ali estavam pessoas que, durante anos afastadas do Brasil, esperaram o momento de o ex-sindicalista subir ao poder. Todos deixaram o país quando Lula era apenas um sonho de universitários, intelectuais e movimentos sociais.

Naquele dia de rigoroso inverno, um diplomata colocou um engradado de refrigerantes no saguão de entrada da embaixada para que Lula pudesse subir e ser visto por todos. A embaixada nunca viveu situação parecida, na qual um presidente mobilizava toda a colônia brasileira. Um assessor do Cerimonial do governo pediu imediatamente que o engradado fosse retirado. O petista, então, ficou num canto da parede. Ali discursou sem microfone, apresentou ministros da comitiva e abraçou e beijou os "exilados".

O presidente oriundo do sindicalismo foi também festejado por intelectuais da Espanha e França. Em Wall Street, Nova York, foi elogiado por assegurar o cumprimento de contratos e conter as contas públicas. De um lado ou de outro, era apontado como o exemplo a ser seguido.

Essas viagens internacionais de Lula eram mesmo para marcar pontos políticos. Nunca perdia a oportunidade de dizer que era o primeiro presidente brasileiro a visitar determinado país ou de discursar frases prontas e repetidas de forma exaustiva em cada lugar que passava.

Ninguém da comitiva agüentava mais ouvir que a "integração física da América do Sul está consolidada", "o século XIX foi da Europa, o século XX dos Estados Unidos e o século XXI tem de ser do Brasil e dos países africanos" e "o Brasil vai deixar em breve de ser um país em desenvolvimento para se tornar desenvolvido".

Toda essa falação se misturava a reuniões intermináveis, criação de grupos de trabalho, metáforas, palavras de auto-ajuda, discussões bilaterais, visitas a palácios luxuosos, hospedagem em suítes cinco estrelas, carrões, tronos, gafes, banquetes, apresentações de danças típicas e festanças. E, é claro, discursos e mais discursos. Lula, aliás, exigia que seus ministros falassem em português durante reuniões com autoridades estrangeiras. Certa vez, em seu primeiro ano de governo, saiu com a seguinte frase ao responder às críticas de que viajava mais do que FHC ao exterior:

— Tem gente até que se incomoda que o presidente está viajando demais (...) Se eu não viajasse, iam dizer: "Ele não viaja porque não fala inglês."

Na pista do aeroporto de São Tomé, principal ilha do arquipélago de São Tomé e Príncipe, ex-colônia portuguesa no golfo da Guiné, na África Central, moças de minissaias dançam e cantam *funk* carioca. As dançarinas e autoridades do pequeno país aguardam Lula, que iniciará ali a segunda viagem oficial ao continente africano, no segundo ano de mandato. Um caminhão com caixas de som agita as moças com músicas do grupo Furacão 2000. Animadas, elas se contorcem e cantam:

> *Beijo na boca é coisa do passado*
> *A moda agora é, é namorar pelado*
> *E joga as mãos pra cima*
> *E bate na palma da mão*
> *E mexa o seu corpo*
> *E vai descendo até o chão*

Lula, na chegada, cumprimenta as dançarinas e o colega Fradique Menezes. O presidente brasileiro passa dois dias no pequeno e simpático país. A influência brasileira em São Tomé é visível nas ruas e mercados. Os artistas de telenovelas e os astros de futebol brasileiros encantam os habitantes do lugar. Quem também faz sucesso por lá são os locutores de partidas de futebol das rádios Nacional, Tupi e Globo. A moeda local é a Dobra. Leva esse nome pelo fato de as pessoas darem duas dobras nas cédulas.

Enquanto Lula discursa no palácio do presidente de São Tomé e Príncipe, o deputado e ex-sindicalista Vicentinho, do PT de São Paulo, que viajou no avião do presidente, conta a um grupo de repórteres como foi o deslocamento à África. E diz que ao cruzar o Atlântico, Lula deixou a cabine presidencial demonstrando tristeza e com uma meia na mão direita:

— Companheiros, acho que estou com chulé.

Após fazer um discurso elogiando os esforços dos países de língua portuguesa na promoção da democracia em São Tomé, Lula segue para Libreville, capital do Gabão, país controlado desde 1967 pelo ditador Omar Bongo.

Diferentemente de São Tomé, a recepção no aeroporto de Libreville ocorre num clima pesado. De pequena estatura, com um rosto de aspecto que parece deformado e óculos de armação grossa, Omar Bongo, depois de "vencer" a eleição em 1967, repetiu a fórmula em 1973, 1980, 1986, 1993, 1998 e 2005. Os opositores que vivem no exílio e a imprensa européia dizem que ele elimina adversários, frauda os pleitos e mantém relações sexuais sem camisinha com garotas de programa.

Meses antes de Lula chegar ao Gabão, o ditador se envolveu numa polêmica que chegou às Nações Unidas. A *miss* Peru, Ivette Santa Maria, acusou assessores de Bongo de levá-la para um encontro com ele num quarto de hotel como se a moça fosse uma prostituta. No quarto, Bongo ficou desconcertado ao perceber que Santa Maria não era uma garota de programa. Pressionado por autoridades peruanas, o governo gabonense negou o episódio.

Bongo espera Lula num tapete vermelho estendido na pista do aeroporto. Quando o presidente brasileiro desce do avião, o ditador vai até a escada. Os dois se cumprimentam e seguem para o carro que os levará ao hotel. Soldados de dois metros de altura e armados com fuzis arrastam duas cordas à direita e à esquerda dos presidentes. Um deles, ao ver o fotógrafo de Lula se aproximar para fazer uma foto, agarra o profissional pelos braços:

— Presidência do Brasil, presidência do Brasil — grita Ricardo Stuckert.

Lula e Bongo sobem num Rolls-Royce prateado conversível. Cerca de três mil pessoas estão nas margens das ruas próximas ao aeroporto, com camisetas com as fotos dos dois presidentes.

Jornalistas do Gabão e do Brasil que viajaram para acompanhar Lula sobem em um caminhão do Exército local. Outros entram num ônibus. O caminhão dispara em alta velocidade, até que um fotógrafo gabonense cai da carroceria, batendo com a lente da máquina e a boca no asfalto.

Na passagem do carro dos dois presidentes, o povo agita bandeirinhas brancas e grita:

— Ronaldô, Ronaldô, Ronaldô.

Diplomatas brasileiros correm para negar o rumor de que Bongo teria informado nas rádios que Ronaldo, jogador do Real Madrid, estaria na comitiva de Lula como forma de despertar o interesse da população. Visitas de presidentes estrangeiros seriam sempre prestigiadas no país, argumentaram. As pessoas teriam gritado o nome do jogador no intuito de dar boas-vindas ao presidente do país do futebol.

Lula deixa de lado o discurso de defesa da democracia para facilitar negócios da Companhia Vale do Rio Doce. A viagem do presidente ao Gabão teve por finalidade ajudar a empresa, com interesses nas reservas minerais do país, a estreitar as relações com as autoridades gabonenses.

No hotel, Lula recebe de estudantes gabonenses um mapa do Brasil feito de pedras. Com uma forte dor nos ombros, a chamada bursite, o presidente sofre para segurar o presente. Olha para os lados querendo encontrar um assessor para ajudá-lo, mas só vê estudantes gabonenses, que cantam e dançam.

— Segurança, segurança — grita o presidente. Os seguranças e assessores não ouvem o pedido de socorro. É que os estudantes cantam alto em volta dele. Só depois de quase deixar o presente cair no chão os assessores aparecem por lá.

No discurso ainda no saguão de entrada do hotel, Lula fala do "carinho" com que foi recebido por Bongo e pelo povo gabonense. Ele se compromete a perdoar a dívida, calculada em 36 milhões de dólares, do Gabão com o Brasil. Na verdade, dizem diplomatas, o ditador, acusado de possuir 3 bilhões de dólares em contas em paraísos fiscais, nunca pagaria essa dívida. Lula explica por que o governo brasileiro e empresas como a Vale perdoam dívidas e querem fazer parcerias com os africanos:

— A minha mãe sempre dizia: "Na mesa em que come um, comem dois, e na mesa em que comem quatro, comem oito."

O árido arquipélago de Cabo Verde é a última escala da segunda visita de Lula à África. Logo depois de desembarcar no aeroporto da cidade de Praia, já dentro do carro, o presidente vê os repórteres na saída, em especial um jornalista que carregava um pequeno embrulho.

À noite, a imprensa o aguarda na entrada do palácio do governo, onde ele encontraria o presidente Pedro Pires. Os jornalistas querem saber a repercussão da denúncia contra o presidente do Banco Central, Henrique Meirelles, acusado de sonegação fiscal e evasão de divisas. Ao declarar o imposto de renda relativo ao ano de 2001, ele teria omitido em 600 mil os rendimentos no exterior (em vez de 4,9 milhões, declarou apenas 4,3 milhões). Na chegada, Lula passou por um grupo de repórteres sem responder às perguntas. Ao ver o repórter que carregava o embrulho no aeroporto, o presidente pára.

— O que era aquilo no embrulho, hein?

O repórter, cobrado durante o dia pelos editores que queriam ver a repercussão do caso Meirelles, nem percebeu que Lula tinha feito uma pergunta inusitada, e fez outra pergunta ao presidente:

— O senhor ainda confia no presidente do Banco Central?

Lula se afastou. Os demais repórteres se aproximaram correndo e perguntaram o que o presidente tinha falado. Foi aí que o repórter se deu conta de que Lula tinha feito uma pergunta, e ele, perdido a chance de se aproximar.

Dentro do palácio, Lula deu uma rápida entrevista e disse que Meirelles continuava no cargo. A entrevista foi no salão nobre do prédio. Um quadro a óleo do herói nacional e ex-guerrilheiro Amílcar Cabral (1924-73), nascido em Guiné-Bissau, decorava a parede do salão. Nos cantos, louças trincadas e com partes coladas. Tudo simples.

O repórter do embrulho teve uma segunda chance de tentar uma aproximação com o presidente. Numa recepção no dia seguinte à entrevista sobre Henrique Meirelles, o repórter chegou perto de Lula e disse que carregava um barquinho.

— Você comprou ou ganhou?

— Comprei. Jornalista pode ganhar apenas entrevistas.

Para visitar o maior número de países, Lula não descansava. Em abril de 2005, por exemplo, teve compromissos em três países africanos num único dia. Pela manhã, em Gana, participou de cerimônia de inauguração da Câmara de Comércio Brasil-Gana. À tarde, em Guiné-Bissau, conversou com líderes locais e visitou o túmulo do herói nacional Amílcar Cabral. À noite, no Senegal, reuniu-se com o presidente do país. A rotina era intensa e impe-

Dida Sampaio – Agência Estado

Alan Marques – Folha Imagem

**Na Oktoberfest, em Blumenau
(Santa Catarina)**
3/10/2003

Inauguração da plataforma P-50, em Campos (Rio de Janeiro)
21/4/2006

Fábio Motta – Agência Estado

Ricardo Stuckert – Presidência da República

Com uma sucuri, em visita a oficiais do Exército, em Tabatinga (Amazonas)
19/1/2005

Ricardo Stuckert – Presidência da República

**Estação do metrô de Imbiribeira,
em Recife (Pernambuco)**
19/9/2004

Ricardo Stuckert – Presidência da República

**No porto do Rio de Janeiro, para
inauguração da plataforma P-47**
9/6/2005

Ricardo Stuckert – Presidência da República

**Canteiro de obras de um hospital
em São Carlos (São Paulo)**
31/3/2005

Ricardo Stuckert – Presidência da República

**Visita a obras do projeto
Habitar Brasil, em Parnaíba (Piauí)**
22/2/2006

José Cruz - Agência Senado

**Na Base Aérea de Brasília, a primeira-dama
Marisa Letícia ergue os dedos em sinal de que
votaria "sim" pela proibição das armas de fogo
no referendo de 2005**
21/10/2005

Ricardo Stuckert – Presidência da República

**Visita a obras da BR-101, em
Maquiné (Rio Grande do Sul)**
28/7/2005

Fábio Motta – Agência Estado

**Almoço com trabalhadores da Reduc,
no Rio de Janeiro**
22/7/2005

Ricardo Stuckert – Presidência da República

**Cerimônia de inauguração da mina de cobre
do Sossego, em Canaã dos Carajás (Pará)**
2/7/2004

Celso Jr.– Agência Estado

**Visita ao Conjunto Habitacional do
"Casarão Cordeiro", em Recife
(Pernambuco)**
19/9/2004

Roberto Castro — Agência Estado

**Em Feira de Santana (Bahia), brinca com
bola fabricada por crianças**
12/9/2003

Moacyr Lopes Jr. – Folha Imagem

**Em 2003, em São Paulo, ao lado de Luiz Fernando
Furlan e Marta Suplicy, durante a Feira
Internacional da Indústria da Construção**
8/4/2003

Ricardo Stuckert – Presidência da República

**Com o governador Geraldo Alckmin (PSDB),
Lula visita a fábrica da Volkswagen, em
São Bernardo do Campo (São Paulo)**
2/5/2005

**No trajeto de trem entre Mariana
e Ouro Preto (Minas Gerais)**
5/5/2006

Banho de mar em
Luis Correia (Piauí)
22/2/2006

dia até que assessores e seguranças decorassem o nome das moedas locais. Eles sabiam que a passagem por determinado país poderia levar menos de 24 horas. Por isso, criaram um apelido universal para todas as unidades de valor estrangeiras.

— Quanto custou essa peça de artesanato?

— Uns cinco biro-biros — simplificava um auxiliar do Planalto.

Apesar de famoso no cenário internacional e centro das atenções principalmente em visitas a pequenos países, Lula era confundido com outros integrantes de sua comitiva. Um desses casos ocorreu em Santo Domingo, capital da República Dominicana, em agosto de 2004. No hotel em que o presidente estava hospedado, funcionários e curiosos que circulavam pelo mezanino de repente começaram a se apoiar num parapeito para ver alguém sentado num sofá do *hall*.

Da sala de imprensa montada no hotel, um dos autores percebeu a movimentação e discretamente foi checar o que estava acontecendo. Tudo para verificar se o vaivém de pessoas com máquinas fotográficas em mãos ocorria por causa de Lula. Quem sabe ele poderia estar por ali.

Tudo não passa de um alarme falso. O barbudo de barriga saliente que fuma calmamente seu charuto é o presidente do PT paulista, Paulo Frateschi. O autor retorna ao trabalho e deixa os curiosos curtindo um pouco mais a visão panorâmica do clone do presidente.

Uma situação semelhante ocorreu em Guiné-Bissau, país africano de língua portuguesa destruído por uma guerra civil que terminou no final do século passado. Na visita de abril de 2005, o presidente brasileiro atraiu toda a atenção daquele pequeno país. Na pista do aeroporto, um jornalista local, com um telefone celular, narrava ao vivo a chegada de Lula para os ouvintes da rádio oficial guineense. A empolgação era tanta que o radialista caminhou até o pé da escada do Airbus e criou um clima de expectativa aos seus ouvintes antes da saída de Lula da aeronave. Sua ansiedade, porém, se transformou numa tremenda gafe. Assim que o ministro da Saúde, Humberto Costa, apareceu na porta do avião, o repórter não teve dúvidas e disparou:

— Ouvintes, ao vivo do Aeroporto Osvaldo Vieira, no aguardo da saída do presidente Lula da Silva do aparelho da Força Aérea Brasileira... Agora sim, Lula da Silva na porta do avião, vestindo um fato cinzento.

Um dos autores, atento à falação emocionada do repórter, corrigiu-o imediatamente. O estrago estava feito. Ele mesmo fez a emenda ao vivo e narrou minutos depois, num tom bem mais moderado, a saída da aeronave do "verdadeiro" presidente.

Enquanto Lula é reverenciado no exterior, os jornalistas brasileiros demonstram receio de parecer "chapa-branca", especialmente nessas viagens cheias de delírios coletivos e homenagens efusivas.

No Brasil, vale dizer, os primeiros meses de governo contaram com a benevolência da imprensa em geral. Algum tempo depois da posse, passado o clima de novidade, tornou-se comum jornalistas admitirem que demoraram a perceber a ineficiência administrativa do governo petista.

Essa sugerida complacência de setores da imprensa com o governo federal, porém, não ocorria com a figura do presidente Lula em seus primeiros deslocamentos ao exterior. Nas redações, a ordem aos repórteres enviados aos países era redobrar a atenção para eventuais gafes do presidente diante de autoridades estrangeiras. Qualquer descuido ou ato falho de um presidente pouco acostumado a essas formalidades valeria mais do que um discurso econômico ou a assinatura de acordo bilateral com algum país.

Um aperitivo encontrado por alguns surgiu num episódio em Madri, em julho de 2003. Ao ver a saída de Lula do carro, o cerimonial do rei Juan Carlos I fechou a porta traseira antes que Marisa Letícia também descesse. Notando que apenas o presidente brasileiro havia saído do veículo, o próprio rei rapidamente resgatou a primeira-dama. A gafe do cerimonial espanhol, mostrada com estardalhaço nos telejornais brasileiros, fez sucesso e valeu como exemplo de atenção.

A partir daí, para dar um tom imparcial, sem os ataques gratuitos e os elogios de militância, toda a cobertura tinha de ter uma gafe, por menor que fosse. Geralmente, uma reportagem de jornal abria com o acordo firmado por Lula no exterior e, num quadrado mais abaixo, uma historinha de descuido do presidente. Seus assessores liam a história como se fosse a notícia mais importante. De certa forma, era o que parecia dar mais leitura. Os repórteres passaram a travar uma espécie de guerra pela melhor gafe.

Em algumas ocasiões, Lula entregava essa gafe de mão beijada aos jornalistas. Isso ocorreu em sua primeira viagem à África como presidente, em novembro de 2003, quando passou por São Tomé e Príncipe, Angola, Moçambique, Namíbia e África do Sul. As palavras desastradas de Lula vêm na penúltima etapa, em Windhoek, capital namibiana. Em discurso improvisado na sede do governo local, o presidente brasileiro constrangeu sua comitiva quando, em tom de elogio, disse que a capital do país, de tão limpa, nem parecia pertencer ao continente africano.

— Estou muito surpreso, porque quem chega a Windhoek não parece que está num país africano. Acho que poucas cidades do mundo são tão limpas e bonitas arquitetonicamente quanto esta cidade. E [poucas cidades têm] um povo extraordinário como [Windhoek] tem.

Assessores contam que o presidente até poderia suportar com bom humor os registros das gafes, mesmo aquelas em que estava explícita a figura do "presidente analfabeto". Mas o cerco e a perseguição implacáveis de repórteres nos deslocamentos dele por ruas e auditórios no exterior nunca foram aceitos.

No final do primeiro ano de governo, Lula usaria as reportagens de sua visita ao Museu do Cairo, no Egito, para se afastar ainda mais da imprensa e organizar visitas fechadas a palácios e museus. O presidente ficou irritado ao ler que seus comentários e os de sua mulher sobre tumbas e peças antigas do museu haviam ganhado destaque nos jornais brasileiros.

Naquele dia, o primeiro comentário do presidente ocorre quando é informado de que a tumba do faraó Tutancâmon foi a única entre as dos imperadores egípcios a resistir aos saques.

— Veja desde quando vem o crime organizado.

A seguir, com os ouvidos ligadíssimos dos repórteres por perto, é a vez de a primeira-dama soltar a sua apreciação, ao ouvir do guia que os egípcios seguiam setenta mandamentos, e não apenas dez.

— Imagine, setenta. É muito pecado.

A sessão de análises do casal presidencial prossegue quando o presidente ouve a explicação sobre a múmia de Ramsés II, que teve cerca de duzentos filhos e sessenta mulheres e morreu com 92 anos de idade.

— Sentia tanta dor de cabeça que não tinha tempo para se preocupar com doencinhas — declara o presidente, para a seguir ouvir Marisa falar sobre o cabelo da múmia.

— O cabelo dele está branquinho, olha lá.

Na manhã do dia seguinte, ao ler parte das reportagens, o presidente fica enfurecido. Não entende o motivo de todas as suas falas virarem notícia, especialmente as brincadeiras ingênuas, feitas com freqüência por qualquer turista em museus. E pior: vê aquilo como uma forma de a imprensa ironizá-lo.

Nessa mesma viagem, só que alguns dias antes, no Líbano, o presidente já havia perdido a paciência com os jornalistas que o acompanhavam. Ele não gosta do assédio da imprensa em Biblos, berço da escrita:

— Por que vocês não param de fotografar e aprendem um pouco de história?

Ele sente falta de conversar com as pessoas, tirar fotos, beijar, comentar sobre assuntos triviais, se "energizar". Mas câmeras e gravadores estão sempre em seu rastro, prontos para registrar brincadeiras, palavrões e momentos de intimidade. O presidente, então, passa a "falar" com a imprensa em discursos. Ali, afastado, acredita ter mais controle de suas palavras, podendo vender melhor a própria imagem. Acha que aqueles discursos já são uma forma de dar satisfações à sociedade.

Antes de completar um mês no Palácio do Planalto, em sua primeira viagem à Europa como presidente, o ex-sindicalista tratou logo de debochar dos jornalistas que ali trabalhavam para registrar a visita oficial à França. O fato ocorre em Paris. Como de costume, fotógrafos e cinegrafistas, sempre muito bem cercados e monitorados por seguranças, aguardam a chegada de Lula e do colega francês Jacques Chirac. Querem registrar a imagem dos dois, lado a lado, na entrada de um evento.

O primeiro a surgir na entrada da sede do governo francês é Chirac. Do alto de uma escadaria, passa a aguardar a chegada do colega brasileiro. Minutos se passam e lá vem Lula, subindo em direção ao francês, tendo em suas costas um batalhão de fotógrafos e cinegrafistas à espera daquela que pode ser a única imagem do dia dos presidentes juntos.

Para surpresa dos jornalistas, muitos deles eleitores petistas e empolgados pelo início de um governo que prometia mudanças ao país, Lula finge não ouvir os gritos de "presidente, presidente" para que se vire por alguns segundos e seja fotografado ao lado de Chirac. Da mesma posição, sem olhar para os lados, joga o braço direito para o alto numa sinalização do tipo "não me encham o saco".

Mesmo assim, a imagem dos presidentes lado a lado é conseguida segundos depois, quando Chirac percebe o clima constrangedor e, com as próprias mãos, gira o tronco de Lula na direção dos jornalistas. Lula simula um sorriso diante das lentes.

Naquela época, o clima entre os profissionais de imprensa em relação ao presidente ainda era uma mistura de euforia e curiosidade. Aguardavam novidades positivas de um ex-retirante nordestino que acabara de chegar ao poder. Mas os poucos que presenciaram tal fato naquele dia em Paris tiveram logo a noção da turbulência que seria acompanhar o dia-a-dia de eventos, discursos, viagens, solenidades e audiências nos anos seguintes.

Essa briga de gato-e-rato da mídia com o presidente muitas vezes terminava em cenas constrangedoras, como bate-bocas e empurra-empurras entre jornalistas e seguranças. Um caso desses ocorre em setembro de 2003, em Nova York. Depois de ver barrada pela segurança a idéia que teve de ir caminhando até um restaurante da cidade, o presidente decidiu não informar à imprensa que jantaria com ministros numa casa de massas. Assessores disseram aos jornalistas que o presidente não sairia do hotel naquela noite, mas o ministro Luiz Dulci, secretário-geral da presidência, deixa escapar o segredo.

Quando Lula sai do hotel, os jornalistas entram em dois táxis e seguem os carros da comitiva. Um repórter que ia no táxi da frente passa a dar as coordenadas a outro colega do carro de trás. Assim, conseguem encontrar o restaurante. Ao chegar ao estabelecimento, os jornalistas entram correndo, gritando palavras em português, furiosos. Os clientes se assustam, ainda sob o tormento do

11 de Setembro, ocorrido dois anos antes, exatamente. Até os garçons param de servir as mesas.

Os jornalistas, então, percebem a gafe e o constrangimento. Alguns colocam a mão no rosto, de vergonha. Um deles ainda tem disposição para bater boca com um assessor do presidente.

Ninguém se aproxima dele, que está num pavimento superior, reservado com antecedência à comitiva. Homens do FBI, gigantes e com as cabeças raspadas, fecham o acesso às escadas. Lula prossegue seu jantar. A imprensa fica numa mesa arrumada às pressas pela direção do restaurante. Os jornalistas jantam enquanto os demais clientes olham atravessado, com ar de reprovação.

Na viagem que fez ao Oriente Médio, em 2003, o presidente ficou com os nervos à flor da pele por causa do ditador da Líbia, Muammar Gaddafi. Um dia antes do estresse, Lula chega ao país de regime fechado e sem democracia depois de ter passado por Síria, Líbano, Emirados Árabes Unidos e Egito.

Construída no século VII antes de Cristo, Trípoli foi edificada à beira do Mediterrâneo. Os prédios predominantemente claros da capital da Líbia contrastam com o azul do mar. Povos de diferentes regiões deixaram marcas na cultura do país. Os italianos ficaram lá de 1911 a 1950, quando a Líbia se tornou um reino independente, sob o comando do rei Idriss I.

Em 1969 os revolucionários liderados por Al Magrabbi depuseram o príncipe Ridah, sobrinho de Idriss I — o rei estava no exterior para tratamento de saúde. Com o fim da monarquia, Al Magrabbi saiu de cena misteriosamente, assumindo o poder o jovem Muammar Gaddafi, de 27 anos, um dos integrantes do grupo revolucionário.

Gaddafi expulsou comunidades judaicas, exigiu a retirada de americanos e ingleses das bases militares instaladas no país e levou melhorias de vida para a população pobre. Nos anos 1980, os Estados Unidos acusaram Gaddafi de patrocinar o terrorismo.

Um bombardeio americano sobre Trípoli, em abril de 1986, teria matado mais de cem pessoas, entre elas uma menina de 18 meses a quem Gaddafi se referia como filha adotiva. Dois anos depois, o líder líbio foi acusado de ordenar, como vingança ao bombardeio feito pelos Estados Unidos, a explosão de um avião da Pan Am em pleno ar, na altura de Lockerbie, na Escócia. A tragédia deixou 270 mortos, sendo 189 americanos.

Em 1992 e 1993, as Nações Unidas impuseram uma série de retaliações à Líbia. A suspensão dos embargos ocorreu em 1999, depois de Gaddafi entregar suspeitos do atentado de Lockerbie e reconhecer a responsabilidade no abate de um jato francês e na morte de uma policial inglesa.

Assim que deixa o aeroporto, a comitiva presidencial percorre as escuras ruas de Trípoli sob a perseguição assustadora de uma multidão a pé, de bicicleta e até a cavalo.

Como uma forma de saudar os visitantes sul-americanos, os líbios batem com as mãos nos vidros das *vans*, sem que os militares do país, com uniformes rasgados e calçados furados, consigam afastá-los do comboio que leva Lula, ministros, assessores e a imprensa brasileira. Por conta disso, há um alívio geral assim que entram no complexo do Palácio Bab-Aziziya.

Lula fica espantado com a calorosa recepção preparada pelo governo local. No dia seguinte, porém, tal assombro se transforma num chilique diante da paranóia do coronel Gaddafi com sua segurança pessoal. Para encontrar com o ditador líbio, o brasileiro é orientado a manter toda a sua agenda livre naquele dia. Isso porque, numa estratégia para despistar aqueles que cobiçam sua cabeça, Gaddafi pede que os visitantes fiquem à espera de seu chamado. Lula, então, fica de plantão no hotel. Em dado momento, no início da tarde, um emissário do governo líbio que está no saguão do hotel da comitiva brasileira dá ao ministro Celso Amorim o sinal verde para a saída do presidente.

Lula então se arruma rapidamente. Mas, pouco antes de sair de seu quarto, é informado de que Gaddafi só poderá recebê-lo mais tarde. Contrariado, mas buscando entender as razões do ditador, o presidente brasileiro recolhe-se mais uma vez à espera do líbio. Meia hora depois, vem então o segundo chamado. Lula está arrumado, portanto não demora mais do que cinco minutos para entrar no elevador do hotel. No térreo, dá de cara com o emissário de Gaddafi.

— O líder não vai poder recebê-lo agora — afirma o auxiliar líbio ao presidente, que, irritado, desabafa ao tradutor brasileiro que integra a comitiva.

— Fala pra esse cara que eu sou o presidente do Brasil. Se ele não me receber agora, eu vou embora para o aeroporto. Não vou fazer papel de bobo por aqui — grita Lula, ainda no elevador.

Em dois minutos o impasse é solucionado e o presidente Lula segue com a comitiva para o encontro com o ditador líbio.

Depois da viagem ao Oriente Médio, Lula repetiria à exaustão o fato de ter sido o primeiro governante brasileiro a visitar a região depois de D. Pedro II. O presidente diria que a viagem do monarca em 1876 teve caráter cultural. De fato. O imperador, em férias, visitou a região para conhecer ruínas, igrejas e aprender sobre línguas mortas. "A minha viagem foi de negócios", afirmou Lula.

O presidente decidiu comprar o Aerolula para que pudesse viajar com mais conforto e segurança ao exterior. Mas não deixou de viajar nos dois primeiros anos de governo por conta do barulho e das oscilações de temperatura do Sucatão. Muito pelo contrário.

A bordo, sempre a companhia do ministro Celso Amorim. E, na bagagem, um punhado de bandeiras da política externa brasileira, como o combate mundial à fome, a reforma da ONU e a diminuição dos subsídios agrícolas aos países pobres em guerras travadas na OMC. Antes de cada viagem, segundo Amorim, a comitiva fazia questão de esquecer no Brasil o "excesso de humildade", virtude que, de acordo com o próprio ministro, poderia prejudicar determinada negociação internacional.

Para ganhar pontos com a ONU e elevar o país no cenário internacional como um possível membro efetivo de seu Conselho de Segurança, o Brasil enviou militares em meados de 2004 para chefiar uma missão de paz num turbulento Haiti. O país caribenho, o mais pobre das Américas, vivia em crise desde o início daquele ano, quando rebeldes armados avançaram contra a capital, Porto Príncipe, e exigiram a renúncia do então presidente Jean-Bertrand Aristide.

Lula, então, colocou na cabeça a necessidade de uma visita ao Haiti. Queria de qualquer jeito ver de perto a pobreza local e as condições de trabalho do efetivo de 1.200 soldados brasileiros que por lá atuavam. Mas, para aumentar sua milhagem internacional, o presidente teve de enfrentar uma forte resistência no próprio governo. Itamaraty, Exército e assessores do Palácio do Planalto o alertavam sobre o alto risco dessa viagem.

Tudo tinha de ser minuciosamente calculado. Não só o presidente, mas toda a comitiva deveria estar cem por cento protegida contra setores armados da população. Outro motivo de preocupação era a gigantesca falta de infra-estrutura local. A viagem teria de ser no esquema bate-e-volta, para que Lula não precisasse dormir em Porto Príncipe.

— É uma missão de alto risco, presidente — diz um auxiliar.

— Não interessa. Eu quero ir pra lá de qualquer jeito — responde o presidente, ordenando a organização da viagem.

Para a ocasião, Lula havia acertado com a Confederação Brasileira de Futebol (CBF) a organização de uma partida amistosa entre brasileiros e haitianos. Seria o chamado "jogo da paz", que, na prática, marcaria pontos tanto para Lula na ONU como para Ricardo Teixeira, presidente da CBF, na Fifa.

Acerta-se, então, que a perigosa visita ocorreria em meados de 2004. No Planalto, foi instalado um posto de vacinação especial para seguranças, assessores e jornalistas escalados para tal viagem. Na lista das vacinas obrigatórias estão febre amarela, Sabin, hepatite A, hepatite B, dupla adulto, dupla viral, meningocócica A/C, febre tifóide e anti-rábica.

Define-se também que tanto a comitiva presidencial como a delegação da CBF passariam alguns dias na vizinha República Dominicana. Em Santo Domingo, a seleção treinaria em segurança, e Lula acompanharia a posse do presidente local, Leonel Antonio Fernández Reyna.

Na véspera do amistoso, Lula visita os jogadores da seleção de Carlos Alberto Parreira no hotel em que estão concentrados. Idolatrado em diferentes pontos do país, aquele que muitas vezes se transforma no centro de uma disputa por um beijo, um abraço, um autógrafo ou um simples toque em suas mãos, Lula também tem seus momentos de fã, principalmente quando o assunto é futebol.

No hotel da seleção, ele toca nas taças da Copa do Mundo de 2002 e da Copa América de 2004, faz brincadeiras com os jogadores, fala de economia e de política externa e, ao final, provoca sem querer a debandada da maioria dos jogadores da sala ao dar atenção exclusiva ao atacante Ronaldo e ao lateral-esquerdo Roberto Carlos. A atenção do presidente à dupla do Real Madrid é inusitada. Ele toma emprestado um gravador digital de um jornalista da Radiobrás e passa a entrevistá-los sobre temas que variam da importância da família na vida à auto-estima da juventude brasileira.

— Porra, você só dá atenção ao Roberto Carlos e ao Ronaldo. Os outros jogadores estão saindo — cochicha a Lula o então secretário de Imprensa, Ricardo Kotscho.

Lula olha para os lados e faz cara de desentendido, sugerindo estar mais atento ao gravador digital em suas mãos do que à bronca do amigo Kotscho, que prossegue:

— Está ficando muito chato. Você vai ter que entrevistar todo mundo.

Meio que a contragosto, o repórter-presidente então acata a sugestão do amigo e consegue rapidamente falar com Juninho, Cris, Júlio César, Roger, Edu e Renato. Os demais haviam deixado a sala.

No dia seguinte, estão todos no Haiti. Primeiro chega a comitiva presidencial. Da pista do aeroporto de Porto Príncipe, enquanto aguardam a execução dos hinos nacionais, os autores deste livro sentem um cheiro forte e desagradável vindo da cidade, causado por anos de descaso internacional e pela escassez de rede de esgoto e de sistema de coleta de lixo.

Cumpridas as formalidades no aeroporto e nas instalações das tropas brasileiras, logo ao lado da pista, o comboio presidencial parte então em direção ao palácio haitiano. Ainda restam cerca de três horas para a chegada da seleção brasileira. Milhares de haitianos tomam as ruas da cidade.

É aí que Lula se emociona. No trajeto de meia hora, o presidente brasileiro e os demais integrantes da comitiva, devidamente cercados pelo Exército brasileiro, vêem um pouco da realidade do país. São saudados com sorrisos e acenos de pessoas que se amontoam até nos telhados das casas. Notam o tremular de bandeiras brasileiras misturadas às haitianas e também enxergam a imundície da cidade, com entulhos e lixos diversos jogados pelas ruas e por canais de esgoto que escorrem a céu aberto.

— É impressionante, é impressionante — repete o presidente ao ver de perto a miséria do país caribenho, a primeira democracia negra do mundo.

Encravado no centro da cidade, o palácio presidencial, aparentemente limpo e recém-pintado de branco, contrasta com sua vizinhança pobre e favelada. Sua estrutura, porém, também é precária. Pior para as jornalistas brasileiras, que nem banheiros têm à sua disposição. Já os homens, de um jeito ou de outro, ainda conseguem improvisar.

Os autores lembram que, para conseguirem urinar num banheiro do palácio sem água e sem luz, têm de caminhar lentamente na escuridão do cubículo até localizarem com os pés o vaso sanitário, devidamente alagado à sua volta.

Apertos à parte, seguem todos para o Estádio Sylvio Cator, reformado apenas para o "jogo da paz". Da tribuna, Lula fuma uma cigarrilha e vê Ronaldo e Ronaldinho Gaúcho comandarem os 6 a 0 do Brasil diante do selecionado haitiano. Depois, a bordo da aeronave da FAB que o traria de volta ao Brasil, trata de zombar de assessores e ministros.

— Estão vendo como deu tudo certo? Eu não falei que ia dar tudo certo? Só de ver a alegria desse povo já valeu a pena qualquer sacrifício — diz o presidente.

Em Porto Príncipe, os jornalistas brasileiros sofreram para enviar suas reportagens. O fuso horário e a falta de estrutura na cidade foram os principais obstáculos. Para ser publicado na primeira edição impressa do dia seguinte, um texto deve estar na redação, no máximo, até as 20:00 do dia anterior. Isso, na prática, significa que as reportagens produzidas no Haiti deveriam ser enviadas no limite das 18:00 de Porto Príncipe — ou seja, uma hora apenas após o término da partida.

Logo pela manhã, no aeroporto haitiano, o Exército informa à imprensa que os jornalistas seriam levados aos respectivos hotéis somente após o amistoso da seleção. Ou seja, naquele momento todos ficam sabendo que uma possível conexão com a internet ocorreria, na mais otimista das previsões, somente por volta das 18:00.

A cada parada do presidente, os repórteres se ajeitam num canto qualquer para digitar em seus *laptops* o que vai acontecendo no decorrer do dia — visita às tropas, discursos, clima na cidade, trabalho do Exército. Tudo para adiantar ao máximo o serviço e, quem sabe, entrar no hotel e ter "apenas" o trabalho de fazer o *check-in*, correr para o quarto, conectar-se à internet, sabe-se lá como, e enviar os textos.

Um dos autores, apenas há algumas horas em Porto Príncipe, está, digamos, desesperado. De terno e gravata num dia em que a temperatura se aproxima dos 40°C, passa a suar frio com a possibilidade cada vez mais real de não conseguir enviar a tempo os textos para o Brasil, o que seria uma tragédia profissional. A aflição aumenta com a dificuldade de falar com a redação. Até então, apenas um rápido contato com a sucursal de Brasília havia sido feito no início da manhã. Coisa de trinta segundos, num telefone celular emprestado, para dizer que estava vivo e que, se tudo desse certo, as reportagens chegariam em cima da hora do fechamento da edição.

Em Porto Príncipe são 14:00 (16:00 no Brasil), e os jornalistas e a comitiva se deslocam ao estádio. Enquanto isso, a redação do jornal mal sabe que a situação estrutural caótica do Haiti pode respingar na edição do dia seguinte.

Ao entrar no estádio, soldados brasileiros encaminham os jornalistas a duas cabines reservadas à imprensa. Lá, à disposição, dois aparelhos de telefone. Como no Haiti não existe o serviço de ligações a cobrar para o Brasil via Embratel, a primeira opção é arriscar uma ligação direta para Brasília. Em vão. A linha só faz ligações locais.

Mas nem tudo está perdido. O autor desesperado conecta seu computador na tomada, liga a ele um dos fios de telefone e tenta fazer uma conexão com um provedor de internet local conveniado a um servidor brasileiro. Todos na cabine, incluindo o outro autor, torcem pelo sucesso da operação. Estava ali a chance de enviar as reportagens ao Brasil.

Um clique no botão "conectar". Silêncio ao redor do *laptop*. Todos o cercam até que algo absolutamente inusitado acontece. Aquele chiado irritante do sinal de conexão é comemorado como se fosse um gol da seleção. Pulos, gritos e abraços marcam a cena. Depois disso, jornalistas de diferentes jornais usam o mesmo computador para enviar suas reportagens. Gol de reportagem.

Militares recomendaram aos jornalistas que não saíssem às ruas de Porto Príncipe sem escolta. A capital é dominada por gangues armadas — algumas favoráveis a Aristide —, miseráveis, seqüestradores e pequenos golpistas. Há, no entanto, momentos na vida de um repórter em que o mais importante é andar, percorrer ruas, conhecer gente, descobrir um país na próxima esquina. É no impulso que o profissional costuma pautar o dia-a-dia.

Um dos autores conhece artistas haitianos que sobrevivem com dificuldade vendendo quadros e esculturas no alto das montanhas da cidade. Com eles, percorre em carros enferrujados o centro da capital haitiana.

Pelas ruas enfeitadas com bandeiras do Brasil e do Haiti, carros de passageiros, uma versão local do pau-de-arara, disputam espaço com bicicletas e pedestres. O trânsito é caótico. Nas calçadas, ambulantes vendem comidas das mais diversas. No mercado público, santos e pensadores esculpidos em madeira são vendidos aos montes.

O Haiti está destruído. Desvio de recursos e seguidos golpes de Estado o deixaram nessa situação. Nem árvores existem nas ruas de Porto Príncipe. Viraram lenha nos fogões improvisados dos moradores. O cinza domina a paisagem. Quem anda pelas ruas próximas do palácio presidencial, onde a temperatura média fica entre 35°C e 40°C, se depara com dezenas de mulheres, elegante e humildemente vestidas, sentadas de frente para mesinhas com velhas máquinas de datilografia.

Madame Boniface Paradon, de 34 anos, é uma das haitianas que nos lembram Dora, a personagem que escreve cartas, interpretada por Fernanda Montenegro no filme *Central do Brasil*. Negra, como a maioria, Paradon sobrevive datilografando e ajudando a redigir cartas e documentos para os analfabetos. Os clientes a procuram em busca de manter contato com familiares que se mudaram do Haiti ou mesmo para preencher os papéis exigidos para obtenção de visto de entrada nos Estados Unidos. A escrevedora ganha 85 *gourdes* (dois dólares) para datilografar no verso de uma folha de ofício.

— Sei que meus clientes não vão conseguir sair daqui. Não vivo de realizar sonhos, apenas datilografo documentos.

Ela pertence a uma elite letrada negra, que teve acesso à escola e fala fluentemente o francês, língua de um dos muitos povos colonizadores e invasores da ilha. A maioria dos oito milhões de haitianos fala o *créole*, não sabe ler nem escrever. A elite, da qual faz parte madame Paradon, está longe de viver com o conforto usufruído pela casta de brancos e mestiços, formada por 5 por cento da população, que vive em casas nos morros de Porto Príncipe.

Mãe de três filhos e separada do marido, madame Paradon conta que ganha 4 mil *gourdes* por mês (pouco menos de 100 dólares). É pouco num lugar onde uma lata de Coca-Cola custa um dólar.

— Tudo no Haiti é caro. O que ganho mal dá para manter minha casa e garantir que meus filhos freqüentem a escola.

A Organização dos Estados Americanos (OEA) estima que dois milhões de haitianos vivam no exterior. Só na vizinha República Dominicana são 500 mil.

— Os que continuam no Haiti sonham em sair — afirma madame N'Oël Merline, de 32 anos, outra profissional da datilografia de rua.

A concessão de visto de entrada nos Estados Unidos é um sonho praticamente impossível para a maioria dos haitianos, pois leva em conta a renda familiar. Pelos cálculos de órgãos oficiais, 52 por cento dos habitantes do país vivem abaixo da linha de pobreza e mais de 70 por cento deles estão desempregados. É o caso do marido de madame Merline. As cartas garantem o sustento de dois filhos.

— A vida no Haiti não é boa. Poucas pessoas como eu podem alimentar sua família.

Mais pobre país americano, o Haiti era no século XVII o maior produtor de café e açúcar do mundo. Cerca de 500 mil escravos negros mantinham a próspera economia da então colônia francesa. Em 1804, depois de uma sangrenta luta contra tropas do exército de Napoleão Bonaparte, o povo haitiano, liderado em parte pelo negro Toussaint Louverture, conseguiu a independência.

A primeira nação negra do novo continente, porém, sofreu represálias e sanções do resto do mundo, que temia a proliferação do ideal de liberdade dos negros. Para minimizar as pressões, o Haiti teve de pagar uma indenização à França. O país negro foi à bancarrota.

Quando anda pelas ruas de Porto Príncipe, o viajante percebe que no país se falam várias línguas. Além do dialeto local e do francês, é possível conhecer gente que se comunica em inglês e, mesmo raro, espanhol. São as línguas dos invasores.

Entre 1915 e 1934, os Estados Unidos ocuparam o Haiti. A partir de 1957, começava a ditadura da família Duvalier, que se manteve firme por trinta anos com apoio norte-americano. François "Papa Doc" Duvalier, que governou de 1957 a 1971, e o filho Jean-Claude "Baby Doc" Duvalier, ditador de 1971 a 1986, manipularam o vodu, culto religioso que teve origem no país. Eles contavam com um violento serviço secreto, a temida polícia dos *tontons macoutes* — os bichos-papões assassinos.

Após uma crise política, Baby Doc fugiu do país num avião da Força Aérea Americana. Generais corruptos ocuparam o lugar dele. Em 1990, o ex-padre Jean-Bertrand Aristide foi eleito presidente, na primeira eleição direta do Haiti. Foi deposto sete meses depois por militares apoiados pelo governo de George Bush, pai. Com a chancela de Bill Clinton, Aristide retornou em 1994 ao palácio branco que se avista da calçada onde trabalham as datilógrafas de rua. O ex-padre, acusado de fraudar eleições em 2000, teve de renunciar e fugir do país em fevereiro de 2004.

Nem só de Lula sobrevivem os repórteres que acompanham uma viagem presidencial. Como nos três primeiros anos de governo o presidente não tinha por hábito falar com os jornalistas, os ministros e até a primeira-dama de vez em quando ganhavam destaque por declarações ou mesmo atitudes incomuns.

No Egito, penúltimo país a ser visitado por Lula na rodada pelo Oriente Médio de 2003, Marisa Letícia é que tem destaque. No Cairo, antes do encontro de Lula com o colega egípcio, Hosni Mubarak, os repórteres se aproximam da governadora do Rio Grande do Norte, Wilma de Faria, integrante da comitiva presidencial, para conseguir arrancar alguma frase dita por Lula em conversas reservadas. Wilma conta que ela, Marisa Letícia e outras quatro mulheres da comitiva, ainda nos Emirados Árabes Unidos, foram convidadas a jantar na casa de Fátima, mulher do xeque local, Zayed bin Sultan Nahyan. E que as brasileiras foram perfumadas com óleos aromáticos.

— Foi só isso, governadora? — pergunta uma repórter.

— É que não posso contar o resto — responde Wilma.

— Ah, conta...

— Ai, eu não posso, gente.

— Conta, conta — insiste um outro repórter.

Sorridente e com as mãos no rosto, Wilma demonstra que um pouco mais de insistência a fará ceder e contar esse tal segredo aos repórteres ávidos para justificar seus deslocamentos ao Oriente Médio.

— Está bem. Vou contar. A rainha deu um conjunto lindo de colar e brincos de pedras preciosas à dona Marisa. Vocês precisam ver — diz a governadora, notando os olhos arregalados dos jornalistas.

Ao perceber o interesse especial dos repórteres pela história, Wilma de Faria tenta minimizar eventuais críticas.

— Parece que Marisa vai doar o presente ao Fome Zero.

Caso semelhante ocorre na viagem presidencial à África, em abril de 2005, quando Lula passa cinco dias sem falar com a imprensa. Por conta dessa recusa, como no caso da governadora no Oriente Médio, resta aos jornalistas descobrir o inusitado ou torcer para que algum dos ministros da comitiva revele algo de extraordinário.

Na Nigéria, segunda parada na rota africana, cabe ao ministro Luiz Fernando Furlan, do Desenvolvimento, esse papel. Ele chega estressado à sala de reuniões do State House, sede do governo nigeriano. Da porta do palácio ao local do encontro, assim como o restante dos brasileiros, foi revistado e obrigado a identificar-se em quatro barreiras montadas pela segurança nigeriana.

O humor do brasileiro piora mais ainda quando é informado pelos nigerianos de que o ministro local do Desenvolvimento enviou um assessor para negociar com o Brasil. Furlan explode. Diante dos jornalistas brasileiros, estrategicamente o ministro passa a reclamar em voz alta tanto com os nigerianos como com os assessores do Itamaraty sobre a falta de organização. "Isso aqui é tudo um blablablá", afirma o ministro, cujo chilique apareceu no dia seguinte nos jornais como o principal destaque da visita presidencial à Nigéria.

A passagem pela Nigéria traz péssimas impressões à comitiva brasileira. A permanência por lá dura cerca de 24 horas. Nesse ínterim, dois integrantes da equipe de reportagem da Radiobrás são vítimas de seqüestro-relâmpago, parte das reservas dos jornalistas é cancelada no principal hotel da capital, talheres de prata desaparecem durante a limpeza de um dos aviões da Força Aérea Brasileira, sem contar o clima de extorsão em cada esquina. Do recepcionista do hotel ao taxista, todos encontram um jeito de exigir propina para qualquer atividade.

Para piorar, os motoristas contratados pela presidência para levar os jornalistas do hotel ao aeroporto da capital resolvem parar seus microônibus no meio do caminho para exigir mais dinheiro dos passageiros. Um rápido acerto de contas em dólares resolve o impasse. A corrida prossegue.

Dois dias depois da passagem pela Nigéria, tendo estado antes nas também africanas Gana e Guiné-Bissau, lá está Lula no Senegal. A recepção em Dacar é calorosa. Ao lado do colega Abdoulaye Wade, o presidente brasileiro desfila por meia hora em carro aberto no trajeto entre o aeroporto e o palácio do governo.

No caminho, aliás, alguns imprevistos deixam Lula de olhos arregalados. O primeiro espanto é em relação à multidão que está nas ruas para acompanhar a passagem dos presidentes. A população fora convocada pela cadeia de rádio e tevê estatal. Apesar de dezenas de carros e motos da guarda presidencial abrirem caminho, a multidão consegue interromper pelo menos duas vezes o comboio. As pessoas invadem as avenidas para se aproximarem do adorado presidente Wade.

Lula assiste a tudo e, timidamente, acena aos senegaleses. As pessoas tremulam bandeiras brasileiras cedidas pelo governo local, atiram flores no carro presidencial e gritam o nome de Wade. Na carroceria de um caminhão logo à frente, um dos autores deste livro acompanha a cena. O clima nas ruas de Dacar é tão festivo e ao mesmo tempo tão tenso, por conta da quantidade de pessoas, que um segurança que dirige uma das Blazers pretas do comboio tenta controlar o volante e ao mesmo tempo ficar com metade do corpo para fora do carro. O inevitável acontece. Ele perde o controle do veículo. A Blazer se lança contra a calçada. Não chega a atingir as pessoas, pois antes disso bate lateralmente num caminhão estacionado na avenida. O motorista retoma o controle do veículo e o joga de volta para a frente do comboio, que, a poucos metros do palácio do governo, segue numa velocidade próxima aos 50 quilômetros por hora.

Ainda no Senegal, Lula segue no dia seguinte para visitar a ilha de Gorée, a vinte minutos de barco de Dacar, que do século XV ao XIX foi o principal ponto de partida dos escravos africanos para as Américas. Lá, visita a Casa dos Escravos, onde os negros eram pesados, presos e acorrentados antes de embarcarem nos navios negreiros pela chamada "porta do nunca mais".

A comitiva brasileira conhece todas as instalações do local, construído em 1776 pelos holandeses e depois explorado igualmente por franceses, ingleses e portugueses. Com a ajuda de tradutores, ministros e assessores são informados do significado de cada uma das salas e porões. Os senegaleses relatam as péssimas condições de higiene em tempos de escravidão. Foi da Casa dos Escravos que surgiu, em 1779, a primeira epidemia que devastou a ilha de Gorée. No total, em diferentes salas no piso térreo, a casa comportava cerca de duzentos escravos, entre homens, mulheres e crianças. Alguns ficavam lá por até três meses, antes de serem despachados em navios negreiros.

Lula ouve tudo atentamente. Parece estar realmente interessado nas explicações sobre o local. Abaixa a cabeça quando é informado sobre o destino das famílias. Sempre com a ajuda de um tradutor, o guia senegalês explica ao presidente brasileiro que, dependendo dos compradores, pai, mãe e filho poderiam seguir para três diferentes países, como Haiti, Brasil e Estados Unidos. O assunto parece tocá-lo.

O presidente e a comitiva brasileira seguem visitando os antigos cômodos da Casa dos Escravos. Para cada um, há uma explicação diferente. Um deles é onde ficavam as crianças. Sem certidão de nascimento ou algo parecido, a idade, que estipulava o valor para venda, era definida pela arcada dentária. Lula passa também pela sala na qual ficavam as meninas. O valor de cada uma delas era definido pelo estado de seu peito e pela eventual virgindade. O presidente brasileiro parece baqueado com as explicações.

Cercado de cinegrafistas e fotógrafos, agora ele está na frente de uma algema usada pelos negociantes para prender os negros africanos. O presidente senegalês coloca o instrumento de ferro no pulso de Lula. A seguir, Lula é informado por Wade que escravos com menos de 60 quilos, antes de serem vendidos, tinham de passar por um processo de engorda, como gado, na própria Casa dos Escravos.

Em seguida, é levado à "porta do nunca mais", ponto de passagem dos negros da Casa dos Escravos para os navios negreiros e onde o papa João Paulo II, em 1992, pediu perdão aos negros pela escravidão. O presidente, sempre ao lado de Wade, observa a imensidão do Oceano Atlântico e fica sabendo que, num último recurso, alguns africanos se jogavam no mar para uma arriscada e impossível fuga a nado. Os que escapavam dos tiros eram devorados pelos tubarões.

O *tour* pela Casa dos Escravos prossegue no andar superior, usado como dormitório pelos negociadores. É lá que os brasileiros improvisam um minipalanque, em meio a duas escadas de uns trinta a quarenta degraus cada. Há mais gente ao lado dos presidentes Lula e Wade do que no térreo, aguardando para ouvir os discursos. Apenas alguns seguranças e outros poucos jornalistas brasileiros.

Ninguém quer perder a oportunidade de falar diante do presidente da República, impecavelmente trajado com um paletó preto e uma gravata vermelha. Discursam a ministra Matilde Ribeiro, da Igualdade Racial, e a ex-ministra Benedita da Silva, que pegou uma carona na viagem para divulgar a fundação que leva o seu nome. Também presente, o ministro Gilberto Gil prefere cantar em vez de falar. Sem a ajuda de instrumentos, interpreta, em francês, "La Lune de Gorée" ("A lua de Gorée"), feita em parceria com José Carlos Capinam.

La lune qui se lève (A lua que se eleva)
Sur l'île de Gorée (Sobre a ilha de Gorée)
C'est la même lune qui (É a mesma lua que)
Sur tout le monde se lève (Sobre todo o mundo se eleva)

Mais la lune de Gorée (Mas a lua de **Gorée**)
A une couleur profonde (Tem uma **cor** profunda)
Qui n'existe pas du tout (Que **não existe absolutamente**)
Dans d'autres parts du monde (**em outras partes do mundo**)
C'est la lune des esclaves (É a lua **dos escravos**)
La lune de la douleur (A lua da **dor**)

Mais la peau qui se trouve (Mas a pele que se encontra)
Sur les corps de Gorée (Sobre os corpos de Gorée)
C'est la même peau qui couvre (É a mesma pele que cobre)
Tous les hommes du monde (Todos os homens do mundo)

Mais la peau des esclaves (Mas a pele dos escravos)
A une douleur profonde (Tem uma dor profunda)
Qui n'existe pas du tout (Que não existe absolutamente)
Chez d'autres hommes du monde (Em outros homens do mundo)
C'est la peau des esclaves (É a pele dos escravos)
Un drapeau de liberté (Uma bandeira de liberdade)

Gil chora e passa a palavra a Lula. Diante de uma pequena platéia, o presidente brasileiro consegue chamar a atenção. Num discurso de improviso, pede perdão aos africanos pelos negros do continente que foram enviados ao Brasil séculos atrás. A fala de Lula emociona integrantes da comitiva brasileira. Ministros e assessores do Planalto choram copiosamente. Inclusive alguns jornalistas deixam de lado seus blocos, os gravadores e a discrição e também choram.

Conhecido por sua excessiva formalidade, o então secretário de Imprensa da Presidência, André Singer, mantém-se imune à emoção de dezenas ao seu lado. Com uma pasta nas mãos, afirma a um dos autores que aquele era um feito inédito de um presidente brasileiro e caminha rapidamente até um outro assessor da presidência. O subordinado chora muito e tem de enxugar as lágrimas e fazer cara de sério, enquanto recebe as ordens do chefão da Assessoria de Imprensa.

— É como uma dor de cálculo renal. Você tem de sentir, não dá para dizer. É a pior dor do mundo. Só estando ali, na Casa dos Escravos, para ter a dimensão do que todas as pessoas sentiram por trezentos anos — diz o presidente assim que deixa a Casa dos Escravos de Gorée.

Lula não chora. Deixa as lágrimas para o retorno ao Brasil. No Palácio do Planalto, na primeira reunião com ministros da coordenação de governo após a viagem, soluça como uma criança ao narrar a visita à "porta do nunca mais". Descreve o local, faz um breve relato do histórico da ilha e comenta, com orgulho, que até jornalistas choraram ao ouvir seu discurso.

✈

Em meio a essas maratonas internacionais, Lula não abre mão de estar sempre impecavelmente vestido. E reclama quando vê algum assessor próximo trajado um pouco mais à vontade.

— Porra, Kotscho, o que é isso? Comigo, desse jeito, você não vai viajar — esbraveja o presidente ao secretário de Imprensa, que aparece de calça *jeans* e camisa pólo minutos antes do embarque da África do Sul ao Brasil, em 2003. Kotscho embarca.

Na comitiva da presidência, a questão do traje sempre é motivo de estresse, principalmente em deslocamentos nacionais. Há uma regra informal estabelecida segundo a qual ninguém da comitiva pode estar vestido "abaixo" do presidente. É o seguinte: se Lula estiver em traje esportivo, os demais assessores, se preferirem, podem encarar o terno e a gravata, sem problemas. Mas o contrário nem pensar.

Quando a viagem é ao exterior, todos sabem que o uso de terno e gravata é obrigatório, por conta da visita a palácios e a sedes dos governos locais. No Brasil, de vez em quando acontece de Lula abandonar o traje fino e colocar uma calça *jeans* e uma camisa mais confortável, como em eventos com sindicalistas, operários e sem-terra.

Mas, mesmo em dias de eventos, poucos são os que arriscam aparecer na Base Aérea sem o traje social de sempre. Caso o presidente esteja mesmo vestido esportivamente, aí, sim, é só arregaçar as mangas e jogar a gravata na mala.

Como o cargo e os imprevistos exigem, Lula anda sempre com uma mala de roupas reserva nas viagens que reúne calça, pares de meias e sapatos, uma ou duas camisas sociais e uma gravata. Mas isso nem sempre serve apenas ao presidente. Houve casos em que deputados e senadores recorreram a uma peça extra do presidente. Foi assim em julho de 2005, quando, em Canaã dos Carajás, no Pará, Lula convidou o senador peemedebista Luiz Otávio a acompanhá-lo no mesmo dia ao Rio de Janeiro para a cerimônia de entrega das novas instalações da Rádio Nacional.

— Venha comigo, meu caro. No avião eu te empresto uma gravata.

Lula também toma roupas emprestadas, mesmo que de brincadeira. Um desses episódios ocorre no final de 2003, na maratona de viagens aos países do Oriente Médio. Na cabine presidencial, não pensa duas vezes ao avistar um uniforme azul da Aeronáutica pendurado num cabide. Em clima festivo de primeiro ano de governo, em que tudo é novidade e engraçado, veste-se e ainda pede o boné do conjunto emprestado ao ajudante-de-ordens:

— Vocês sabiam que o meu sonho sempre foi ser coronel da Aeronáutica? — diz, enquanto posa para foto a pedido do senador Ney Suassuna.

Em 2004, num intervalo de trinta dias, o presidente passa por São Tomé e Príncipe, Gabão, Cabo Verde, Bolívia, Paraguai, República Dominicana, Haiti, Chile e Equador. Por conta dessas maratonas, Lula consegue ultrapassar seu antecessor em todos os quesitos de viagens ao exterior. A marca dos números do petista chama mais ainda a atenção justamente por bater os de Fernando Henrique, o "presidente Viajando Henrique Cardoso". Em oito anos de governo, o tucano manteve uma média de mais de um país visitado a cada mês (1,14). Já Lula, nos três primeiros anos de governo, mais do que dobrou essa média, com mais de dois países por mês (2,36). O percentual que confronta os dias de governo com os passados fora do país também coloca Lula à frente do antecessor. Em 96 meses de mandato, o tucano registrou 332 dias em deslocamentos ao exterior, o que representa cerca de 11 por cento do total de seu mandato. A média de Lula entre janeiro de 2003 e dezembro de 2005 ficou em 14 por cento. Em oito anos de governo, FHC visitou 110 países, incluindo as repetições. O petista, em 36 meses de governo, registrou 85 nações em seu passaporte.

Após a redemocratização, em 1985, FHC e Lula são disparado os presidentes que mais viajaram ao exterior. Atrás deles, aparecem Fernando Collor de Melo, com quase 10 por cento de seu mandato no exterior, José Sarney (8 por cento) e Itamar Franco (5 por cento). Em dois anos e meio de governo, Collor visitou 27 países, incluindo, em 1991, um giro pela África ao estilo atual de Lula — Angola, Zimbábue, Moçambique e Namíbia. O presidente que renunciou para escapar do *impeachment* teve uma média de 0,88 país visitado a cada mês.

Sarney, que esteve em 41 nações em cinco anos de governo, registrou 0,68 país por mês. Ele foi o primeiro presidente brasileiro a visitar países como Equador, Guiana e Suriname. Já o mineiro Itamar Franco, com a marca de 0,53 país por mês (15 nações em 28 meses de gestão), passou seguidas vezes pelos vizinhos Uruguai, Argentina e Paraguai em tempos de estruturação do Mercosul.

Números à parte, tanto as viagens internacionais de Fernando Henrique como as de Lula fazem parte de uma estratégia necessária diante de um mundo cada vez mais globalizado. Atualmente são uma obrigação dos presidentes. Há países que enxergam no Brasil a possibilidade de vultosos investimentos. Alguns estão de olho nos produtos para exportação, enquanto outros querem abrir seus mercados a uma população de quase 200 milhões de pessoas. Há ainda aqueles, como os africanos e os latino-americanos, que buscam no Brasil uma espécie de líder para representá-los em conversas políticas na Organização das Nações Unidas ou em ações anti-subsídios na Organização Mundial do Comércio. Desprezar tais viagens pode significar o fechamento de portas que, mais tarde, com certeza vão se abrir a outros países e nações. Cobra-se, então, que tais deslocamentos, onerosos e desgastantes, sejam aproveitados ao máximo. Com pouco turismo e muita produtividade.

Os cães

Seguir o rastro do presidente é a oportunidade de conhecer lugares que não entram nos pacotes turísticos tradicionais. Na vida de um repórter de palácio, porém, não há momento de descontração. Às vezes, a estada em um país dura poucas horas, resumindo-se aos trajetos entre um aeroporto e um palácio. Em Botsuana, na África, no início do quarto ano de governo, os repórteres não puderam tirar as malas do avião usado pela presidência nos deslocamentos entre os países. Os jornalistas apenas separaram uma muda de roupa para passar a noite no país africano.

Uma viagem atrás da outra também tira o impacto da novidade e do prazer em relatar essas experiências. Casas, pessoas, comidas, bichos e plantas se embaralham na mente de quem está sempre em trânsito. Isso dificulta uma descrição mais detalhada de um lugar. O registro das cenas estrangeiras se perde muitas vezes pela tensão do risco de deixar passar frases ou fotos do presidente. Isso atormenta os jornalistas desde o momento do desembarque à saída de uma cidade ou de um país. Em algumas ocasiões o que fica gravado na memória é a correria em comboios e aeroportos.

Nessas viagens, uma conversa ao pé do ouvido do presidente com assessores preocupa quem teme perder uma notícia. Lula sabe disso e costuma brincar com a situação. Em Pretória, em sua primeira ida ao continente africano, o presidente chega à sala onde daria entrevista. Ao ver um assessor com os jornalistas, chama o subordinado:

— Vem cá.

A seguir, cochicha no ouvido do assessor. Os jornalistas ficam intrigados. À noite, depois de três copos de cerveja, o assessor relata num bar as palavras do presidente:

— Tá todo mundo achando que é algo importante o que estou dizendo para você, mas te chamei aqui só para deixar esses caras curiosos e excitados — disse Lula, com cara de sério, para que ninguém percebesse o teor da conversa.

Nas viagens, sempre há uma guerra silenciosa de fuxicos travada entre a imprensa e o presidente. Em palanques ou salões, sempre em conversas ao pé do ouvido de assessores, Lula costuma reclamar de repórteres e ironizar os que estão na cobertura de uma viagem.

— O fotógrafo do jornal concorrente daquela moça poderia fazer a foto dela cochilando — disse Lula certa vez a um auxiliar, ao apontar uma jornalista que o acompanhava.

Em outra ocasião, cansado de reportagens "negativas", o presidente afirmou:

— Olha aquele repórter do comitê de imprensa. Não está entendendo nada. Ele nem saiu das fraldas ainda e já escreve para jornal grande. Como é que pode uma coisa dessas?

Por sua vez, os repórteres também fazem comentários sobre o presidente. Nas viagens ao Nordeste, por exemplo, os jornalistas ironizam o fato de Lula vez ou outra cair em prantos durante discursos. Antes de o presidente pegar o microfone, eles falam baixo, com a mão na boca:

— Vai chorar, vai chorar... chora, chora.

É engraçado. Um colega que atuou como repórter no comitê de imprensa do Planalto durante o governo Fernando Henrique conta que, na época do tucano, a imprensa valorizava mais frases e idéias do presidente. O lado humano de FHC entrava no meio dos textos, sem alarde. Em outubro de 1998, por exemplo, o tucano chorou ao promover no Itamaraty um encontro de paz entre os presidentes do Peru, Alberto Fujimori, e do Equador, Jamil Mahuad, ambos escorraçados do poder mais tarde, por corrupção. Após 57 anos de disputa, os dois países assinavam na presença do brasileiro um acordo para acabar com um problema de fronteira. O choro de Fernando Henrique foi registrado sem alarde pelos jornais.

Com Lula no poder, um presidente que fez da história de vida um trunfo político, a imprensa passou a produzir reportagens em separado para registrar suas choradeiras.

Um dos problemas de um jornalista numa viagem presidencial é a logística na hora de escrever reportagens e enviar o texto final e as fotos para a redação. No exterior, o Itamaraty costuma montar uma sala de imprensa. A escolha do local não segue regras. A sala pode ser instalada no hotel onde fica a comitiva presidencial, numa biblioteca ou em uma escola.

No final de 2004, em Cuzco, no Peru, Lula ficou hospedado na ala residencial de um antigo convento. O comitê foi montado lá, mas na sacristia. Enquanto escreviam seus textos, os repórteres olhavam as imagens de santos do século XVIII.

No início de 2006, em Argel, na Argélia, o comitê foi montado numa boate desativada do hotel El-Aurassi. A luz da tela do computador era a única no ambiente escuro. Já na posse do presidente uruguaio Tabaré Vázquez, em Montevidéu, os repórteres escreveram seus textos no subsolo do Banco Central do país.

Nas viagens pelo país ou no exterior, corre-se sempre o risco de a conexão da internet e os telefones não funcionarem. O ideal é encontrar um lugar que ofereça acesso à internet na cidade. Nem todo lugar dispõe de tal recurso.

Em Macapá, no final do terceiro ano de mandato, os jornalistas começaram a escrever seus textos na recepção do hotel, onde o presidente também estava hospedado. O receio ali era perder alguma entrevista de Lula enquanto as reportagens eram digitadas. No momento em que o presidente se deslocou do quarto para o refeitório, deparou-se com os jornalistas com *laptops* no colo, sentados na recepção.

A regra é ficar sempre perto do presidente, um problema que se agrava nos momentos de crise e denúncias. Fora o desejo de passar algumas horas como simples cidadão, um presidente foge mais da imprensa, obviamente, nas turbulências políticas.

João Figueiredo começou o mandato em lua-de-mel com a imprensa. Após solenidades, contava piadas e dava tapinhas nas costas de jornalistas. Tudo mudou depois do caso Riocentro, quando, em 30 de abril de 1981, uma bomba explodiu no colo de um militar que supostamente planejava um atentado. Figueiredo deixou de lado a cordialidade e passou a ignorar ou evitar o contato com a imprensa.

Os presidentes costumam cair no ridículo na tentativa de fugir da imprensa durante as viagens. Itamar, toda vez que visitava a cidade de origem, Juiz de Fora, Minas Gerais, deixava a garagem do prédio deitado no banco traseiro do carro. O mesmo presidente, quando tinha interesse, costumava pedir a ajuda de amigos no Senado para "avisar" à imprensa que ele iria ao cinema com alguma mulher num dia de folga em Brasília.

Numa viagem à Colômbia, para despistar a imprensa, Fernando Henrique saiu pela porta dos fundos de um hotel. Ao encontrar repórteres no local, colocou as mãos na cintura, balançou o corpo, afinou a voz e ironizou a própria situação:

— Presidente, presidente, fala com a gente.

Mais sorte teve Lula na viagem a Roma, no final do terceiro ano de mandato. Sem ser incomodado, conseguiu dar uma volta pela cidade e conhecer os principais pontos turísticos. Os repórteres o caçaram por todos os lados. Um grupo chegou até a ver o papa Bento XVI saudar os fiéis na sacada da basílica de São Pedro. Impossível foi ver o presidente.

Repórteres têm de disputar também com a multidão os melhores espaços e ângulos. Numa dessas viagens ao interior, um homem atraiu a atenção dos jornalistas no momento em que os helicópteros de Lula e de sua comitiva surgiram no horizonte, aproximando-se do local do evento:

— Olha lá o Zé, olha o Zé! — gritou o morador.

Tenso e com medo de perder a imagem, um fotógrafo correu até o homem e perguntou:

— Onde está? Onde está o José Dirceu?

— Que Zé Dirceu? — respondeu o morador.

— Ué, você acabou de gritar "olha o Zé, olha o Zé".

O morador, então, explicou:

— Não, meu senhor. Não tem ministro. Não estou falando disso. Tô falando dos "zelicópteros".

Em outra ocasião, num desses grotões, um homem que transpirava cachaça começou a gritar ao lado dos jornalistas:

— Luiz Inaçu, Luiz Inaçu, Luiz Inaçu.

Um repórter, incomodado com a gritaria, tentou corrigi-lo:

— Meu caro, o presidente se chama Luiz I-ná-ci-o.

— Luiz Inácio pra você. Para mim ele é o presidente Luiz Inaçu, Luiz Inaçu, Luiz Inaçu — respondeu o homem, dando seqüência à gritaria.

As viagens à África, assim como à Europa, são as mais cansativas para os repórteres, justamente pelo fato de o fuso horário ser a favor deles. Já as coberturas das viagens do presidente aos Estados Unidos, à Guatemala, ao Haiti e à Venezuela, por exemplo, são as mais estressantes, pois o fuso contrário em relação a Brasília deixa os jornalistas loucos por conta do horário de fechamento. Todos têm pressa para escrever.

O fuso em São Tomé e Príncipe, Cabo Verde e Gabão é de quatro horas a mais. Os jornalistas, no entanto, acabam se confundindo com os dois horários. Em Libreville, no Gabão, editores telefonavam às 23:00, horário da África, que correspondia a 19:00, horário de Brasília. Com isso, teve quem acabou dobrando o dia.

Em Caracas, com fuso de duas horas a menos em relação a Brasília, os repórteres têm de escrever seus textos de uma única vez, sem tempo para correções. Para piorar, os discursos do presidente venezuelano, Hugo Chávez, demoram até duas horas. Chávez é incansável nas entrevistas e nos vários discursos. Lula tem de retribuir e, nessas idas a Caracas, faz dois ou três discursos no mesmo dia.

Nada foi mais difícil, porém, do que a cobertura no Japão e na Coréia do Sul. Nesses países, onde a noite é dia no Brasil, os jornalistas tiveram problemas com as redações por causa de horários de fechamento. Também enfrentaram dificuldades na hora de produzirem suas reportagens. Não sabiam se escreviam "hoje", "ontem" ou "anteontem".

Menos estressados estavam empresários brasileiros, que, pagando as despesas do próprio bolso ou do caixa de suas empresas, acompanharam o presidente na terra do sol nascente. Sem problemas de fuso, muitos aproveitaram as noitadas no Japão. Um grupo deles foi comer *sushi* num restaurante que oferecia a comida sobre uma graciosa bandeja: uma mulher nua.

Antes de Lula assumir o poder, jornalistas de Porto Alegre ou de São Paulo, capitais governadas pelo PT, viviam em duelos diários com as prefeituras petistas, que centralizavam as informações e mantinham em sigilo fatos banais.

Em Brasília, apesar de o Distrito Federal ter sido administrado pelo partido, era diferente. Os jornalistas tinham a expectativa de uma relação fácil com o governo. O PT que os repórteres dos grandes veículos conheciam era a legenda de deputados como José Genoino e José Dirceu, parlamentares que ganharam espaço na oposição a Fernando Henrique vazando documentos ou dando declarações bombásticas.

No dia da vitória no segundo turno contra José Serra, Lula foi a um hotel no centro de São Paulo para fazer seu primeiro pronunciamento como presidente eleito. Um dos autores estava lá e presenciou a chegada do petista. Alguns jornalistas aplaudiram e gritaram o seu nome. André Singer pega o microfone e diz:

— Esse será um governo de colaboração [com a imprensa].

Mais aplausos.

Na última propaganda eleitoral do candidato Lula, alguns jornalistas nas redações de São Paulo choraram no momento em que imagens da campanha petista foram exibidas com "A vida do viajante" tocando ao fundo.

No poder, Lula evita entrevistas e a imprensa. O "Lulinha, paz e amor" é um personagem que prefere discursos longos e improvisados a entrevistas. Marqueteiros aconselham o presidente a não conceder entrevistas com direito a réplica.

Houve quem enxergasse uma divisão entre os jornalistas: o grupo das "viúvas do Fernando Henrique", aqueles que acham tudo horrível; e o dos "petistas", profissionais que passariam meses e meses falando que "ainda é cedo para avaliar".

Tanto "viúvas" como "petistas" reclamam do fato de até as agendas dos ministros se tornarem sigilosas. As agendas de José Dirceu e Antonio Palocci Filho simplesmente não eram divulgadas. Só depois de um manifesto do Sindicato dos Jornalistas de Brasília elas passaram a ser parcialmente fornecidas à imprensa. O sindicato acusou os ministros de se comportarem como executivos de empresas privadas. O mais constrangedor, no caso dos chamados jornalistas "petistas", é o fato de assessores passarem a tratar todos os repórteres como "viúvas".

A relação do governo com o comitê de imprensa do Planalto também é difícil. O comitê é um espaço no térreo do palácio onde, de segunda-feira a sexta-feira, atuam repórteres de texto e repórteres-fotográficos dos jornais *O Estado de S. Paulo*, *Folha de S.Paulo*, *O Globo*, *Valor Econômico*, *Correio Braziliense* e da Radiobrás, além de produtores e cinegrafistas das emissoras de televisão Globo, Record e SBT.

A sala conta com telefones e computadores do palácio. Os jornalistas têm linhas e *laptops* das próprias empresas. Já o pessoal de rádio divide o tempo na cobertura do palácio e do Congresso e corre para o Planalto em caso de solenidades ou entrevistas previamente marcadas. Lá, quando o assunto é notícia, é cada um por si. A convivência tão próxima de repórteres de veículos concorrentes não modifica a ânsia de um querer "furar" o outro no dia-a-dia da cobertura presidencial.

Foi no governo Lula que a relação da imprensa com o Planalto virou pela primeira vez notícia de jornal. Passou-se a impressão de que, com os petistas começava o tempo das portas fechadas.

Os setoristas do palácio, no entanto, nunca tiveram facilidade na busca de informações. Os antecessores de Lula promoviam "quebra-queixos" — rápidas declarações e entrevistas nos finais de solenidades —, mas guardavam notícias relevantes para poucos escolhidos. Privilegiavam os "hipocondríacos", que era como os jornalistas chamavam os colunistas e repórteres influentes que ganhavam caixas de remédios importados das mãos do ministro da Saúde e recebiam telefonema direto do presidente.

A "democracia petista", como ironizam alguns, consiste em reduzir de forma drástica os privilégios no repasse de dados do palácio. Nas viagens, todos os jornalistas passaram a receber o mesmo tratamento, mesmo que a relação fosse marcada por empurrões e sonegação de dados.

A eficiência da comunicação das administrações tucanas, por exemplo, ocorre na base do trato cordial a todos e repasse de notícias importantes a poucos, levando sempre em conta cargos, posições e empresas. No governo Lula, quando os "hipocondríacos" se viram na mesma situação dos demais colegas, a briga diária da imprensa com o palácio passou a ter interesse jornalístico e despertar paixões a favor da liberdade de imprensa.

Quando precisava dar entrevista coletiva aos setoristas do Planalto para anunciar algum fato de seu interesse, José Dirceu brincava com a própria figura que construiu — a do ministro sem transparência:

— Aproveitem a oportunidade porque hoje eu estou de bom humor.

Ele demorou para reclamar de setores da imprensa que o chamavam de Golbery do governo petista, numa clara alusão ao ex-chefe do Gabinete Civil do governo Geisel.

Depois da comparação com Golbery, Dirceu indicou que preferia ser chamado de Reis Veloso do governo. Veloso foi ministro do Planejamento na ditadura militar e reconhecido por méritos na função. Na Casa Civil, no entanto, Dirceu era conhecido por criar grupos de trabalho para "resolver" qualquer problema. Era uma forma de dar uma resposta a um problema difícil de resolver. Um jeito de "empurrar com a barriga". O capitão de Lula foi craque nessa jogada, desmontada por sua sucessora, Dilma Rousseff.

Este é um livro sobre viagens do presidente, mas, como José Dirceu gostava de posar de presidente, vale lembrar a ida dele a Recife em abril do terceiro ano de governo. Ele estava na cidade para a festa dos 25 anos do PT. Pela manhã, foi abordado por um dos autores na praia de Boa Viagem, antes de uma corrida. Aceitou ser acompanhado, mas, ao longo da caminhada esnobou e não deu entrevista. Ao final, disse apenas que, nos anos 1970, ficou um dia como clandestino no Recife, de onde embarcou para Lisboa.

Dirceu sempre se preocupava com a história do regime militar. Restringia, porém, o interesse aos capítulos de que participou. Na função de capitão ou gerente do governo, nada fez para identificar ossadas de guerrilheiros. O poderoso parece ser poderoso apenas diante de repórteres. Evita peitar generais para abrir os arquivos da história.

A consolidação definitiva do processo democrático, com a busca de ossadas e abertura de arquivos, esperada na gestão tucana e depois na petista, foi adiada.

Na mesma manhã da corrida na praia de Boa Viagem, um repórter-fotográfico flagrou a então prefeita paulistana Marta Suplicy caminhando na praia. Ela estava de maiô no calçadão. Quando viu o jornalista, retornou furiosa ao hotel.

À noite, depois da festa, Dirceu foi jantar na orla com Marta, com o presidente do PT, José Genoino, e com o tesoureiro do partido, Delúbio Soares. Ao ver o fotógrafo no jantar, Marta aproveitou para pedir que não publicasse a foto dela de maiô, chamando o jornalista de "peste".

— Sem acordo, dona Marta — responde o fotógrafo.

De madrugada, enquanto Delúbio fuma um legítimo Cohiba — presente do embaixador brasileiro em Havana, Tilden Santiago —, outros petistas esvaziam garrafas de vinho e uísque, Dirceu faz um brinde especial:

— Viva Cuba.

O trabalho dos repórteres de esperar Lula nas saídas das residências oficiais, na chegada a hotéis ou nos eventos nos grotões é marcado pela batalha diária contra os "cães de guarda" do Planalto, profissionais treinados exclusivamente para impedir jornalistas de se aproximarem do presidente. A função deles existe desde o regime militar. Fiéis, os "cães" sempre estão prontos para impedir que a imprensa se aproxime do presidente. No governo tucano, passaram a ser chamados solenemente de operadores de reportagem. Mas, tanto na ditadura quanto na gestão Fernando Henrique ou no governo Lula, esses assessores são mesmo conhecidos por "cães".

Um dos "cães" que atuaram na primeira viagem de Lula ao coração da miséria (PE, PI e MG), no início do governo, foi Jair Cardoso. Ex-fotógrafo do *Jornal do Brasil*, foi ele quem fez a famosa foto — sempre copiada — do general Figueiredo com trajes civis à frente de um militar, como se o presidente estivesse com quepe.

Jair, morto no segundo ano de mandato de Lula, sempre falava da amizade com um certo Fernando, um estagiário do *JB*. Anos depois, Jair e Fernando voltaram a trabalhar juntos, no palácio. Jair, na função de "cão de guarda", Fernando, como presidente. O ex-estagiário só ficou dois anos no cargo, afastado por corrupção. O ex-fotógrafo continuou até o governo Lula. A atividade dos "cães", no entanto, é vista mais como segurança do presidente do que como assessoria aos jornalistas.

Gilmar Gomes Ferreira entrou para o palácio com o governo Collor. Glauco Ferreira dos Santos e Sonja Rêgo também são dessa época. A elegante e gentil Sonja é autora da foto de Tancredo Neves que está na galeria oficial dos ex-presidentes. Ela fez a foto à época em que trabalhava como repórter-fotográfica na Empresa Brasileira de Notícia, a atual Radiobrás.

A história de Getúlio Gurgel, o Getulinho, é um pouco diferente. Fotógrafo da *Folha de S.Paulo*, ele se tornou próximo do vice Itamar Franco na época em que o ex-presidente era senador. Quando o mineiro assumiu a vice-presidência, nomeou Getúlio fotógrafo oficial. Com a queda de Collor, Itamar e Getulinho se mudaram para o prédio principal da presidência.

Em 1994, Itamar deixou o governo e pediu ao sucessor, Fernando Henrique, que mantivesse Getulinho na função. Ele ganhou o posto na véspera da posse de Fernando Henrique. É que o fotógrafo escolhido por FHC sofreu um acidente e não pôde participar da posse.

Quando Lula assumiu o poder, a secretária de Imprensa de Fernando Henrique Cardoso, Ana Tavares, pediu aos assessores do novo presidente que deixassem Getulinho no palácio. Ele saiu do posto de fotógrafo oficial, mas ganhou um cargo de operador, reforçando o time dos "cães".

Cícera Carla Magalhães, a Carlinha, é a única da turma dos "cães" que entrou com o governo petista. É uma das centenas de militantes que ganharam emprego no palácio com a vitória de Lula.

Indiscutivelmente, Gilmar viveu a glória de um "cão" no governo tucano. Numa viagem de descanso de Fernando Henrique na restinga da Marambaia, litoral sul do Rio de Janeiro, ele propôs ao presidente que fizesse um acordo com jornalistas para garantir a tranqüilidade.

— Presidente, o senhor tira umas fotos e conversa um pouquinho com eles pela manhã. Depois, fica livre.

— Mas eles vão cumprir esse acordo? — pergunta FHC.

— Vão, vão sim, presidente.

— Vamos ver então.

— Mas o senhor poderia trocar a bermuda para andar na praia.

Fernando Henrique trocou a bermuda surrada por uma um pouco mais nova.

Numa outra viagem de Fernando Henrique à Marambaia, por culpa da segurança, o presidente não fez acordo com a imprensa. Os repórteres viram os seguranças fazendo uma varredura na praia que FHC visitaria e correram para lá, chegando a subir e descer um despenhadeiro. Os fotógrafos registraram o presidente sem camisa. Fernando Henrique, depois disso, não foi mais à praia sem antes fazer acordo.

Terminado o governo Fernando Henrique, Gilmar decidiu sair do palácio para acompanhar Ana Tavares na iniciativa privada. No segundo ano de mandato de Lula, ele foi chamado de volta para trabalhar como "cão". Por mais que o PT tivesse gente para preencher cargos e aparelhar a administração, a função de "cão" requer conhecimento e desprendimento próprios. O partido não queria uma "matilha" de petistas, embora tal função fosse importante para garantir a "liturgia" do cargo de presidente.

Mesmo passado o tempo, os "cães" sempre são vistos com reservas pelos petistas, que se lembram da aproximação e simpatia deles por Fernando Henrique. Mas o trabalho dos profissionais nas viagens do presidente é reconhecido como eficiente pelo novo governo, que quer distância de perguntas e gravadores. Os petistas, então, torcem o nariz e avaliam que é melhor aturá-los.

Gilmar tem uma tática para evitar que os repórteres furem o esquema e invadam a área restrita das autoridades para chegar com o gravador perto do presidente. Com voz mansa e quase chorando, ele pede por favor que os jornalistas o ajudem. Vangloria-se pelo fato de os cães terem credibilidade com os repórteres, ao contrário de outros funcionários do Planalto. E costuma dizer que o trabalho é o mesmo em qualquer governo.

Francisco Novaes, o Chico Bala, trabalha no palácio desde 1990. Ele foi *motoboy* da *Folha de S.Paulo* em Brasília, depois passou pelo Ministério da Educação e, nos últimos dias do governo José Sarney, foi para o Planalto. Chico trabalhou como "cão" para cinco presidentes. Mesmo nas conversas informais, não costuma referir-se a Lula nem costumava referir-se a Sarney, Collor, Itamar e Fernando Henrique pelo nome deles. Um "cão" sempre chama o presidente da República de PR. Pessoas, barbas, bigodes, partidos, regimes e ideologias não têm importância na visão de um "cão". O PR é o ser supremo, a quem o "cão" serve e demonstra fidelidade.

Num evento, Chico primeiro procura decifrar o humor do PR para agir e definir o comportamento que terá em relação aos jornalistas. Se ele sorrir e demonstrar disposição para brincar e conversar, Chico se aproxima dos repórteres, joga conversa fora, fica descontraído no momento em que o presidente passa. Mas quando o PR tenta evitar a imprensa e demonstra mau humor, Chico entra na frente dos jornalistas, dá empurrão e grita cobrando distância.

Quanto mais um "cão" mostrar mau humor nos dias de cara feia do PR, mais vai parecer fiel ao chefe. Após as solenidades, com o PR de bom ou de mau humor, o "cão" Chico volta a ser o melhor amigo do repórter.

Em uma viagem de Lula a Alhandra, na Paraíba, para visitar obras de melhoria da BR-101, Chico se posta perto do presidente no momento de uma rápida entrevista.

A cada resposta de Lula, o "cão" diz:

— Isso mesmo, presidente, isso mesmo.

Um ou dois "cães" se dirigem com três ou quatro dias de antecedência para a cidade a ser visitada pelo presidente. A missão deles é olhar o melhor local para fazer o "curralzinho" ou "chiqueirinho" da imprensa, além do espaço a ser aberto aos fotógrafos.

Quando os jornalistas chegam ao local do evento, é possível que o "chiqueirinho" esteja distante do palco, a ponto de não se enxergar o presidente, o ângulo para a fotografia estar desfavorável e a caixa de som com suporte para os gravadores não funcionar. Todo discurso do presidente deve ser gravado. Assim, o repórter pode reproduzir com exatidão frases fortes ou ouvir novamente trechos importantes da fala que possam ter passado despercebidos.

Fotógrafos costumam reclamar da contraluz. Os repórteres chiam do excesso de gente colocada entre o "chiqueirinho" e o palco. Não que um "cão" desconheça as necessidades dos jornalistas. Nada disso. É que numa viagem nem sempre seguranças e assessores do Cerimonial atendem aos pedidos dos "cães" para facilitar o trabalho da imprensa.

Se tivessem ouvido o "cão" Getulinho, o Cerimonial e os seguranças não causariam polêmica utilizando um inusitado material para fazer o cercado da imprensa na visita de Lula a Vitória da Conquista (BA), em agosto do terceiro ano de mandato. Um "cão" sabe quando os jornalistas vão reclamar ou elogiar a estrutura de um evento. Eles costumam se vangloriar por saber qual a notícia mais importante e qual foto vai ser publicada na capa do jornal.

Quem desembarcava no aeroporto da cidade do interior baiano percebia logo que a prefeitura "maquiava" o acesso ao centro. Homens tapavam buracos, capinavam as margens da estrada. Tudo para a chegada do presidente. Lula visitaria um núcleo rural, a poucos quilômetros do centro.

Grandes surpresas tiveram os jornalistas. A equipe do Cerimonial, que como de costume havia chegado alguns dias antes, usou telas de galinheiro, de diâmetro ideal para perus e outras aves de grande porte, para delimitar a área reservada aos repórteres, em frente ao palco principal do evento.

Para ter acesso a esse espaço, logo apelidado de "galinheiro", era preciso atravessar um corredor, também feito com telas de arame, de cerca de 400 metros. O espaço atrás do palco era delimitado pela cerca de uma propriedade, feita de arame farpado. Dezenas de seguranças ficaram atrás da cerca. Como a prefeitura pagou transporte até o local, quase duas mil pessoas estavam no núcleo rural para ver o presidente. Quando Lula deixou o palco, as pessoas abriram um buraco na tela de galinheiro na tentativa de se aproximar do carro que levaria o presidente. Crianças, idosos e jornalistas tentaram pular a cerca.

As cercas de arame farpado parecem perseguir o "cão" Getulinho e as viagens de Lula à Bahia. Em junho de 2006, o presidente visitou Santo Estevão. À noite, depois do discurso, seguiu de carro até um sítio na zona rural do município. No local, ajudou a acender pela primeira vez as luzes na casa de Luiza Conceição, 41, casada, mãe de cinco filhos e recém-beneficiada pelo programa Luz para Todos. No quintal, protegido da imprensa justamente por uma cerca de arame farpado da propriedade, Lula decidiu dar uma entrevista. Falou por 20 minutos, enquanto repórteres, cinegrafistas e fotógrafos tinham de enxotar carrapatos e aranhas dos braços e ainda tomar cuidado para não pisar nos sapos que circulavam no quintal de dona Luiza.

Em 2005, nove dias depois de o cerimonial usar tela de granja para afastar os repórteres em Vitória da Conquista o presidente chamaria os jornalistas de "aves de mau agouro" num discurso de improviso na solenidade de entrega de um galpão para pequenos agricultores de Quixadá, no sertão cearense. Era o terceiro ano de mandato.

Na imprensa, o governo enfrentava uma avalanche de denúncias de corrupção. A expressão ficou famosa no mundo político nos anos 1950 e 1960, quando o jornalista e político Carlos Lacerda era chamado de "corvo" e "ave de mau agouro" pelos ataques ao governo.

Em Quixadá, Lula não quis contato com a imprensa. Ele posaria tirando leite de uma cabra exposta no fundo de um galpão. Aquela cena constrangeu Rocha, o dono da casa de *games* e internet usada pelos repórteres e fotógrafos para escrever reportagens e enviar textos e fotos aos jornais:

— Ele acha que estamos ainda no tempo do populismo — reclama o comerciante.

Os jornalistas têm de escrever seus textos em meio ao barulho dos adolescentes que se divertem nos computadores da casa. Drama maior, no entanto, é o apagão na cidade, de quase uma hora. O envio de fotos e reportagens é atrasado.

Os "cães" costumam ser responsabilizados por todos os problemas enfrentados pelos repórteres. Os jornalistas descontam neles a fúria em relação ao presidente. Às vésperas das eleições municipais de 2004, no dia em que Lula voltou à favela de Brasília Teimosa, em Recife, o "cão" Getulinho teve de se explicar por conta de uma falha de logística.

Do aeroporto, os jornalistas seguem num microônibus. O motorista, em vez de seguir para Brasília Teimosa, vai para o bairro do Cordeiro, onde o governo construía casas para o pessoal removido das palafitas.

O presidente chega à favela, ao lado do prefeito do Recife e candidato à reeleição, João Paulo, mas não há fotógrafos e repórteres para registrar os avanços em Brasília Teimosa e o cumprimento da promessa do governo de melhorar as condições de vida dos moradores do lugar. A favela já tem outra cara e até outro nome: Brasília Formosa.

Para piorar, o prefeito procura a equipe de filmagem de sua campanha, mas não a encontra. Pelo celular, um cinegrafista avisa que toda a equipe está no microônibus, junto com os jornalistas. Sem repórteres no seu rastro, Lula anda pela favela e sobe no muro de contenção do mar. Ele foi ao Recife apenas para reforçar a campanha petista na cidade. Mas, sem ninguém para fazer registro do "momento histórico", decide ir embora da favela.

O zelo do Cerimonial e dos seguranças atrapalha os planos de Lula e de João Paulo. No microônibus, os repórteres pernambucanos ficam irritados ao perceberem que seguem para Casa Amarela, enquanto o presidente havia passado por Brasília Teimosa. Jornalistas de rádio passam pelo celular a informação de que a presidência tinha enganado e "seqüestrado" todos os repórteres. No veículo estava o "cão" Getulinho. Ele ouve desaforos dos repórteres e tenta explicar que não é culpado pelo problema. Ele tira o celular do bolso e telefona desesperado para Sonja, a chefe dos "cães" que está em Brasília Teimosa:

— Sonja, eles vão me matar... pelo amor de Deus, me tira daqui.

Sonja não pode fazer nada:

— Agüenta, Getúlio, agüenta.

Getúlio consegue escapar do microônibus sem um único arranhão. Quando o porta-voz do Planalto, André Singer, chega com o presidente ao bairro do Cordeiro, outro ponto da escala da visita, Getulinho corre para dar a versão dele antes que os repórteres o acusassem de qualquer coisa.

No dia seguinte, os jornais de Recife atacam o assessor. Na *Folha de Pernambuco* é publicada uma charge do "cão" vestido com uma farda verde. "Com nome de ditador, Getúlio é mau como um cão chupando manga", escreveu um repórter.

Ainda em Cordeiro, Singer sabe por Getulinho da fúria dos repórteres. Depois de Lula assentar tijolos numa casa em construção e se dirigir para o ônibus que o levará ao aeroporto, um dos autores consegue aproximar-se do presidente. Antes, o repórter obtivera a informação de que, na viagem de Brasília a Recife, Lula havia falado a parlamentares integrantes da comitiva que estava revoltado com a denúncia publicada na revista *Veja* contra o deputado e aliado Roberto Jefferson, do PTB do Rio de Janeiro. Mais tarde, a história seria confirmada.

— O que o senhor achou da matéria, presidente?

— Isso não pode, não pode. É igual ao caso do Ibsen Pinheiro, cassaram o mandato do deputado e depois viram que ele era inocente... não podem sair por aí condenando as pessoas... não podem.

Nesse momento, um assessor aparece, pegando a resposta de Lula pela metade. O assessor pensa que o repórter reclamava do episódio do ônibus.

— Agora está tudo bem, não está? — pergunta o assessor ao repórter.

Lula volta a reclamar:

— Não pode uma coisa dessas.

Quando vê outros jornalistas correndo para colocar o gravador perto do presidente, o repórter agradece a Lula e se despede, interrompendo-o com um "obrigado, obrigado, é só isso mesmo presidente, o senhor precisa entrar logo no ônibus", tentando empurrar com palavras Lula para dentro do veículo. O presidente entra no ônibus.

Mesmo com as denúncias publicadas na imprensa e os problemas de logística, Lula demonstra bom humor ao ver obras de construção das casas dos antigos favelados. O clima entre ministros e parlamentares da comitiva é o melhor possível.

No deslocamento do microônibus de Lula de Brasília Teimosa para Casa Amarela, por exemplo, o presidente da CUT, Luiz Marinho, e o deputado Maurício Rands, do PT de Pernambuco, reclamam aos gritos da escolha do motorista pela avenida Conselheiro Aguiar, paralela à avenida Boa Viagem.

A segurança presidencial temia problemas em Boa Viagem, à beira da praia, por ser um domingo de sol, com muita gente ao longo da faixa de areia e do calçadão.

— Presidente, passe por Boa Viagem para ver mulher bonita — gritam Rands e Marinho.

— Muda então esse roteiro — ordena Lula ao motorista.

Embora a relação do presidente com a imprensa tenha sido marcada por atritos nos primeiros anos de governo, os grandes jornais e emissoras de televisão sempre evitaram comentários sobre o gosto de Lula por bebidas fortes.

Na visita à sul-mato-grossense Três Lagoas, em abril de 2004, ele passa a noite na casa de um pecuarista. Participantes do jantar oferecido na mansão contam que foram consumidos três litros de uísque.

Depois de Três Lagoas, o presidente segue para Bonito, onde irá inaugurar o aeroporto da cidade. Após a solenidade, evita ser filmado ou fotografado. Quando Lula se aproxima do carro, onde os jornalistas o esperam debaixo de uma chuva fina, um assessor abaixa o guarda-chuva e o coloca na frente do presidente, impedindo o registro de imagens. Lula se molha, mas pelo menos não aparece nas fotos. Os fotógrafos gritam: "Michael, Michael", referindo-se a Michael Jackson, que costuma despistar a imprensa com recursos inusitados, como o uso de uma sombrinha. O ato alimenta rumores sobre as condições do presidente naquela noite.

Em nenhum momento, durante os três primeiros anos de governo, a mídia conseguiu provar que Lula esteve embriagado em alguma solenidade. Os repórteres nunca conseguiram mostrar que o presidente tenha tomado uma decisão política ou administrativa sem estar lúcido.

Numa viagem a Manaus, os jornalistas ficaram no mesmo hotel do presidente, o Tropical, um *resort* às margens do rio Negro. O andar onde ficava a suíte presidencial foi todo reservado à comitiva. Quando Lula deixou o hotel, os jornalistas foram vasculhar o lixo da suíte. Encontraram um maço vazio de cigarros e sete latinhas de cerveja.

Lula sempre gostou de uma cachacinha. Trouxe esse hábito dos tempos de fábricas e sindicatos e, como presidente, fazia questão de relatá-lo em discursos país afora. O gosto por bebida era proporcional à mania de dizer que era igual a uma parcela significativa de brasileiros que também bebem.

Em jantares com parlamentares, costumava deixar claro que beber é algo básico. Num jantar oferecido pelo senador José Sarney no primeiro ano de governo, Lula brinca com o anfitrião, que o carrega para todos os cantos para tirar fotos e cumprimentar deputados e senadores desconhecidos. Com um copo de uísque na mão, o presidente diz:

— Pô, o Sarney é foda. Em vez de reunir todo mundo para tirar uma foto, fica nessa de um por um. Eu não posso nem tomar minha cachaça direito. Ainda bem que tenho essa moça para segurar meu copo.

Lula, então, entrega o copo de uísque a uma segurança.

— Se alguém atacasse o presidente, a moça estaria com a mão ocupada — comenta um senador que vê a cena.

No início de 2004, uma semana após o estouro do escândalo Waldomiro Diniz,* Lula viaja ao interior de Minas Gerais. A denúncia contra o assessor de

---

*Em fevereiro de 2004, a revista *Época* divulga o conteúdo de uma gravação em vídeo feita em 2002 na qual Waldomiro Diniz, então presidente da Loterj (Loteria do Estado do Rio de Janeiro), aparece pedindo propina e doações eleitorais a um empresário do ramo de jogos. Com a posse de Lula, o ministro José Dirceu (Casa Civil) nomeia Waldomiro subchefe de Assuntos Parlamentares. Em janeiro de 2004, três semanas antes de o escândalo vir à tona, Waldomiro passa a se reportar a Aldo Rebelo, ministro da então recém-criada Secretaria de Coordenação Política e Assuntos Institucionais.

José Dirceu havia quebrado as pernas do governo petista, e o presidente ainda não tinha falado em público a esse respeito. Seu discurso é aguardado a qualquer momento.

Nesse dia, Lula cumpre uma longa e exaustiva agenda em Uberaba e municípios vizinhos. Participa de cerimônia na Faculdade Federal de Medicina do Triângulo Mineiro, inaugura um trecho da BR-262 e visita um assentamento de trabalhadores rurais.

Cansado por conta dos eventos e para extravasar a tensão causada pelo fulminante escândalo de corrupção, o presidente, que se recusava a tocar no assunto, decide beber cerveja no último compromisso daquele dia — um almoço com usineiros numa moderna fazenda de Campo Florido. O evento é fechado à imprensa, que nem sequer se aproximou da porteira da propriedade. Na fazenda, além da turma do agronegócio e de porções caprichadas de torresmo, apenas assessores, ministros, seguranças e o vice-presidente José Alencar.

Ao final do almoço Lula não precisa ser carregado. No entanto, uma meia dúzia de seguranças tem de fazer um improvisado cerco humano ao presidente para evitar que os convidados, muitos deles estranhos, continuem a assistir de camarote à incessante bebedeira. Há ainda um outro agravante. Um fotógrafo contratado pelo proprietário da fazenda pôde registrar a aparência nada normal do presidente naquela tarde. Lula segue para Brasília, e nada é vazado à imprensa.

No início do segundo ano de governo, o presidente vai à região de Urucu, um cafundó a 623 quilômetros de Manaus, inaugurar uma unidade de processamento de gás natural da Petrobras. Por causa do mau tempo, um dos aviões da presidência tem de fazer meia-volta. O piloto do avião faz um pouso forçado:

— Foi absolutamente no limite — diz um tripulante.

Ao visitar as instalações da usina, Lula recebe um tubo de ensaio com petróleo misturado com gás. Repórteres de texto não podem acompanhar essa parte da visita. E um dos repórteres-fotográficos que está presente conta mais tarde que, ao receber o tubo, Lula havia comentado que o líquido preto com espuma parecia cerveja preta.

Em seguida, ele sobe num palanque para discursar. Uns cinqüenta técnicos da Petrobras o aguardam. Lula critica grupos de ecologistas que estão a léguas de distância. Fala como se estivesse à frente dos verdes, soltando fogo pela boca.

Na volta, no vôo que os levará a Manaus, os repórteres são informados da história do tubo de ensaio, e acham jornalisticamente importante . Outros fotógrafos não confirmam. Um cinegrafista da TV Globo, que também está no avião, tira a câmera do bagageiro e passa a imagem do exato momento em que Lula recebe o tubo. A gravação foi feita de longe. Só é possível ouvir o presidente dizer a palavra "parece". Se confirmada, seria no máximo uma história engraçada a ser divulgada, nada além disso.

A relação do presidente com a bebida, na avaliação da imprensa naquele momento, resumia-se a notícias cômicas. No avião, um repórter fica preocupado com a possibilidade de o concorrente publicar o caso. Assessores do palácio, depois, passam horas negando que o presidente tenha dito aquelas palavras. A preocupação de todos só termina no dia seguinte. Nenhum jornal bancou a história.

Não foram poucos os presidentes com fama e atitude de beberrões. Ainda hoje funcionários antigos do palácio falam das bebedeiras de Jânio Quadros, especialmente nas viagens, a bordo do avião presidencial. Itamar Franco e os amigos que formavam a "República do Pão-de-Queijo" gostavam de uísque. E muito. Tanto que funcionários do palácio chamavam o tal grupo de "República da Cachaça de Minas".

Itamar, conta um assessor, estava embriagado quando posou durante o desfile de escolas de samba no Rio de Janeiro ao lado de uma mulher sem calcinha. Outro assessor lembra que, nas viagens ao exterior, Itamar e os mais próximos consumiam todas as bebidas da suíte presidencial, cujos extras eram pagos pela presidência.

Apreciador de vinhos, Fernando Henrique se preocupava em aparecer sóbrio, mas nem sempre conseguiu manter a pose. Num jantar de aniversário de uma amiga em São Paulo, o tucano chegou trôpego a um corredor. E perguntou a seguranças:

— Onde fica o banheiro?

Depois de receber a informação correta, o presidente entrou no banheiro feminino.

— Esse banheiro é das mulheres, presidente — disse um assessor. Mas o presidente entrou nele assim mesmo. Restou aos seguranças ficarem de vigília na porta para evitar a passagem de alguma mulher. Ele deixou o banheiro ainda cambaleando.

Nas viagens, Fernando Henrique bebia bastante. Tomou muito vinho na Itália, uísque na China e foi flagrado por jornalistas alterado depois de um copo de vodca na Rússia. Mas, diferentemente de Lula, não fez do gosto por bebida uma forma de dizer que era igual a boa parte dos brasileiros.

Meses antes, em outubro do primeiro ano de governo num discurso na inauguração de um conjunto habitacional em Blumenau, estado de Santa Catarina, que promove uma tradicional festa da cerveja, a Oktoberfest, Lula fala da preocupação com notícias sobre seu hábito de beber:

— Não vinha [à festa] porque as pessoas iam dizer que eu queria o voto do povo para ser presidente. Mas, agora, sou presidente, ninguém pode dizer mais nada.

— Entretanto reconhece que tem de se controlar para evitar problemas com a imprensa: — Eu vim à festa da cerveja num momento em que, certamente, não poderei beber o que eu gostaria de beber, porque a imprensa vai estar de olho, e dizem que o presidente não pode tomar cerveja.

À noite, no palanque montado no meio da festa, no centro da cidade, ele não resiste. Alguém entrega-lhe um copo plástico de cerveja. Com um chapéu de tirolês, símbolo da festa, Lula bebe metade do copo, e, dirigindo-se aos repórteres-fotográficos, faz uma brincadeira:

— Morram de inveja, meus caros.

Em seguida, outra pessoa lhe entrega um copo de vidro cheio de cerveja. Lula bebe mais um pouco. Até deu um gole para a primeira-dama, Marisa Letícia. Daí para a frente, recebe outros copos. Sem estardalhaço, os jornais publicam fotos de um presidente sorridente com um copo de cerveja na mão. Mas, sete meses depois, a foto de Lula é divulgada no *New York Times*. O correspondente do jornal no país, Larry Rohter, conhecido por seus textos fantasiosos sobre a Amazônia, publica reportagem sobre Lula: "Hábito de beber do líder brasileiro torna-se preocupação nacional." A reportagem de Rohter não apresenta fatos, mas ganha repercussão imediata.

— Fotografei um presidente promovendo uma festa de cerveja, não fotografei um presidente bêbado — contou o autor da foto meses depois.

Em viagem a Genebra, o ministro da Justiça, Márcio Thomaz Bastos, fica desesperado ao saber que Lula estava prestes a cancelar o visto de Larry Rohter. Em conversa por telefone com um assessor, Bastos deixa clara a sua opinião:

— Fui autor da defesa do metalúrgico Lula nos processos da época do regime militar, não vou incluir no meu currículo a expulsão de um jornalista.

A oposição no Congresso está do lado de Lula até aquele momento. O texto de Rohter vira questão de Estado. Uma reunião ministerial é marcada pelo presidente para discutir e solucionar um problema que, no Planalto, passa a ser visto como uma grande preocupação nacional. Durante o encontro, o advogado-geral da União, Álvaro Augusto Ribeiro, diz que a expulsão está respaldada juridicamente por uma legislação da ditadura militar. João Figueiredo usou a mesma lei, o Estatuto do Estrangeiro, para expulsar em 1980 o padre italiano Vito Miracapillo, a pedido do deputado Severino Cavalcanti. Num protesto contra a ditadura, Miracapillo se recusou a celebrar uma missa pela Independência em Pernambuco.

Mas o presidente parecia irredutível, mesmo com seu amigo Kotscho, então secretário de Imprensa, com uma visão absolutamente contrária à expulsão. Quando o secretário-executivo do Ministério da Justiça, Luiz Paulo Barreto, chega à reunião para ainda tentar convencer o presidente a desistir da idéia, Lula afirma que a decisão está tomada. A ordem tem de ser cumprida. José Dirceu fica em silêncio. Antonio Palocci fica do lado de Kotscho, enquanto o chanceler Celso Amorim apóia a decisão de Lula.

Um ministro conta que Lula é um presidente com visão ampla sobre o governo, mas que depende de "âncoras" no dia-a-dia do poder. Mesmo tendo uma decisão ou opinião formada sobre determinado assunto, ele convoca as "âncoras" e só anuncia um ato depois de exaurir a discussão. No caso da decisão de expulsar o jornalista, o jogo se reverte contra Lula. Minutos após o Planalto divulgar nota informando sobre a expulsão, opositores, aliados, jornalistas e entidades sociais se pronunciam contra a medida, logo derrubada por um juiz de primeira instância em Brasília.

Nunca falta bajulador no Planalto para apoiar idéias autoritárias do presidente. Ministro da Secretaria de Comunicação de Governo, Luiz Gushiken, em entrevista, elogia a posição de Lula:

— Se ele estivesse no Japão e ofendesse o imperador, também seria expulso.

O Planalto entra numa enrascada. Para sair da crise, cria a versão de que a direção do *New York Times* pediu desculpas pela reportagem e que, por conta disso, volta atrás da decisão de expulsar Larry Rohter. O jornal, nega.

Acompanhar Lula no consumo de bebidas não é tarefa para muitos. Nem sempre governadores, ministros e parlamentares conseguem isso. Na volta de uma viagem a Havana, no primeiro ano de mandato, ele chama o governador do Amazonas, Eduardo Braga, para a cabine da frente. Horas depois, uma autoridade deixa a "casa-grande" e conta o que viu aos passageiros da "senzala":

— Pô, o Eduardo capotou lá dentro.

O governador só se levanta após o pouso em Brasília.

Após a reportagem de Rohter, Lula passa a evitar o tema da bebida em discursos e também diminui o consumo de álcool perto de pessoas não tão próximas. Passaria a recusar até simples brindes. Isso, por exemplo, ocorre numa festinha organizada na cabine da aeronave presidencial para comemorar seu aniversário de 60 anos. Em 27 de outubro de 2005, depois de ter participado no Rio de Janeiro da cerimônia de abertura de um congresso nacional de turismo, convida todos os passageiros à área reservada do avião. Lá, faz um breve discurso, posa para foto ao lado de seguranças e assessores, canta "Parabéns pra você" e até brinda com champanhe.* O presidente está discreto demais. Sem dar um único gole, entrega o copo cheio ao ajudante-de-ordens e recusa comer até um pedaço de bolo.

---

*Lula nasceu no dia 27 de outubro de 1945, dia em que comemora o aniversário. Ele foi registrado com a data de 6 de outubro pelo pai Aristides Inácio da Silva.

No início do quarto ano de governo, em viagem à Argélia, o ministro Luiz Fernando Furlan conta a jornalistas que Lula havia parado de beber. O presidente apareceria em público 14 quilos mais magro, resultado de uma rígida dieta. Também demonstraria estar apto para curtas corridas e longas caminhadas.

Os repórteres que cobrem o dia-a-dia do Planalto demoraram a perceber que Lula odeia gravadores próximos a sua boca. O presidente sempre detestou aquele amontoado de repórteres, fotógrafos e cinegrafistas. A fim de conseguir uma declaração dele ao final de solenidades, tanto no Planalto como nessas viagens mundo afora, a tática inicial dos jornalistas é esconder gravadores e microfones, atraí-lo para uma conversa informal e, a seguir, quando ele se sentir à vontade, questioná-lo diretamente sobre o que de fato interessa.

No governo petista, a tática de comunicação foi montada para frear ou derrubar as reportagens de viés crítico à gestão. O caminho para isso sempre foi sonegar informações ou empurrar com a barriga as demandas vindas da chamada "imprensa burguesa". Por um lado, ocorreu uma fiscalização voraz diante dos acontecimentos; afinal de contas, tanto Lula como seu partido sempre provocaram isso ao se apresentar à sociedade como os únicos representantes da ética e da moral. Como se isso não bastasse para acirrar os ânimos entre a mídia e o Planalto, Lula decide por conta própria colocar mais lenha nessa fogueira, em alta temperatura desde a tentativa — e depois o recuo — de expulsar Larry Rohter.

Em agosto de 2004, dizendo-se amparado por um desejo da categoria, o governo envia ao Congresso um projeto de lei que prevê a criação de um conse-

Lula Marques – Folha Imagem

**Em Seul (Coréia do Sul), Lula experimenta
uma máscara de madeira que recebeu de presente**
25/5/2005

Dida Sampaio – Agência Estado

Vestindo um traje típico peruano, em Cuzco
8/12/2004

Sérgio Lima – Folha Imagem

**Com o presidente Alessandro Toledo,
passeia pelas ruas de Puerto Maldonado (Peru)**
8/9/2005

Dida Sampaio – Agência Estado

No Palácio da Justiça, em Lima (Peru)
25/8/2003

Joedson Alves – Agência Estado

**Néstor Kirchner e Lula, nas geleiras de
Calafat (Argentina)**
17/10/2003

Dida Sampaio – Agência Estado

**Com o venezuelano Hugo Chávez,
em Cuzco (Peru)**
8/12/2004

Dida Sampaio – Agência Estado

Antonio Gaudério – Folha Imagem

**Com a seleção brasileira, em Santo Domingo
(República Dominicana)**

17/8/2004

Dida Sampaio – Agência Estado

Em revista à tropa brasileira, em Porto Príncipe (Haiti)
18/8/2004

Dida Sampaio – Agência Estado

**Em Porto Príncipe, haitianos observam a
passagem da comitiva de Lula**
18/8/2004

Dida Sampaio – Agência Estado

Com líderes do G-8, em um encontro em Evian (França)
1/6/2003

Márcio Fernandes – Agência Estado

Em Moscou (Rússia), passeio na Praça Vermelha.
Ao fundo, a catedral de São Basílio
18/10/ 2005

Jorge Araújo – Folha Imagem

**Com Marisa Letícia,
diante do Taj Mahal, em Agra (Índia)**
28/1/2005

Ricardo Stuckert – Presidência da República

**Na Casa Branca, com
George W. Bush**
20/6/2003

Celso Jr. – Agência Estado

**Em Paramaribo (Suriname), um dia após a eleição
de Severino Cavalcanti à presidência da Câmara**
16/2/2005

Dida Sampaio – Agência Estado

Com Muammar Gaddafi, em Trípoli (Líbia).
8/12/2003

Dida Sampaio – Agência Estado

**Palácio do governo líbio destruído em
ataque aéreo dos Estados Unidos**
8/12/2003

Ricardo Stuckert – Presidência da República

**Em Davos (Suíça), para a reunião do
Fórum Econômico Mundial**
28/1/2005

Dida Sampaio – Agência Estado

Nas ruas de Genebra (Suíça), após encontro da ONU
29/1/2004

Sérgio Dutti – Agência Estado

Em Pequim, em revista a militares chineses
24/5/2004

Lula Marques — Folha Imagem

Em uma estação de metrô, em Tóquio (Japão)
27/5/2005

Celso Jr. – Agência Estado

**No velório do
papa João Paulo II, no Vaticano**
8/4/2005

Joedson Alves – Agência Estado

Em Londres, com o primeiro-ministro britânico, Tony Blair

13/7/2003

Joedson Alves – Agência Estado

**Com a rainha Elizabeth II, no Palácio
de Buckingham, em Londres (Reino Unido)**

7/3/2006

Dida Sampaio – Agência Estado

Desfile em carro aberto pelas ruas de Seul (Coréia do Sul), com o presidente Roh Moo-Hyun
25/5/2005

Lula Marques – Folha Imagem

Cerimônia no Memorial Nacional, em Seul
24/5/2005

Sérgio Lima – Folha Imagem

**Na seqüência, em Madri, Marisa Letícia
é esquecida em um Rolls-Royce pelo
cerimonial do rei da Espanha, Juan Carlos I**

lho federal de jornalismo para "orientar, disciplinar e fiscalizar" a profissão. O projeto foi idealizado pelos diretores da Federação Nacional de Jornalismo, entidade comandada por jornalistas ligados ao PT e a órgãos públicos.

Segundo a proposta, a primeira presidência do conselho seria formada por gente da própria federação. O texto, mais tarde, seria retirado da pauta por pressão dos veículos de comunicação e da oposição ao governo no Congresso.

Antes disso, foi visto como uma tentativa do Planalto de controlar a imprensa do país. Nem poderia ser diferente. Afinal, o governo dava mostras diárias de desrespeito aos repórteres. Não se discutiu o papel do conselho, mas um possível uso desse eventual órgão para legitimar o que ocorria de errado na relação do governo com a imprensa. À época, Lula não deu muita bola para as críticas ao projeto. E passou a cobrar o apoio dos jornalistas ao texto do Planalto.

Essa postura ficou clara numa viagem a Assunção, capital do Paraguai, aonde foi para mais uma reunião do Mercosul. Abordado por jornalistas logo que chega ao aeroporto da cidade, Lula brinca com a idéia de controlar a imprensa:

— Se vocês começarem a defender o conselho de imprensa, eu dou [entrevista] — afirma o presidente a repórteres que o questionam sobre questões políticas nacionais.

No dia seguinte, essa declaração ganha muito mais destaque na imprensa do que o próprio motivo da visita ao Paraguai, no caso, a instalação do Tribunal Permanente de Revisão do Mercosul. Como é de costume, a assessoria do Planalto minimiza a declaração do presidente, dizendo, por exemplo, que tudo não passava de uma brincadeira com os jornalistas.

Nem uma semana depois dessa desastrada declaração no Paraguai, lá está o presidente em mais uma viagem internacional. E de novo com a língua afiada e solta para falar sobre o Conselho Federal de Jornalismo. Passa das 20:00 — 22:00

em Brasília — em Santo Domingo, capital da República Dominicana, e a imprensa brasileira ainda aguarda no saguão de um hotel cinco estrelas a saída do presidente para um jantar oferecido pelo recém-empossado colega Leonel Fernández Reyna.

Um dos autores e outra meia dúzia de colegas estão ansiosos para questionar o presidente sobre a medida provisória editada naquele dia pelo governo para dar *status* de ministro ao presidente do Banco Central. Trata-se do principal assunto em Brasília, e os chefes de redação aguardam com ansiedade qualquer tipo de declaração de Lula a esse respeito.

Mas não há sequer tempo para questioná-lo. Ao descer da suíte presidencial e cruzar o saguão térreo do hotel, Lula parte inesperadamente em direção aos jornalistas:

— Vocês são um bando de covardes mesmo, hein? Não tiveram coragem de defender o Conselho Federal de Jornalismo — afirma o presidente aos repórteres, que, atentos, mantêm escondidos seus gravadores já com os botões vermelhos acionados.

O presidente está com a aparência tranqüila. Não dá para afirmar se tal iniciativa é mais uma brincadeira ou se realmente tenta ali passar um recado pessoal à mídia nacional. Um assessor conta depois que, dias antes, uma pessoa próxima disse a Lula que Fernando Henrique tinha uma boa relação com a imprensa, com a qual costumava brincar nas viagens. Mas o fato é que disse aquilo ciente de que, no dia seguinte, a frase teria potencial para lhe render repercussões negativas.

Lula, antes de deixar o saguão do hotel, ainda comenta:

— Cadê a posição classista de vocês? Não é uma coisa boa pra vocês? Não é uma reivindicação histórica de vocês? Vocês não eram nem nascidos e já se reivindicava isso.

O então secretário de Imprensa do Planalto, Ricardo Kotscho, tenta imediatamente amenizar o estrago, afirmando aos repórteres que Lula estava brincando de novo. Tarde demais, pois todos correm para os seus quartos para avisar às redações que a manchete do dia seguinte estava a caminho.

Certa vez, durante um encontro de Lula com autoridades estrangeiras no Itamaraty, Kotscho sentou ao lado de um repórter. Como um professor, deu uma aula de reportagem, emocionando quem estava ali. Disse que um jornalista não precisa gritar nem se aproximar de uma autoridade para escrever um bom texto. Kotscho se comportava como inimigo das frases e declarações. O importante, explicava, é o olhar diferenciado. Kotscho fazia o papel de assessor carrancudo, mas era visto também como o autor de livros lidos na faculdade por boa parte dos profissionais da imprensa.

Meses depois do caso Larry Rohter, Kotscho pede demissão. Alega que o Planalto o sufoca. Quer fazer reportagens, dar atenção à família e concluir um livro sobre sua vida de repórter. Mesmo longe do Planalto, ainda manteria contato com Lula.

Em um jantar logo após ter deixado o Planalto, Fernando Henrique reclamou que os brasileiros menos favorecidos nunca reconheceram seu trabalho em programas iniciais de transferência de renda. À época de FHC, cada programa social tinha um dono. O ministro José Serra (Saúde) lucrava com o Bolsa-Alimentação, e o ministro Paulo Renato (Educação) tentava fazer nome com o Bolsa-Escola. O senador Antonio Carlos Magalhães, que tinha grande influência no Ministério de Minas e Energia, carregava a suspeita de trocar votos pelo Vale-Gás, enquanto a indústria da seca, chefiada por outros coronéis nordestinos com cargos no Ministério da Integração Nacional, contava com o Bolsa-Renda, que existiu por alguns meses.

Um total de 5,7 milhões de famílias eram atendidas por um ou mais programas tucanos. A opinião pública e a imprensa pouco rotulavam de fisiológicos esses programas. Pelo contrário, consideravam a política social do governo tucano uma aula equilibrada de sociologia.

Lula fracassou no início do governo ao criar mais um cartão, o Alimentação, e tentar emplacar o programa Fome Zero, que previa uma rede burocrática de distribuição de comida nos grotões. Ainda no primeiro ano, o petista deu a volta por cima e conseguiu unificar todos os programas por meio do Bolsa-Família. À medida que o presidente aumentava os recursos e o número de famílias atendidas pelo programa, a oposição, a imprensa e até a Igreja Católica o acusavam de fisiologismo e populismo.

A simpatia por Lula dos menos escolarizados e com renda mais baixa, em detrimento de Fernando Henrique, pode ter várias explicações. Debates acadêmicos e partidários à parte, uma delas é matemática. No terceiro ano de governo, o petista repassou 5,5 milhões de reais ao Bolsa-Família, mais que o dobro do gasto pelo tucano em 2002 em seus programas descentralizados. Aumentou também o número de famílias beneficiadas pelo Bolsa-Família. Ao iniciar o quarto ano de governo, o programa atendia 8,8 milhões de famílias, que beneficiava um total de 30 milhões de brasileiros.

Ele conseguiu dobrar também as equipes do Programa Saúde da Família, do Ministério da Saúde. Houve um avanço de 16 mil, em 2002, para 24 mil, no terceiro ano de governo. O programa foi criado por José Serra, que seria acusado pela oposição de tentar usar as equipes como grupos de cabos eleitorais na eleição de 2002.

Enfurnado até 14 horas por dia no gabinete do terceiro andar do Planalto, mesmo que aos trancos e barrancos, Lula tocava o governo e esses projetos. Uma reunião, outra reunião, mais outra. Num estilo antropofágico, absorvia comentários e idéias; pedia objetividade e clareza nas propostas; e sofria, dizem pessoas próximas, com a burocracia e a impossibilidade de resolver imediatamente problemas que enxergava nas viagens pelo país. Soltava palavrões quando ministros apareciam com planilhas que nem eles conseguiam explicar e reclamava ao ler nos jornais frases cômicas ou de tom político que costumava dizer nas reuniões.

Ali mesmo, no gabinete, ouvia de fora críticas de que era assistencialista e preguiçoso. Saía de lá soltando fogo, reclamando dos "invejosos" e dos que tinham "dor-de-cotovelo".

— Não adianta dizer para mim que isso [Bolsa-Família] é proselitismo ou é assistencialismo. Para quem toma café-da-manhã, almoça e janta, isso não quer dizer nada, mas para quem não tem um bocado de feijão com água para colocar no fogo sabe que um programa desses é a salvação da lavoura — disse em Quixadá (CE), em agosto do terceiro ano de governo, no discurso em que chamou os repórteres de "aves de mau agouro".

Dias antes, em Eliseu Martins, no interior do Piauí, afirmou que nem Jesus teve unanimidade. Ao defender o Bolsa-Família, comentou que na cidade piauiense de Guaribas foi montado um "instituto de beleza" para atender pessoas que passaram a ter cinco reais para cortar o cabelo. Dinheiro do programa de transferência de renda. Num pedido de apoio à batalha contra os formadores de opinião, gastou tempo para explicar o programa aos moradores de uma forma simples e didática.

Marcado por uma relação conflituosa com a chamada grande imprensa, o PT não desenvolveu com o cuidado necessário sua política de comunicação. Mesmo quando há fatos positivos para serem divulgados, o governo se atrapalha. Assim, vez por outra, quando Lula vive períodos de tranqüilidade, os jornais publicam besteiras feitas por técnicos e ministros do governo que não apenas irritam como constrangem o presidente. Ele, no entanto, prefere jogar na imprensa a culpa pelas notícias "ruins".

A irritação de Lula com a imprensa começa logo cedo, todos os dias, quando recebe um relatório interno sobre a mídia e ouve ministros falando mal de reportagens que os atacam.

— Quando o assessor de imprensa entra no gabinete, ele está com a cabeça feita e passa a metralhar os jornais. As pessoas próximas sempre fazem a cabeça dele contra a imprensa — diz um amigo do presidente.

— Por que eles podem falar mal do governo e eu não posso falar mal deles? — comentou Lula, certa vez.

Fernando Henrique costumava repetir abraços ou cenas inusitadas para ajudar repórteres-fotográficos que, num momento de distração, perdiam determinada imagem. Lula tem outra relação com os jornalistas. Não repete cenas, como colocar um boné, fazer embaixadinhas, esticar uma bandeira, exibir um presente recebido ou pegar uma criança no colo. É como se dissesse: "Quem perdeu a foto da próxima deve ficar mais esperto." Com o petista, vale a regra do jogo.

No governo Lula, poucos territórios do Palácio do Planalto são tão disputados pelos jornalistas como o pequeno espaço acarpetado em frente a um caixa eletrônico do Banco do Brasil, no segundo andar do prédio, próximo a uma escada e a um elevador.

É ali que, amontoados, os repórteres aguardam a passagem do presidente nos dias de solenidade no Salão Oeste. Do gabinete do terceiro andar ao evento só há esse trajeto, e os jornalistas sabem que está ali talvez a oportunidade do dia ou mesmo da semana de fazer uma única pergunta ao presidente.

O costume de esperar Lula no local se consolida em meados de 2005, no início da pior crise política do governo. Ele não dá entrevistas, e os plantões no pé da escada tornam-se rotina. A cada mês, dois ou três eventos são marcados no Salão Oeste. Um simples "sim" ou um "não" como resposta, dependendo da pergunta, é claro, pode valer uma reportagem diferenciada. Ficar plantado ali à espera do presidente, porém, não é sinônimo de declarações prolongadas, minientrevistas e muito menos tranqüilidade.

Como o espaço é apertado — a maioria dos fotógrafos e cinegrafistas não conseguem sequer um lugarzinho — e Lula sempre desce as escadas acompanhado de um batalhão de seguranças e assessores, tudo é estrategicamente pensado pelos repórteres para não perder tal oportunidade. Primeiro, a ordem é respeitar uma linha imaginária ao lado do caixa eletrônico para não acirrar os ânimos dos seguranças, sempre preocupados em evitar ao máximo que a imprensa se aproxime do presidente, que a qualquer momento surge no alto da escada.

Outro detalhe importante é o tema a ser abordado. Como Lula desce as escadas ou sai do elevador com pressa, mal responde a um bom-dia ou a um boa-tarde dos repórteres, a pergunta tem de ser curta, direta e capaz de empolgar o presidente. Por isso, a questão é sempre combinada antes. É preciso um rápido consenso entre os jornalistas, levando sempre em conta a concisão e o fato político ou econômico mais importante do dia ou da semana.

Geralmente, há um porta-voz dos jornalistas para fazer a indagação. Quando presente, a eleita é Zileide Silva, repórter do *Jornal Nacional*, da TV Globo, que, por sua simpatia e pelo poder de seu microfone, tem mais chances de parar o presidente por alguns segundos no corredor.

Na crise política de 2005, a primeira declaração do presidente por ali ocorre no final de maio, logo após a revista *Veja*, numa reportagem de Policarpo Júnior, ter divulgado o conteúdo de uma gravação de vídeo que mostrava um funcionário dos Correios embolsando propina. Naquele momento, por mais que negasse, Lula e seus auxiliares políticos no Planalto lutavam desesperadamente para impedir a instalação de uma CPI para tratar do assunto.

— Presidente, o senhor está preocupado com a criação da CPI dos Correios? — pergunta um dos autores deste livro, cercado por seguranças, antes de ver Lula abrir os braços e sorrir.

— Olha pra minha cara pra você ver se eu estou preocupado com isso — responde o presidente, ao lado da ministra Marina Silva (Meio Ambiente) e do vice-presidente José Alencar.

A frase, presenciada por três jornalistas, vira motivo de comentários em telejornais e ganha destaque em todos os jornais no dia seguinte. A partir daí, o espaço vira objeto de cobiça dos jornalistas e de preocupação dos assessores do Planalto. Qualquer resposta mal pensada do presidente pode se transformar ali numa notícia do dia e ganhar repercussões políticas no Congresso.

No *hall* de entrada do Itamaraty, há um local parecido. Lá, sempre a uma distância mínima de cinco metros do presidente e dentro de um espaço delimitado por fitas e protegido por seguranças, os jornalistas conseguem arrancar declarações rápidas e importantes. Ele aparece nesse local sempre que uma autoridade estrangeira visita o Brasil.

Em novembro de 2005, por exemplo, Lula criticou a "falta de educação" de um repórter que lhe dirigiu uma pergunta. Ele ficou irritado. Alegou que não poderia atendê-lo, pois, além de estar conversando com o ministro Celso Amorim, tinha de ficar atento à chegada do primeiro-ministro da Jamaica, Percival Patterson. À noite, no mesmo dia, o *Jornal Nacional* da TV Globo saiu com o seguinte editorial, lido por Fátima Bernardes:

"Nas principais democracias do mundo, os chefes de governo compreendem que se relacionar com a imprensa é um dever. E, por isso, costumam conceder entrevistas coletivas formais, evitando assim que os profissionais de imprensa tenham de se submeter a esse duplo constrangimento: fazer perguntas à distância e ouvir do presidente que isso é falta de educação, quando, na verdade, estão apenas cumprindo a sua missão."

Um mês antes, o cantinho do Itamaraty havia rendido uma declaração importante do presidente acerca da CPI dos Bingos. Isso ocorreu no mesmo dia em que a comissão aprovou a acareação de seu chefe-de-gabinete, Gilberto Carvalho, com os irmãos do prefeito assassinado de Santo André, Celso Daniel. A CPI era controlada pela oposição e ganhou o apelido de "comissão do fim do mundo" por querer investigar qualquer caso que pudesse comprometer o governo.

— Estou esperando a CPI dos Bingos chamar um bingueiro — disse o presidente sorrindo.

Como Lula não agendava entrevistas, qualquer oportunidade diante dele deveria ser aproveitada para questioná-lo, principalmente na entrada e na saída de eventos.

Um caso inusitado ocorreu em novembro do primeiro ano de governo. Em Santa Cruz de la Sierra, na Bolívia, Lula participava da 13ª Cúpula Ibero-Americana, quando decidiu abandonar de repente uma das reuniões. Assim que deixou a sala, o presidente saiu em disparada.

— Presidente, presidente, fale com a gente sobre a reforma ministerial. Fale com a gente — gritavam os jornalistas, enquanto corriam atrás de Lula por um dos corredores do local de evento.

Ao ver aquele batalhão em sua captura, Lula diminuiu o passo e aguardou a chegada da imprensa.

— Meus caros, será que eu não posso **nem ir ao banheiro**?

Em especial no terceiro ano de governo, essa rotina de abordá-lo com questões concisas e atraentes, como se fosse uma última cartada para obter a opinião do presidente, contrasta com o início do governo, quando os assessores do Planalto sugeriam aos jornalistas que, antes de embalar uma pergunta política, puxassem uma conversa trivial.

Assim, Lula tomaria confiança e acabaria dando a esperada entrevista. Sugestão aceita, os repórteres, quando viam Lula, procuravam comentar com ele a situação corriqueira do Corinthians, seu time do coração. Ele entrava com freqüência no bate-papo sobre futebol, mas virava as costas quando percebia que um repórter iria interromper o papo trivial para fazer perguntas relativas a assuntos políticos ou econômicos.

Constrangedor aos repórteres, porém, era ter de telefonar para as redações e explicar aos chefes que Lula só havia falado sobre o Corinthians.

— Lula deu entrevista? — questionava o chefe de reportagem.

— Ele só conversou um pouco com a gente — respondia o repórter.

— E o que ele falou?

— Sobre o Corinthians.

— E mais o quê?

— Só isso.

— E vocês perguntaram o quê?

— A pergunta foi sobre o Corinthians.

Futebol foi um tema também usado por Lula para tentar, sem sucesso, uma relação cordial com os jornalistas. Na falta de reportagens diferenciadas e por se tratar do presidente da República, qualquer frase em tom de brincadeira de Lula pode render espaço no jornal. E o que é para ser apenas uma frase descontraída pode causar problemas diplomáticos e resultar em inimizades inesperadas.

Em novembro do primeiro ano de mandato, enquanto espera o então presidente da República Dominicana, Hipólito Megía, no Itamaraty, Lula comenta com repórteres-fotográficos sobre o empate por 1 a 1 da seleção brasileira com o Peru:

— Muito ruim. Vocês viram o jogo? Que vexame, hein?

Os repórteres comentam que o Brasil escondeu o jogo. E Lula prossegue a sua avaliação futebolística:

— O jogo só tinha noventa minutos, esconderam demais.

Animada, a conversa prossegue. Os repórteres reclamam do desempenho individual do atacante Ronaldo. E Lula finaliza:

— Acho que o time não jogou bem.

Antes mesmo que o presidente deixe o Itamaraty, as agências *on-line* registram as críticas dele à seleção. A história é "turbinada" na internet, ganha destaque nos *sites*, e o técnico Carlos Alberto Parreira reage:

— Não vou analisar o ministério do presidente, por quem tenho admiração. Acho que é importante cada macaco no seu galho.

Quando fica sabendo da polêmica, Lula comenta com o secretário de Imprensa, Ricardo Kotscho:

— Bela idéia essa sua de puxar conversa com os seus amigos jornalistas, hein? Agora arrumei briga até com o Parreira.

Dias depois, no mesmo prédio do Itamaraty, antes de receber o colega boliviano Carlos Mesa, Lula volta a se aproximar dos jornalistas que estavam ali para sentir a repercussão de assuntos políticos e econômicos. Mas, com a cara fechada, ele chega perto dos repórteres apenas para deixar claro:

— Não falo mais de futebol com vocês.

Nem de futebol nem de nada. O presidente manteve o esquema de "falar" com a imprensa por meio de discursos. Longe dos gravadores, continuou a reclamar das "madonas choronas" e da "urucubaca" da imprensa e da oposição — expressões ditas em viagens a Aparecida de Goiânia (GO) e a Niterói (RJ).

A única pessoa com quem repórteres não costumam brincar nem criticar no palácio é a secretária do comitê de imprensa, a baiana Aretuza Queiróz. Todos têm muito respeito por ela. Não há um momento em que Aretuza não esteja ao telefone ajudando vizinhos a solucionar um problema ou atendendo a um amigo em crise. Ninguém ousa mexer com ela. Alguns cinegrafistas chegam a ter um certo medo da funcionária, que costuma usar saias e vestidos de cores fortes. Nascida em 1959 em Salvador e filha-de-santo do terreiro da Casa Branca, desde o governo Collor, Aretuza é a "feiticeira" do Planalto.

— Sou filha de Oxalá... nunca pretendi ser mãe-de-santo. Tem gente que nasce para ser filha-de-santo e tem gente que nasce para ser mãe-de-santo. Nunca me falaram se nasci para ser só filha-de-santo ou mãe-de-santo... eu não quis ir atrás... sou de um terreiro tombado pelo patrimônio histórico, muito sério e tradicional. Sou filha-de-santo e estou satisfeita. Trabalho como secretária do comitê de imprensa. Cheguei aqui no governo Figueiredo... há 23 anos... quando o Sarney assumiu, pedi aos assessores dele para que me deixassem ficar. Aqui, quando um governo entra, sai uma leva de gente. E entra outra leva. Quem não é do quadro de carreira sempre está na corda bamba. Tem que fazer algo para continuar no palácio. E me deixaram. No governo Collor raspei a cabeça e passei a usar turbantes, foi quando virei filha-de-santo. Agora, só venho de branco para o palácio nas sextas-feiras, dia de santo. O palácio é muito pesado, muito carregado. Sempre foi carregado, sempre foi. Em qualquer governo isso é pesado. Mas quem torna isso aqui carregado não são os ambiciosos, os sedentos pelo poder. Quem carrega muito isso são os puxa-sacos, não tem nada pior que os puxa-sacos. O ambicioso demonstra algum talento quando quer um cargo melhor. O ambicioso costuma fazer tudo sem barulho, e não liga se os outros vão se dar mal ou se dar bem com seu plano de conseguir um carguinho melhor. O puxa-saco, não. O puxa-saco só fica pensando no outro, precisa puxar o tapete para o colega escorregar. Precisa ver o escorregão. Aqui, são muitos puxa-sacos em disputa. Todos querem mostrar bom serviço para as pessoas mais graúdas, que ganham emprego diretamente dos presidentes.

Aretuza conta um segredo:

— Fiz um trabalho, sim. A única vez que fiz um trabalho para um presidente foi para o Lula, ainda na eleição, para ele ganhar a eleição. Eu queria muito que ele assumisse isso aqui... nossa, como eu queria. Achava que o PFL e o Fernando Henrique e essa gente toda iriam se unir no segundo turno e ganhar dele. Fiz um trabalho, mesmo. Mas a expectativa que Lula gerou foi grande demais. Todos os funcionários esperavam uma coisa, que ele fosse diferente. O santo de Lula é Xangô, santo quente, do fogo, do poder. Sarney também é Xangô, Fernando Henrique também. Acho que todos os presidentes são iguais para o candomblé. Mas tem um garçom que me disse outro dia que Lula chamou ele pelo nome. Isso eu nunca vi, não.

Baianas com saiões rodados amarram fitinhas de Nosso Senhor do Bonfim nos pulsos de Lula e do presidente da França, Jacques Chirac, no jardim do Palácio dos Campos Elíseos, em Paris. Ele é o convidado de honra da festa do 14 de Julho; o Brasil, o tema do evento. Cadetes da Academia Militar das Agulhas Negras desfilam nas avenidas. Aviões da Esquadrilha da Fumaça da Força Aérea Brasileira se apresentam no céu da cidade. O calor é de mais de trinta graus. Churrasquinho e caipirinha são servidos a seis mil convidados nos jardins do palácio, sede do governo francês.

Na viagem, em plena crise do mensalão, no terceiro ano de governo, Lula ignora a imprensa brasileira.

— Tudo vai melhorar daqui para a frente — diz o presidente em Paris. Mas ele estava se referindo à relação do Brasil com a França.

Lula despista a imprensa e dá uma entrevista a uma repórter brasileira independente que mora há anos na cidade. O presidente afirma que a prática de caixa dois em campanhas eleitorais sempre ocorreu no Brasil. E, logo que a entrevista é divulgada no *Fantástico*, os jornais levantam a suspeita de armação do Planalto. O presidente teria apenas usado a produtora para fazer uma entrevista sem perguntas fortes e difíceis, com a certeza de que o diálogo seria divulgado para todo o país.

Lula passou os três primeiros anos de governo sem dar entrevista aos dois principais jornais de São Paulo. Os setoristas do comitê de imprensa também foram ignorados nas listas dos que participariam das entrevistas coletivas. Numa delas, para radialistas, o Planalto convidou um ex-prefeito de Salvador, um sociólogo e até um deputado, o goiano Sandes Júnior, do PP, para fazer perguntas.

Durante essa entrevista, ao perceber que Lula tinha admitido sem querer a candidatura à reeleição, o deputado o ajudou, e perguntou se ele disputaria mesmo a eleição. Foi a oportunidade de Lula consertar o que havia falado. O Planalto alegou que o parlamentar, o ex-prefeito e o sociólogo representavam emissoras de rádio.

A relação de Lula com os jornalistas sofreria mudanças.

Mais uma viagem, dessa vez para a Cidade da Guatemala. É setembro do terceiro ano de governo. No mês anterior, num pronunciamento ao vivo que abriu uma reunião com ministros na Granja do Torto, o presidente diz que foi traído, sem apontar ninguém nominalmente. A oposição e a imprensa passam a cobrar o nome dos traidores.

Na Guatemala, Lula é recebido pelo presidente Oscar Berger, no Palácio Nacional da Cultura, uma construção esverdeada de 350 quartos no centro da Cidade da Guatemala. O palácio foi construído pelo general Jorge Ubico Castañeda, homem sanguinário que controlou o país de 1931 a 1944 e foi deposto por uma revolução popular. Ubico é o protagonista tirano do clássico *O senhor presidente*, de Miguel Ángel Asturias, ganhador do prêmio Nobel de Literatura de 1967.

No pátio interno do Palácio Nacional da Cultura, Lula deposita uma rosa no monumento em forma de duas mãos, representando os guerrilheiros e os militares que firmaram acordo de paz em 1996, encerrando uma guerra civil de mais de três décadas. O conflito resultou em cerca de 100 mil mortes. A líder indígena Rigoberta Menchú, prêmio Nobel da Paz e amiga de Lula, também participa da recepção ao brasileiro.

Em frente ao palácio há uma praça movimentada. Artesãos expõem tecidos coloridos, crianças vendem sementes para alimentar os pombos e cozinheiras exibem pratos exóticos. Chamam a atenção cavalos de madeira em tamanho natural, forrados com couro. Um grupo de mulheres fotógrafas usa as estátuas para fazer retratos instantâneos de crianças.

A 45 quilômetros dali está Antígua, antiga capital guatemalteca. Para chegar lá é preciso atravessar as "montanhas vivas", formadas por 33 vulcões. Os inúmeros terremotos que abalaram o lugar deixaram marcas nas fachadas das igrejas, com colunas rachadas e santos sem cabeça.

Depois de discursar numa conferência contra a fome, ainda no pátio interno do palácio, Lula, como de costume, evita a imprensa. A pedido do Cerimonial do governo brasileiro, o presidente Oscar Berger quebra uma tradição e também não fala com os jornalistas de seu país.

Enquanto os dois presidentes jantam no palácio, os repórteres guatemaltecos demonstram surpresa com a falta de entrevista.

— Jacques Chirac quando esteve aqui concedeu entrevista — reclama a repórter Elsa Coronado, da Rádio 10.

— Bill Clinton não deixou de dar entrevista — comenta Luiza Rodríguez, do *Prensa Libre*.

Numa conversa com jornalistas locais, na presença de assessores do presidente, os repórteres brasileiros criticam o comportamento de Lula e atacam seu "autoritarismo".

— O nosso presidente é de direita, mas chegou a falar com jornalistas até quatro vezes por dia — lembra Luiza.

Elsa pergunta aos jornalistas brasileiros se Lula dava entrevistas exclusivas a eles. Os repórteres respondem com risos.

Na manhã seguinte, o *Prensa Libre*, principal matutino da Guatemala, publica o texto "Sin pregunta", sobre o silêncio de Lula no primeiro dia da viagem. A reportagem também comenta as reclamações dos jornalistas brasileiros. O texto preocupa os assessores de Lula. Ainda na noite anterior, ao chegar ao hotel após o jantar no palácio guatemalteco, o presidente prometera a jornalistas brasileiros que falaria no dia seguinte, mas sem demonstrar firmeza de que cumpriria o acordo.

— Só darei entrevista se o André Singer deixar — brinca Lula, antes de entrar no elevador.

— Ele deixa, presidente, ele deixa — ironizaram os autores.

— Amanhã, amanhã — encerra a conversa o presidente, enquanto se fecham as portas do elevador.

No dia seguinte, os jornalistas brasileiros decidem não dar sossego ao presidente, que passa a ser questionado se cumprirá ou não a promessa toda vez que entra ou sai de um evento. Para pressionar ainda mais pela entrevista, um repórter envia uma nota sobre a promessa de Lula para a agência *on-line*. O texto leva o seguinte título: "Lula deve falar hoje com a imprensa." Chefes nas redações telefonam aos repórteres em busca de detalhes dessa eventual entrevista do presidente.

A tensão dos repórteres é tanta que ninguém dá importância a um princípio de incêndio no hotel em que a imprensa está hospedada. Só mais tarde, após a correria em busca da entrevista, os jornalistas se lembram de ter atravessado os enfumaçados corredores do prédio.

Lula se mantém resistente à entrevista até o último minuto. Só fala depois do *check-out*, quando desce de seu quarto para seguir para o aeroporto. No saguão do hotel, o presidente responde a diferentes perguntas. Só dá as costas quando um dos autores deste livro lhe pede que revele a identidade do "traidor".

A curta entrevista é a primeira desde o início da crise do mensalão. André Singer e outros assessores abrem um sorriso de todo tamanho, sem disfarçar a alegria. Eles também sonhavam com uma fala de Lula.

Os repórteres saem correndo e animados pelas ruas da Cidade da Guatemala. O presidente deu uma entrevista. Não era só isso. A partir daí, Lula conversaria mais com os jornalistas nas viagens. Daria demonstrações, aos poucos, de estar descobrindo que falar com a imprensa não é nenhum bicho-de-sete-cabeças e que sua função lhe permite deixar perguntas importantes sem resposta. É só dar as costas e se enfiar no meio de seguranças.

A pergunta sobre o traidor se tornou o principal questionamento complicado para Lula. A cada entrevista que dava, a pergunta vinha à tona. Foi assim na exclusiva concedida ao *Fantástico*, na última semana do terceiro ano de governo. O jornalista Pedro Bial perguntou ao presidente quem o traiu.

— (...) Eu não quero nem julgar se fui traído por A ou por B. É que eu acho que o conjunto dos acontecimentos, pra mim, soou como se fosse uma facada nas costas de alguém que, junto com outros milhões de brasileiros, dedicou parte da sua vida pra construir um instrumento político que pudesse ser diferente de tudo que tava aí.

No exato momento em que ele dá a resposta, os autores e outros dois colegas do comitê de imprensa se aproximam do caminhão de transmissão da TV Globo, que está com as portas abertas e estacionado ao lado de uma das entradas do palácio.

Os repórteres sorrateiramente se encostam ali, acompanhando a conversa por um pequeno monitor. Quando notam a presença dos jornalistas, os produtores fecham as portas. Era tarde. Em menos de três minutos, os repórteres tinham conseguido ouvir o trecho principal da exclusiva.

No dia seguinte, os principais jornais do país estampavam a resposta de Lula como manchetes, enquanto o *Fantástico* somente pôde apresentá-la no domingo, três dias depois da gravação no gabinete presidencial.

A pergunta da traição passou a ser usada por repórteres em dias de mau humor do presidente, só para irritá-lo. Bastava ele passar direto sem responder a questões do dia para um jornalista gritar: "Quem traiu o senhor, presidente?"

Após a entrevista na Guatemala, a primeira desde o início da crise, a rádio CBN mandou um repórter a Maceió (AL), viagem seguinte do presidente. A emissora avaliou que Lula poderia conceder nova entrevista, assim como na Cidade da Guatemala.

Antes da posse de Lula, as rádios Gaúcha, Guaíba, Tupi e CBN enviavam repórteres para as viagens presidenciais de Fernando Henrique. Mas, como o novo presidente não falava nas viagens, as rádios desistiram da cobertura. As emissoras de televisão Record e Globo e os jornais *O Estado de S. Paulo*, *Folha de S.Paulo* e *O Globo* continuaram a mandar profissionais.

O Globo, no entanto, passou a enviar apenas repórter de texto, comprando fotografias de agências de notícias. O diário carioca também não enviaria repórter para a visita de Lula a Moscou, em outubro do terceiro ano de mandato.

Quem trabalha no palácio, até mesmo repórter de empresa privada, costuma ser visto como alguém ligado ao presidente. Se o primeiro mandatário da Nação é um sujeito com grande popularidade, isso pode até ser bom para oportunistas. Afinal, é ótimo para qualquer pessoa trabalhar próximo de um presidente aclamado nas ruas.

Mas se a popularidade do presidente estiver em baixa, o profissional, especialmente o repórter, pode enfrentar constrangimentos. O melhor é evitar a divulgação da identidade. Afinal, é difícil explicar que, embora trabalhe numa sala do Planalto, a distância da figura do presidente é grande e quem paga o seu salário é um jornal independente.

Às vezes o repórter tem de se segurar. No segundo ano de mandato, numa corrida de táxi no centro de São Paulo, onde Lula participaria de uma conferência das Nações Unidas, um dos autores deste livro é surpreendido com o motorista reclamando de uma reportagem escrita justamente por ele.

— Veja você, essa imprensa não tem mais assunto para escrever. Há pouco tempo, abri o jornal e o repórter tinha escrito que o presidente disse que os brasileiros deveriam seguir o exemplo dos vietnamitas que derrotaram os Estados Unidos. Será que o repórter não tinha coisa melhor para escrever?

O repórter, dentro do carro, fica quieto.

Declarações de autoridades têm grande destaque na imprensa. A importância dada às frases de um presidente se justifica. Afinal, os leitores querem saber o que ele pensa. É claro que um repórter prefere reportagens com fatos.

Quem cobre a presidência costuma deixar de lado discussões teóricas sobre o tema e registra qualquer suspiro do presidente. Ninguém discorda de que o jornalismo declaratório se tornou uma praga. Mas não se pode vacilar. O poder, é óbvio, revela-se em frases de efeito. O repórter precisa avaliar o risco de ignorar frases de um presidente. Imagine só não registrar a frase em que Fernando Henrique chamou aposentados de vagabundos ou aquela usada por Figueiredo para dizer que preferia cheiro de cavalo a cheiro de povo.

Numa cobertura, avaliar se uma frase deve ir para o lixo ou para a página do jornal é uma tarefa que não pode demorar. É mais fácil quando o jornal está num dia de poucas notícias e aceita até reportagens não muito impactantes para conseguir fechar. O que um presidente diz é sempre importante. Essa máxima do jornalismo pode até dar espaço para frases sem relevância, mas evita problemas para um profissional. Às vezes, o risco mora na repetição dos discursos. Dependendo do contexto e da crise, uma frase velha e repetida pode ganhar roupa nova e virar manchete.

Em Canaã dos Carajás (PA), o presidente ignora a relação comercial do Brasil com os Estados Unidos e afirma que os vietnamitas servem de exemplo por terem sido os únicos a derrotarem a grande potência. A declaração de Lula sobre a Guerra do Vietnã é feita na inauguração da Mina do Sossego, da Companhia Vale do Rio Doce. Os repórteres-fotográficos aproveitam um cartaz com o nome da mina ao fundo para registrar o presidente conversando sossegadamente com José Dirceu. O ministro vive situação menos turbulenta depois do escândalo Waldomiro Diniz.

— Quando se discutiu no início da guerra quais eram as vantagens da força bélica americana, todo mundo achava que era só chegar lá, o americano dar um tiro, correr para o abraço e comemorar a vitória — disse Lula.

No discurso, o presidente lembra trecho de uma conversa do então secretário de Defesa norte-americano Robert McNamara com o presidente Lyndon Johnson:

— Tá ficando difícil, tá ficando difícil, porque não estamos enfrentando um exército. Nós destruímos uma ponte e eles [vietnamitas], na semana seguinte, constroem outra de bambu. Destruímos uma estrada e, depois, um velhinho de setenta anos carrega noventa quilos numa bicicleta tentando suprir a falta de caminhões.

Lula fala inspirado no documentário americano *The Fog of War* (*Sob a névoa da guerra*), a que assistira em Brasília. No discurso, o presidente ignora que, à época em que os comunistas do Vietnã derrotavam o Exército dos Estados Unidos, jovens comunistas brasileiros enfrentavam os homens do regime militar na selva da região de Canaã dos Carajás.

Nada comenta sobre os comunistas verde-amarelos.

Seguir o rastro do presidente é oportunidade também de repórteres de diferentes mercados trocarem impressões. Nessas viagens se conclui que é mesmo difícil um jornalista ter condições dignas de trabalho no país. É chance também de conhecer pessoas apaixonadas pela profissão e que conseguem na marra garantir a sobrevivência e a independência em relação a grupos políticos e econômicos.

Enquanto esperam o presidente num curralzinho montado sob o sol quente de Alhandra, na Paraíba, no início do último ano de governo, repórteres de

Brasília conhecem pessoalmente Adelson Barbosa, do *Correio da Paraíba*. Ele conta que na época da enchente que destruiu a barragem de Camará e matou quatro pessoas, em junho de 2004, foi procurado pela *Folha de S.Paulo* para ouvir "personagens". Aceitou a encomenda. Depois, o *Estado de S. Paulo* também telefonou pedindo uma reportagem sobre a tragédia. Por fim, enquanto digitava os textos para os dois concorrentes paulistas, recebeu pedido de *O Globo*.

Não se sabe qual a reação, no dia seguinte, das chefias dos três jornais. Adelson Barbosa conseguiu ter o nome publicado em todos os diários nacionais.

— Um jornal me pediu personagem, outro, o fato e um terceiro, uma reportagem mais completa. Fiz com empenho e vontade os três textos.

Um repórter então pergunta a Barbosa qual jornal deu maior destaque aos seus textos.

— Todos os textos ficaram diferentes e muito bons.

Em Cobija, cidade boliviana na fronteira com o município acreano de Brasiléia, jornalistas de Rio Branco comentam com colegas de Brasília que o governador Jorge Viana, do PT, embora pose de bom moço, democrático, homem de visão e de esquerda, controla como coronel a imprensa local. Os jornais do Acre, em grande parte, dependem da publicidade oficial e são vulneráveis a pressões. Não se pode ser ingênuo: a mesma coisa acontece em outros lugares do país e do mundo.

Para chegar a Cobija, é preciso percorrer duas horas de carro de estrada a partir de Rio Branco. Lula está em Cobija ao lado do presidente da Bolívia, Carlos Mesa, para inaugurar uma ponte entre os dois países.

Ao ver na platéia um amigo dos tempos de sindicato, Osmarino Amâncio, Lula pede que tragam o "companheiro" para o seu lado. Recordam, então, a época em que atuavam junto com o líder seringueiro Chico Mendes. Depois, o presidente chama Amâncio para jantar com ele no Palácio da Alvorada.

O governador Jorge Viana e outros petistas, de forma discreta, informam ao presidente que Amâncio não "é mais um de nós". Amâncio havia abandonado o PT, fizera críticas fortes à falta de uma ampla reforma agrária no governo Lula e militara no Partido Socialista dos Trabalhadores Unificado (PSTU). Ele também ganhou fama por se complicar nas finanças pessoais e das entidades que dirigia.

Adversário de todos, inclusive do "novo" Lula, Amâncio dá uma trégua e espalha em Rio Branco que o presidente faz questão de sua presença no Alvorada.

— Fui chamado para visitar a casa do Lula. Vou passar uma noite lá — diz a todos o ex-petista.

Não se sabe se os petistas conseguiram demover o presidente da idéia do jantar com Amâncio. Mas ao menos ele foi informado de que o "companheiro" não era mais aliado dos petistas acreanos.

Lula também vê em Cobija um outro antigo "companheiro", Nilson Mourão. Durante o vôo para o Acre, o próprio presidente conta que Mourão, toda vez que chegava atrasado a uma comunidade ou sindicato no Acre, apresentava como desculpa o fato de ter recebido um telefonema importante. Relato de Lula:

"Eu [Mourão] estava saindo de casa quando o telefone tocou. Fui atender, era o companheiro Lula." Aí a massa aplaudiu. "Firme na luta, companheiro?", perguntou Lula. Ele não deixou de apresentar essa desculpa nem quando as pessoas começaram a estranhar e dizer: "Mas esse Lula liga demais para você."

Quem sempre causou medo no presidente foi outro sindicalista, um certo Raimundão, de Xapuri, famoso pela mão pesada.

— Preciso de um travesseiro para receber tapinha nas costas do Raimundão — diz o presidente.

Lula começa a admitir, em conversas reservadas, problemas na comunicação do governo. No início de 2006, numa viagem para visitar três trechos de obras de recuperação da BR-101 em Natal, Alhandra (PB) e Recife, o presidente chama o assessor José Graziano da Silva num canto para reclamar de números errados divulgados sobre as obras.

— A imprensa está certa em criticar. A culpa é de vocês, que não sabem se comunicar.

Em Natal, na primeira escala da viagem, Lula fica com tanta raiva dos números errados e da pouca clareza das informações oficiais que pega um microfone e começa a fazer perguntas ao ministro Alfredo Nascimento (Transportes), como se fosse um repórter. Em público, o ministro tem de responder a perguntas diversas sobre o que o governo fazia ali. É início de ano eleitoral, e ele demonstra gentileza com a imprensa em todas as três cidades visitadas, respondendo com tranqüilidade que ainda não havia decidido lançar a candidatura à reeleição.

— Vocês querem que eu fale agora ou depois? — pergunta Lula aos jornalistas, assim que chega ao evento em Natal.

O mesmo ocorre em Alhandra, na Paraíba:

— Podem aguardar. Depois do discurso eu volto aqui para falar com vocês.

Diante das críticas da chamada grande imprensa ao excesso de viagens, Lula mantém a rotina de percorrer os estados, em clara campanha pela reeleição. Ele tem informações de que a imprensa regional, lida por uma parcela significativa da opinião pública, além dos programas locais de televisão, assistidos pela parte mais pobre da população, dão destaque positivo a esses deslocamentos. Uma equipe de assessores dele acompanha diariamente a mídia regional. O *Correio da Paraíba*, por exemplo, deu manchete para a passagem do presidente pelo estado. Assim também ocorre com outros jornais:

"Lula pede que oposição o deixe trabalhar e concluir o mandato", diz a manchete do *Meio Norte*, jornal do Piauí, durante viagem do presidente a Parnaíba, em fevereiro do quarto ano de governo. "Lula no Amapá", destaca o *Diário do Amapá*, em dezembro do terceiro ano de mandato. As outras chamadas de primeira página: "Zona Franca é realidade", "Aeroporto: porta do futuro para o Amapá", "BR: Avenida para o progresso da região", "Projeto 'Luz para Todos' chega ao AP", "Ponte: Travessia binacional entre França e Brasil", "Terminal de pesca traz crescimento econômico", "Lula promete regularizar terras amapaenses" e, por último, "José Sarney inaugura Hospital Sarah".

Como na estratégia de aumento das exportações, o presidente adotou o estilo "caixeiro-viajante", um "mascate" no trato com a imprensa. Enquanto *sites* na internet de estudiosos, pesquisadores e sindicalistas da comunicação se deixaram levar pelos lamentos e reclamações do governo por parte da chamada grande imprensa, Lula foi conquistar no "varejo" um espaço em jornais e emissoras de rádio e televisão ignorados nos grandes centros.

Quem acompanha o presidente tem de estar preparado para ficar nos hotéis mais luxuosos do mundo, como o Imperial de Tóquio, ou nos dormitórios com as maiores espécies de baratas e ratos. Em algumas ocasiões, até o presidente pode ocupar quarto sem estrutura básica. Um diplomata conta que, nas viagens, Lula deixa claro que não quer "beleza", mas "funcionalidade" nas instalações.

Numa ida à África, o Itamaraty reservou uma suíte ampla e luxuosa para o presidente. Depois de uma viagem exaustiva e um dia de longas reuniões políticas, Lula chega suado ao quarto do hotel. Tira a roupa e abre o chuveiro. Percebe que não tem água. Segundos depois, a água chega, mas absolutamente gelada. E o presidente reclama com os assessores:

— Porra, me bota num quartinho qualquer com água quente. Eu não tenho que ficar me estressando com isso. Vocês é que precisam cuidar dessas coisas.

Para os repórteres que acompanham as viagens presidenciais, o ideal é hospedar-se no hotel da comitiva oficial e, se possível, no próprio hotel do presidente. Isso, porém, nem sempre acontece, pois o Planalto costuma reservar dezenas de quartos com antecedência. Na condição de hóspede, o repórter pode movimentar-se com mais facilidade e se deparar com ministros e assessores próximos do presidente. Foi de uma janela de hotel onde o presidente Ernesto Geisel estava, em Natal, que um repórter-fotográfico conseguiu fazer imagens do milico caminhando na praia. A foto simboliza o início da abertura política.

Nem sempre estar no hotel da comitiva significa ter o controle do que está acontecendo. Numa viagem a Cartagena das Índias, na Colômbia, em junho de 1994, repórteres ficaram num dos dois hotéis reservados à comitiva do presidente Itamar Franco. Nenhum jornalista, no entanto, viu o sobrinho e secretário particular de Itamar, Ariosto Franco, sair carregado do hotel numa madrugada. Ele morreria a caminho do hospital.

À época, falou-se nos bastidores que o assessor teria sido vítima de uma overdose de cocaína. O laudo médico nunca foi divulgado. Itamar teve de antecipar a volta ao Brasil, interrompendo a participação na IV Conferência Ibero-Americana de Chefes de Estado e de Governo. Os fotógrafos conseguiram fazer a foto de Itamar deixando o hotel com lágrimas nos olhos.

Ainda hoje Ariosto é lembrado no palácio por ter determinado que apenas funcionários de alto escalão usassem o elevador principal do prédio.

✈

De seu gabinete, no terceiro andar do Planalto, Lula personaliza as dificuldades do governo de lidar com os jornalistas. Ao falar de vez em quando com a imprensa, ele passa a sensação de que está fazendo um favor aos repórteres, e não usando jornais, rádios e tevês como um caminho mais curto para recados e satisfações do Palácio do Planalto à população.

O clima entre Planalto e mídia tem sido tenso durante boa parte da gestão petista. Um lado ataca o excesso de denúncias, enquanto outro reclama da falta de transparência.

Lula, aliás, está ciente de que em seu rastro, no Planalto, no interior do Brasil e no exterior, há sempre uma maioria de jornalistas com a liberdade de questioná-lo sobre qualquer tema, pessoal ou político, por mais espinhoso que seja. A situação reflete uma linha editorial crítica ao governo adotada por quase toda a imprensa dos grandes centros. O fato de o presidente não responder ou não ser convincente diante dos questionamentos é uma outra história.

O governo petista, vale ressaltar, representa um período de liberdade para os jornalistas. Ao contrário dos tempos tucanos, por exemplo, repórteres não têm o temor de, mais cedo ou mais tarde, terem suas cabeças pedidas pelo governo à direção dos veículos de comunicação. Essa liberdade momentânea se explica por conta da relação do governo Lula com repórteres, editores, colunistas, diretores e patrões da mídia. Todos são tratados da mesma forma, sem que um ou outro jornalista ou veículo tenha direito a privilégios descarados de informações. Todos são nivelados por baixo.

O presidente evita entrevistas formais e contatos diretos com pessoas influentes do jornalismo. Não telefona para pressionar ou fazer política com os chefes. Os repórteres nas ruas estão mais livres, o que aumenta o enfrentamento com assessores e seguranças da presidência em eventos oficiais.

Vale quase tudo para conseguir uma ou duas frases em conversas quebra-queixo com um presidente protegido por grades e cercado por militares. Lula responde a três ou quatro perguntas e vira as costas a repórteres, fotógrafos e cinegrafistas. Quando quer reclamar da imprensa, pelo menos é transparente. Usa o microfone em eventos pelo Brasil afora, sem citar nomes de profissionais ou empresas. Nada de conversas discretas.

O jeito de ser do petista e os confrontos diários da mídia com o Planalto não permitem a descrição de mais um presidente imaginário, como se o chefe da Nação fosse um exemplo de comportamento, de convívio social e de sabedoria sociológica. Só o futuro poderá dizer se o processo de humanizar a autoridade máxima do país será irreversível e a "máquina" de fazer presidentes absorverá a constante quebra de protocolo na relação entre Lula e os jornalistas.

A companheirada

"Observo entre vocês algumas linhas de uma instituição que originalmente seria muito tolerável, mas na aplicação tornou-se obliterada, deturpada e manchada pela corrupção. Não percebo, em tudo o que me disse, que se exija perfeição dos que alcançam os cargos de direção entre vocês..."

O imperador de Liliput, numa conversa com o narrador aventureiro do livro *Viagens de Gulliver*, de Jonathan Swift, publicado em 1726

"Como você" — prosseguiu o rei — "passou a maior parte de sua vida viajando, estou disposto a esperar que tenha escapado de muitos vícios do seu país."

Idem

O escândalo do mensalão e o uso de caixa dois pelo PT na campanha eleitoral de 2002 foram divulgados em meados do terceiro ano de governo. O projeto de longevidade petista no poder estava em xeque.

Para não ser atingido pelas denúncias durante a crise política,* jogando no

---

*Ler *Memorial do escândalo — Os bastidores da crise e da corrupção no governo Lula* (Geração Editorial), de Gerson Camarotti e Bernardo de la Peña, único livro sobre a crise do mensalão escrito por jornalistas que acompanham o dia-a-dia do Congresso e que também fizeram viagens com o presidente Luiz Inácio Lula da Silva.

ralo toda a popularidade dos dois primeiros anos de gestão que o mantinham como o favorito ao pleito sucessório de 2006, Lula aproveitou uma brecha deixada pela opinião pública. Em cada esquina do país, em conversas entre jornalistas e bate-papos com taxistas e balconistas de bares, uma pergunta se transformou em jargão: "E aí? O Lula sabia ou não sabia?" Ciente disso, o Planalto agiu rápido.

Lula então passou a abusar da retórica para passar ao país a imagem de um líder absolutamente alheio às coisas que ocorriam à sua volta. Tentava convencer os brasileiros de que nunca suspeitou do mensalão nem do caixa dois petista, mesmo tendo sido protagonista de uma campanha eleitoral milionária, com jatinhos, hotéis de luxo, financiamento de partidos aliados e contratação de um publicitário a preço de ouro.

Logo surgiram graves contradições no seu discurso. Primeiro, na abertura de uma reunião ministerial em agosto de 2005, disse a todo o Brasil que havia sido "traído" por alguns antigos companheiros. Tal artifício, pensava à época, seria uma forma de se desvencilhar do tiroteio da oposição. Mas o discurso vazio não adiantou, pois o presidente passou a ser cobrado para citar nominalmente os "traidores", o que não ocorreu.

Outra fala que causou mal-estar no Planalto foi a respeito do uso de caixa dois na campanha eleitoral petista de 2002. Enquanto ministros e assessores batiam cabeças, Lula acabou se transformando no primeiro petista a admitir publicamente que o partido havia cometido crime eleitoral.

— O PT fez, do ponto de vista eleitoral, o que é feito no Brasil sistematicamente — disse o presidente, em Paris, numa entrevista a uma jornalista brasileira, que dias depois "negociaria" o material com exclusividade ao *Fantástico*, da TV Globo.

A insinuação de Lula sobre o caixa dois ocorreu horas antes de Delúbio Soares, em depoimento na Procuradoria-Geral da República, ter admitido — pela primeira vez — a existência de caixa dois na campanha petista. Gravada, a entrevista do presidente somente foi ao ar depois que a admissão do ex-tesoureiro petista conquistou todas as manchetes.

À época, o Planalto silenciou sobre uma eventual articulação prévia com Delúbio, homem que, nos tempos de tesouraria do PT, dividia com o presidente cigarros e garrafas de uísque em vôos da Força Aérea Brasileira.

Diante da cobrança de uma explicação à sociedade, Lula tinha mais um motivo para se afligir. Estava inquieto e com pulgas atrás da orelha sobre como seria recebido pela população nas viagens pelo país. Responsável por um governo conservador na área econômica e tímido na reforma agrária, o presidente dos banqueiros temia pela reação de estudantes e movimentos sociais às denúncias. Naquele momento, receava ser abandonado por seus antigos companheiros políticos. O clima de festa em eventos nos estados poderia, na cabeça do presidente, transformar-se em megamanifestações contrárias.

No gabinete do terceiro andar do Palácio do Planalto, ao notar o comportamento tímido do presidente, auxiliares mais próximos também temiam o pior. Viam um presidente à beira de um processo depressivo e com medo de ser tratado com frieza no *tête-à-tête* com sindicalistas, sem-terra e operários Brasil afora.

Os assessores, por conta disso, trataram de arregaçar as mangas e organizar uma agenda especial para levantar o moral do presidente petista, alvo de denúncias que envolviam até o tráfico de influência a favor de familiares.

Eventos com movimentos sociais e sindicatos, que ocorriam aos montes desde o início de governo, foram intensificados. Do Planalto, auxiliares de Lula telefonavam aos diretórios regionais petistas para aumentar a claque nas viagens presidenciais e, ao mesmo tempo, obter informações sobre a possibilidade de manifestações contrárias ao governo.

No auge da crise, em meados de 2005, o Planalto trabalhava sempre com duas opções, caso o risco anti-Lula fosse alto para tais deslocamentos.

A primeira era a de simplesmente cancelar a viagem. A segunda era encará-la de forma preventiva. Ou seja, articular a militância petista local para contrabalançar as vaias, além de instruir seguranças da presidência a vistoriar cuidadosamente faixas e cartazes que ultrapassassem os limites impostos pela guarda presidencial. Dizeres de ataque ao presidente eram vetados na entrada da área do evento, isolada previamente pelos seguranças.

Um clima anti-Lula é esperado em Maceió, onde o presidente aterrissa no retorno da viagem à Guatemala e aos Estados Unidos. Ele participa da inauguração do novo aeroporto da capital alagoana. Um dos autores deste livro, assim que retorna da Cidade da Guatemala, só tem tempo de desembarcar em Brasília para substituir as roupas da mala e seguir no mesmo dia para Alagoas.

Presidente do Senado, o alagoano Renan Calheiros faz aniversário justamente no dia da visita de Lula, seu aliado. E, como presente, pediu à senadora Heloísa Helena, do oposicionista Partido Socialismo e Liberdade (PSOL), que evitasse manifestações naquele dia. Algum tempo depois, Renan confidenciou a jornalistas o pedido que fizera à colega radical.

De fato nenhuma bandeira do PSOL é estendida no aeroporto. Apenas cerca de cem manifestantes do PSTU e do Partido Democrático Trabalhista (PDT) aparecem para protestar contra Lula. Mas todos são obrigados a permanecer do lado de fora do evento.

A segurança da presidência revista e lê todas as faixas dos convidados à solenidade. Quem leva faixa contra o governo não entra. Cerca de duas mil pessoas têm acesso à área em frente ao palanque. Todas arregimentadas por sindicatos da CUT, pelo governo do estado e pelo PT.

Nessa época Lula começa a cair nas pesquisas. E a história do mensalão se alastra por cidades médias e grotões do país. Em seu discurso em Maceió, entretanto, diz não acreditar na queda de popularidade.

— O que está caindo na verdade? A inflação e os preços.

Musa do *impeachment* de 1992 e ex-cunhada de Fernando Collor de Melo, Thereza Collor está na área restrita a autoridades e simpatizantes do presidente. Com óculos escuros, casaco rosa, vestido bege e sandálias coloridas, ela se transforma na sensação dos fotógrafos. Depois, afirma que o presidente a teria olhado num determinado momento da solenidade.

Diante do batalhão de profissionais da imprensa, ela sobe e desce três vezes a escada rolante do novo aeroporto, atendendo ao apelo dos jornalistas. A seguir, alfineta os petistas.

— É muito triste você rever uma história que se passou tão recente. Falta vergonha em muita gente.

Thereza pondera que Lula e o ex-cunhado têm origens e histórias "completamente" diferentes. E deixa claro que o papel de musa da crise não foi reocupado por ninguém.

Enquanto isso, com nariz de palhaço e afastados uns duzentos metros, manifestantes pedem a saída de Lula do Planalto.

— Fora já, fora já daqui, Lula, palhaço do FMI.

Perto dali, outro grupo, formado por gente do Sindicato dos Urbanitários e do PCB, poupa a cabeça de Lula e exige apenas o combate rigoroso à corrupção. E uma faixa é estendida contra o recém-criado partido de Heloísa Helena: "Quem diria, o PSOL apoiando a burguesia."

— Quem pede a saída do presidente apóia a direita — diz Conceição Freire, integrante do sindicato.

— Queremos o afastamento de Lula e de todos os outros — reage o militante do PSTU Alexandre Fleming.

Lula discursa:

— O país tem seus problemas políticos. Não é a primeira nem a última vez [que ocorre um caso de corrupção]. É bom que seja assim, porque isso consolida o processo democrático — afirma, acompanhado pelo silêncio dos manifestantes.

— Que ótimo, conseguimos mobilizar muitos companheiros — diz um assessor de Lula ao ver a claque em maioria.

A realidade é que, por conta da articulação do Planalto, o presidente, assim como ocorrera em Maceió, se livraria de protestos violentos durante toda a crise que derrubou a cúpula do PT, fulminou o poderoso José Dirceu e esvaziou politicamente ministros como Antonio Palocci Filho e Luiz Gushiken. Ouviria gritos contrários, é verdade, mas nada que ficasse marcado.

Com essa espécie de bateria antiaérea à disposição, Lula passa a encarar os companheiros olhos nos olhos. E não se arrepende. Em cada canto, com raras exceções, é recebido em clima de campanha eleitoral. Ouve gritos de seu nome, corre para abraçar e beijar pessoas e ainda se empolga como nunca sobre os palanques, com discursos improvisados e de ataques às elites, à imprensa e à oposição.

Em qualquer desses lugares, Lula fala como se estivesse numa assembléia de sindicato ou num congresso de trabalhadores rurais sem terra. Pelo Brasil afora, desaparece o "petismo" empolgante de campanhas. E surge o "lulismo" fanático dos grotões. O risco de depressão desaparece, e ele compartilha seu alívio assim que retorna ao gabinete depois dessas viagens.

— Está vendo, o pessoal continua a mil por hora. É difícil até para a gente sair do meio do povo — relata o presidente, enquanto pede a assessores que ampliem os deslocamentos.

No auge da crise, valia tudo para retirar o presidente do Planalto e levá-lo ao encontro da população, principalmente os de baixa renda e os menos escolarizados. Na agenda, aparecia de tudo, como "lançamento de pedra fundamental", "cerimônia de anúncio de criação" e um punhado de visitas a obras em rodovias.

Esse temor de adversidades a partir da crise não existia no início do governo, quando a popularidade beirava aquela obtida meses antes nas urnas. Um exemplo disso ocorre em maio de 2003, quando se prepara para deixar o Palácio do Planalto rumo à residência oficial do Alvorada.

Ainda em seu gabinete, Lula é informado por assessores e seguranças de que uma manifestação de motoristas de lotação de Goiânia está a caminho do Palácio da Alvorada. Por conta disso, na visão dos seguranças, o presidente terá de ser levado de helicóptero à sua residência, e não mais no habitual comboio de carros, formado sempre por pelo menos três veículos e uma ambulância.

Essa precaução com a segurança deixa Lula incomodado:

— Vocês vêm me avisar só agora? Eu não vou de helicóptero porra nenhuma. Vou de carro. Ninguém vai ficar pensando que eu estou fugindo do pau.

Ele entra no carro e o comboio segue para o Alvorada. Cinco minutos depois, próximo ao portão de entrada da residência, Lula desce do carro antes mesmo do chefe da segurança. E caminha de peito estufado em direção ao grupo de motoristas.

— Qual é o problema? Vamos resolver isso agora — diz o presidente, em meio aos líderes da manifestação.

Um *mea-culpa* aqui e uma promessinha ali, tudo fica resolvido. Ele abraça os companheiros, e a manifestação acaba em seguida com os motoristas cantando o Hino Nacional. Minutos depois, Lula cochicha com o primeiro assessor que encontra no corredor do Alvorada.

— Comigo não tem boi. Eu resolvo mesmo. Você viu?

Durante a crise política, nem sempre Lula conseguia driblar ou encarar os opositores. Num dia de eventos no Rio de Janeiro, em novembro de 2005, o presidente é recebido por um grupo de manifestantes comandados por Clarissa Garotinho, a filha da governadora do Rio de Janeiro, Rosinha Matheus. Do alto do Hotel Glória, onde se hospeda com a comitiva presidencial, Lula ouve de seu quarto a Juventude do PMDB entoar gritos de guerra e paródias alusivas ao escândalo do mensalão.

Nessa viagem ao Rio, o presidente está bem no estilo "paz e amor" da campanha, com sua dose de animação um pouco além do habitual. Naquele dia, talvez por conta do esfriamento da crise política, resolve levar tudo aquilo na brincadeira.

Em dado momento, para espanto e depois risos dos que o acompanham, o presidente caminha até a janela de seu luxuoso quarto e passa a cantarolar junto com os manifestantes o refrão de uma paródia feita especialmente para o ex-ministro da Casa Civil.

Ei, José Dirceu
Devolve o dinheiro aí
O dinheiro não é seu (Bis)

Saltitante, Lula repete o refrão com um sorriso aberto e os dedos indicadores para o alto como se estivesse num baile de Carnaval. Como de praxe, todos que estão ao seu lado sorriem diante da gozação. Ninguém entende nada.

Durante um jantar na cabine do Aerolula em clima de depressão, o presidente confidencia a amigos:

— Silvinho Pereira e Marcelo Sereno eram homens do Zé Dirceu. Nunca confiei nos dois. E o erro de Dirceu foi acreditar neles. Já o Delúbio, não. Esse era homem do movimento social, sempre trabalhou comigo.

E diz que Delúbio Soares não conseguiu dar conta da função de tesoureiro, pois nunca teve a dimensão do cargo. Para não passar a impressão de incompetente aos companheiros de partido, ainda na versão do presidente, Delúbio ia assinando tudo o que via pela frente.

— Foi incompetente — avalia Lula, sem ressentimentos.

Nos tempos de protesto no Rio de Janeiro, enquanto enfrenta um duro processo de perda de mandato na Câmara dos Deputados, José Dirceu passa a fazer críticas pontuais ao governo do qual havia saído quatro meses antes. Numa dessas alfinetadas, o ex-ministro da Casa Civil diz que, como integrante do governo federal, tinha dificuldades para expor e discutir situações graves com o presidente da República. Segundo ele, Lula ouvia o tema e rapidamente tentava mudar de assunto, esquivando-se para algo sem gravidade. O presidente tinha até uma manobra pronta para, quando possível, manter afastados dele os problemas de governo.

Na visita ao Japão, em maio de 2005, o presidente faz um longo sermão para um assessor que, em meio à última reunião daquele dia, tenta repassar a ele detalhe por detalhe dos últimos acontecimentos em Brasília. Tudo isso horas após ter sido criada a CPI dos Correios no Congresso, em mais uma derrota do governo.

Na visão do assessor, Lula precisa estar bem informado para uma eventual e pouco provável entrevista a jornalistas brasileiros em Tóquio. Mas ele não quer nem saber de conversa.

— Meu caro, nós estamos numa missão aqui no Japão e vamos continuar nela até o fim. Assuntos do Brasil, tratamos no Brasil. Não vou me deixar contagiar pelas notícias do Brasil — diz o presidente, que a seguir faz um comentário sobre José Dirceu. — Uma vez eu fiz uma viagem internacional com o Zé Dirceu. É impressionante a mania do Zé Dirceu de fazer contatos com o Brasil quando viaja. Eu não suporto isso.

Após alfinetar o então coordenador político do governo, o presidente resolve dar um conselho ao assessor.

— Deixa eu te dizer uma coisa, meu caro. É o seguinte. Se você tiver que dar uma notícia ruim a um companheiro, não faça isso à noite, pelo amor de Deus. Se tiver passado das nove da noite, primeiro que não vai ter mais tempo para resolver nada naquele dia, e segundo, você ainda vai fazer o favor de estragar o sono do companheiro. Ele não vai conseguir dormir mais, com aquela coisa martelando na cabeça.

O presidente olha o assessor e solta mais uma dica.

— Ah, e de preferência também não dê uma notícia ruim a um companheiro pela manhã. Não dê, não dê. Isso vai fazer o companheiro começar o dia num baita mau humor. É horrível.

O assessor entende o recado. O tema CPI está proibido.

Em momentos de turbulência política ou em meio a debates de temas delicados que exigiam uma decisão urgente do governo, as viagens acabavam sendo uma oportunidade de o presidente respirar e ter mais tempo para minimizar as crises. Quanto mais longe do gabinete do Planalto, melhor. No entanto, muitas vezes, ele era acusado de fugir de problemas recorrendo a deslocamentos programados com até um ano de antecedência.

Tudo isso apenas fortalecia a tese da oposição: o presidente estava deslumbrado com o poder e não queria lidar com pepinos e abacaxis, e, sim, apenas desfrutar de viagens e mais viagens com direito a hotéis de luxo e palácios banhados a ouro. Na verdade, nos momentos difíceis, qualquer quartinho longe de Brasília lhe servia.

Lula, o caixeiro-viajante, insistia em negar a existência do mensalão. Mas no Planalto utilizava o termo para brincar com auxiliares quando seu religioso cafezinho expresso demorava a chegar ao gabinete no intervalo entre uma e outra reunião.

— O que está acontecendo com o pessoal da copa, hein? Eles não estão recebendo o mensalão direito?

Assim como Delúbio Soares, que ironizava a perplexidade da população com os empréstimos de fachada e os crimes eleitorais, o presidente também levava alguns assuntos na brincadeira e até misturava temas políticos com tragédias nacionais. Uma dessas zombarias ocorre em novembro de 2005, um dia após um ataque incendiário a um ônibus no Rio de Janeiro ter deixado cinco mortos e dezenas de feridos.

A aeronave presidencial aterrissa no final da tarde na Base Aérea de Brasília depois de um dia de eventos em Curitiba. Lula desce a escadaria e é recebido pelo secretário de Imprensa da presidência, André Singer. O assessor narra ao presidente alguns detalhes sobre o ataque criminoso ocorrido na noite anterior na periferia carioca. Diz como andam as investigações, expõe a situação dos feridos e conta ao presidente que, entre os suspeitos de ter orquestrado a ação, estão homens ligados a Rogério Lemgruber, um dos fundadores da facção criminosa Comando Vermelho. Lula, então, faz cara de desentendido para conseguir contar a piadinha que acabara de passar em sua cabeça de presidente.

— Singer, meu caro, você tem certeza de que é o Comando Vermelho desse tal Rogério Lemgruber?

— É isso mesmo, presidente — responde o assessor.

— Porra, ainda bem que não foi o Comando Vermelho do Rogério Buratti — dispara o presidente, arrancando risos discretos dos que ouvem a chacota que inclui um dos antigos e suspeitos assessores do ministro Antonio Palocci Filho.

E continua fazendo gracinha. Numa das viagens em meio à crise, Lula lembra-se de um episódio curioso envolvendo o nome de seu ex-ministro da Casa Civil.

— Me contaram outro dia que, no meio de um *show* do Chico Anysio lá em

São Paulo, um cara se levantou e comprou a briga pro lado do Zé quando o Chico contou uma piada sobre ele. O cara ficou gritando que o Chico não tinha nenhuma prova para acusar o Zé Dirceu.

Lula pegou o gancho desse fato para emendar um acontecimento dos tempos de dirigente petista:

— E essa história do Dirceu me fez lembrar de uma que ocorreu comigo um tempo atrás. Eu só sei que estava em casa assistindo ao *Fantástico*, tranqüilo, quando vi o Chico Anysio contar uma piada filha-da-puta contra mim e o PT. Não lembro o que era direito, mas eu sei que fiquei puto da vida e liguei na hora pro doutor Roberto [Marinho].

O caso contado pelo presidente atraiu a atenção daqueles que o ouviam. Alguns, um pouco mais afastados, tratam de arrastar suas cadeiras para mais perto do Lulinha contador de histórias.

— Aí eu reclamei um monte pro doutor Roberto. Disse que aquele tipo de ataque gratuito não levava a nada. Ah, e o doutor Roberto foi supereducado comigo. Disse que no dia seguinte uma equipe da Globo iria até a minha casa para que eu pudesse expor a minha opinião e responder tintim por tintim ao Chico.

O assunto parecia esgotado. Mas Lula respirou fundo e prosseguiu a narrativa, rindo antes mesmo de concluí-la.

— Mas a vontade que eu tive naquele dia foi de pegar o microfone da Globo e dizer o seguinte: "Chico, meu caro, deixa de ser bobo. Quem está rindo de você é o Bernardo Cabral" —, arremata o presidente, referindo-se ao ex-ministro da Justiça do governo Collor, que teve um longo caso com a colega de Esplanada Zélia Cardoso de Mello (Economia), que, mais tarde, casou-se com o humorista Chico Anysio.

Lula caiu na gargalhada, enquanto via um assessor quase se desequilibrar da cadeira de tanto dar risada da historinha.

Alterando momentos de bom humor com uma profunda tristeza, Lula pede em tom dramático ao ministro Márcio Thomaz Bastos (Justiça) e ao senador José Sarney que convençam José Dirceu a renunciar ao mandato de deputado, para o qual tinha sido eleito em São Paulo com 550 mil votos.

Mesmo mantendo ao longo dos anos uma amizade política com Dirceu, ainda que com a proximidade comum de relações mais fraternas, o presidente relata a Bastos e a Sarney que o país não pode perder o "companheiro". A cassação do ex-ministro representaria uma clara derrota para o governo petista.

Dirceu responde que está decidido a morrer na luta, de frente, mesmo sabendo que tais palavras representavam, sob a ótica mais fria, um clichê típico dos anos de repressão. A cassação é consumada e, em outro bate-papo com assessores na cabine presidencial do avião, Lula comenta o desfecho do processo de perda de mandato:

— O Dirceu deixou de morrer como um indigente para morrer como alguém respeitado. Ele vendeu caro o mandato até o fim.

Como ministro, José Dirceu tinha obsessão em demonstrar força e poder. Não admitia ter menos importância que outros colegas da Esplanada, especialmente Antonio Palocci Filho. E deixou isso bem claro logo no início da gestão petista, quando passou por cima da legislação presidencial apenas para que, em solenidades oficiais, fosse citado pelo locutor e também assinasse documentos logo após Lula e José Alencar.

Dirceu não revogou nenhum decreto para tomar o lugar do ministro da Justiça, Márcio Thomaz Bastos, que, por ocupar a pasta mais antiga do governo, deveria iniciar a ordem de precedência. Pediu que o Cerimonial da presidência criasse uma tabelinha sem nenhum valor oficial e a usasse no lugar do decreto 70.274, de 9 de março de 1972, que leva em conta o critério histórico de criação das pastas na ordem de precedência.

Quando foi assinado pelo presidente Emílio Garrastazu Médici, o decreto relevava o Gabinete Civil, garantindo apenas ao ocupante do cargo o *status* de ministro. Com o petista Dirceu, o decreto de Médici foi para o lixo sem ao menos ser revogado.

Como ministro da Casa Civil, Dirceu tomava certas atitudes que deixavam as pessoas embasbacadas. Num mesmo momento, era capaz de aparecer como o mais humilde e o mais arrogante dos políticos brasileiros.

Um fato desses ocorreu no primeiro semestre de 2004, logo após o estouro do caso Waldomiro Diniz. Quem ficou pasmo com as duas faces de Dirceu foi o senador José Agripino Maia, do PFL do Rio Grande do Norte e uma das vozes mais fortes da oposição ao governo Lula no Congresso.

Dirceu queria encontrar-se com o senador para expor a sua versão diante das recentes denúncias que o atingiam. Pediu então que o senador tucano Eduardo Siqueira Campos agendasse uma conversa dele com o pefelista. O encontro foi marcado para a tarde de um sábado, na residência de uma assessora de Siqueirinha. Pronto para ouvir as explicações do petista, Agripino Maia cancelou seu fim de semana no Rio Grande do Norte, vestiu-se com uma calça *jeans* e uma camisa social de manga curta e seguiu para o encontro.

A momentânea expectativa de encontrar um humilde José Dirceu foi por água abaixo assim que o ministro apareceu no local. O senador ficou pasmo ao vê-lo entrar na sala como se estivesse chegando de uma caminhada no Parque da Cidade, área central de Brasília, todo de branco, com uma calça e uma blusa de manga comprida de moletom que mais pareciam peças de um pijama.

No auge da crise do mensalão, enquanto Lula girava pelo país, a oposição se articulava. Um exemplo disso ocorre em 20 de julho de 2005, quando os caciques do PFL Jorge Bornhausen e José Agripino Maia se reuniram discretamente com João Roberto Marinho na sede das Organizações Globo, no Rio de Janeiro. Na pauta do encontro dos senadores com o empresário, a turbulência política do país, a onda de denúncias de corrupção e as articulações em torno da sucessão presidencial de 2006.

Naquele mesmo dia, uma quarta-feira tensa em Brasília, Lula cumpre agenda na capital pernambucana. Está em Recife para a aula inaugural do Programa Nacional de Inclusão de Jovens, mas aproveita a viagem para, em meio à crise, buscar forças com velhos amigos.

Enquanto os líderes pefelistas e um dos donos da mais poderosa rede de TV da América Latina discutem e projetam os próximos passos do país, Lula visitava os enfermos deputados Ricardo Fiúza e Miguel Arraes, que morreriam meses depois.

Na sede da Globo, logo no início da conversa, o filho de Roberto Marinho deixa clara qual será a participação da emissora na cobertura da crise política que se agrava a cada dia.

— Não vamos livrar a pele de ninguém. Vamos fazer o registro factual e fidedigno de tudo, absolutamente tudo o que for descoberto, podem ter certeza disso — afirma o dono da emissora, arrancando cumprimentos dos caciques do PFL.

A conversa prossegue com um relato "interessante" do dirigente global. João Roberto diz que, por conta das revelações em torno da crise, até um amigo simpático a Lula havia mudado de conceito sobre o presidente e o PT:

— Eu tenho um grupo de seis ou sete amigos que se encontra há alguns anos para jogar conversa fora. É interessante que, antes da crise, um desses amigos, simpatizante do PT e muito bem articulado, conseguia convencer todo o restante da mesa de que o Lula era um bom caminho para o país. Esse meu amigo conseguia a unanimidade na mesa. Agora, por incrível que pareça, até ele está decepcionado com o que está acontecendo no país.

No encontro, passam a abordar o tema sucessório. Falam rapidamente sobre a viabilidade — ou a falta dela — de o prefeito carioca César Maia (PFL) encarar mesmo a corrida ao Palácio do Planalto. E logo a seguir João Roberto Marinho procura deixar claras duas convicções a respeito de 2006.

Diante das surpreendentes denúncias que surgem de hora em hora em Brasília, o dirigente da poderosa TV Globo afirma aos líderes do PFL que um segundo mandato de Lula poderá levar o país a uma situação caótica. E admite que prefere Geraldo Alckmin a José Serra na cabeça de chapa da oposição. Diz enxergar o então prefeito de São Paulo como um administrador "imprevisível".

O bate-papo termina duas horas depois. Os pefelistas, que haviam deixado Brasília na hora do almoço, retornam aos seus gabinetes do Congresso no final da tarde. Tudo discreto e sem alarde para a imprensa.

Lula estava estressado com o avançar da crise. Em todas as viagens escolhia um assessor para descontar a raiva com gritos e cobranças. Era batata. Quando um auxiliar se afastava do presidente de cabeça baixa, os demais sabiam que aquele havia sido enquadrado pelo petista.

Um caso desses ocorre no interior do Rio Grande do Sul, uma semana depois do encontro dos pefelistas com a direção da Globo e um dia após ter surgido na mídia a informação de que a posse de Lula poderia ter sido custeada por empréstimos irregulares contraídos pelo PT em 2003.

Pela manhã, em Osório, o presidente ainda tenta demonstrar animação. Ao cumprimentar os presentes nas obras da BR-101, toma o celular do vendedor Rafael Rosa Dias, 38, e passa a conversar com Antonieta Ferrari de Lima, 69, sogra de Dias.

— Como vai a senhora? Aqui é o presidente Lula, tudo bem? Tem um cafezinho aí pra mim? — pergunta o presidente, devolvendo o telefone ao vendedor depois de ouvir a resposta da dona-de-casa.

Aquele, vale lembrar, era um período de extrema tensão de Lula com a imprensa. Por conta disso, qualquer clima diferente nesses eventos é motivo de correria para os jornalistas. No caso de Osório não é diferente.

Assim que desliga o celular, o vendedor é abordado por um dos autores, que telefona a seguir para a dona-de-casa.

— Eu estava falando com o meu genro e nem acreditei que ele [Lula] pegou o telefone. O presidente é uma gracinha — afirma dona Antonieta ao repórter.

A agenda do presidente naquele dia prossegue até cerca de vinte quilômetros à frente, no município de Maquiné. O evento começa tranqüilo, com a imprensa sob o controle dos seguranças e a claque petista cercada no alto de um morro.

Lula primeiro entra numa perfuratriz hidráulica que seria usada para a abertura de um túnel. Usando um capacete branco e com o auxílio de um funcionário, aperta botões e ensaia algumas manobras com o controle manual da máquina gigantesca.

O evento no canteiro de obras acabaria aí. Lula não se sente satisfeito. Olha para o alto, vê a agitação das pessoas vinte metros acima e sai em disparada pelo barranco, deixando a equipe de seguranças enlouquecida. Com os sapatos enfiados no terreno enlameado e uma jaqueta de manga comprida bem ao estilo George W. Bush, o presidente corre o risco de despencar a qualquer distração.

Os jornalistas não querem nem saber. Ao verem a brecha aberta pelo próprio presidente, ultrapassam a barreira montada pelos seguranças e o cercam no alto do barranco. Rodeado por seguranças brutamontes, Lula prossegue os cumprimentos e nem sequer olha para os lados, ignorando o assédio incomum da imprensa naquele dia.

Os repórteres, livres do "chiqueirinho" armado pela presidência, parecem encorajados a arrancar alguma declaração do presidente sobre a crise. Colocam microfones e gravadores próximo à sua boca e insistem com gritos para que fale das suspeitas sobre o financiamento da festa de sua posse. O empurra-empurra entre jornalistas e seguranças prossegue até a porta de entrada do ônibus que levará Lula e sua comitiva ao heliponto da cidade.

Ele sobe as escadas do veículo sem dizer uma única palavra à imprensa. Lá dentro, porém, passa a infernizar a vida do assessor de imprensa escalado para acompanhá-lo naquela viagem.

— Olha pra mim, porra. Eu estava tentando falar com você lá fora do ônibus, e você só estava olhando para a imprensa. Quando eu falar é pra olhar mim — esbraveja o presidente, que mais tarde age como se nada tivesse acontecido.

Com o avançar da crise, Lula se sente abandonado pelo PT. Acha que a direção do partido e seus integrantes no Congresso poderiam defender mais as ações do governo federal contra os ataques da oposição. Poucos colocam a cara a tapa para sair em defesa de um partido acuado por uma série de irregularidades.

Um desses momentos de alegado isolamento ocorre quando o senador tucano Arthur Virgílio e o deputado pefelista ACM Neto sobem às tribunas do Senado e da Câmara para ameaçá-lo de agressão física, deixando de lado o respeito à figura do presidente e às instituições democráticas.

Lula espera uma mobilização dos petistas e da base aliada no Congresso a seu favor. Mas não vê nada disso. E, numa viagem entre Brasília e São Paulo, desabafa com o senador e amigo petista Eduardo Suplicy.

— Eduardo, meu caro, a vontade que eu tenho é ir lá no Congresso pegar de pau esses dois caras. Mas eu não posso. E quem tinha que me defender não faz nada.

Suplicy se mantém em silêncio. Até que tenta iniciar algum comentário ou sugestão. Não há tempo. O impulso eleitoral de Lula é mais rápido.

— Eu tenho vontade de ir lá no Congresso pra dizer as coisas, as verdades do governo pra eles. Mas pode deixar, Eduardo, pode deixar. Quando chegar a eleição eu vou dizer pra eles todas essas coisas que eu tenho vontade.

Para disfarçar o incômodo por conta desses embates com seus opositores, o presidente passa também a ironizá-los. Um desses deboches ocorre na viagem à África no início de 2006. No trajeto do aeroporto de Argel ao hotel onde a comitiva brasileira ficará hospedada, Lula repara que postes e muros da capital da Argélia estão repletos de cartazes com fotos suas e também do presidente local, Abdelaziz Bouteflika.

Ao chegar à recepção do hotel, ainda com esses cartazes na memória, Lula logo chama num canto o assessor que fizera o percurso num outro veículo do comboio montado pela polícia local.

— Você viu os postes e as paredes no caminho?

— Vi, sim, presidente.

— É bom que o PSDB e o PFL não vejam essas fotos. Senão eles com certeza vão dizer que eu estou fazendo propaganda eleitoral na Argélia.

Enquanto trata de ironizar a oposição, o presidente mantém em alta sua bronca com setores da imprensa. E fica nervoso com qualquer crítica ao governo estampada nas páginas de jornais e revistas.

Isso, por exemplo, vale para a reforma agrária. Lula não dá a prometida canetada para combater os latifúndios improdutivos, e por conta disso passa a adotar o discurso dos "assentamentos de qualidade" para abafar as metas não cumpridas e as manipulações nos balanços anuais do Ministério do Desenvolvimento Agrário.

Na viagem que faz à Bolívia em janeiro de 2006, o presidente fica irritado ao ler um artigo de jornal que aponta algumas falhas na política agrária do governo federal. Ele não leu o artigo por acaso. Foi levado a isso por ser de autoria de um acadêmico que, anos antes, defendia a visão petista sobre o tema. Ao finalizar a rápida leitura na cabine da aeronave presidencial, Lula retira calmamente os óculos, olha para o lado e dispara sua fúria, enquanto sacode o jornal com a mão direita.

— Tem que mandar esse cara aqui tomar no cu. A gente aumenta o número de contratos da agricultura familiar, faz uma reforma agrária de qualidade e investe no agronegócio e ainda tem que ler isso aqui? — Ao notar o silêncio dos assessores, Lula prossegue o ataque. — Num caso como esse não tem jeito, meus caros, não tem jeito. Tem que mandar tomar no cu mesmo, não tem outro jeito.

Na presidência, além de conhecer a surpreendente realidade sem as bravatas de campanha, Lula mantém o hábito de delegar a auxiliares o trabalho de coordenação política do governo. O presidente, que um dia falou em "trezentos picaretas" no Congresso, parece incomodado com a necessária e exaustiva tarefa de aproximação de deputados e senadores. Para ele, quanto menos jantares e cafezinhos melhor. Falar com caciques políticos é algo tolerável, mas dialogar com o chamado baixo clero do Congresso parece insuportável.

É então que, no primeiro ano de governo, assessores do presidente têm uma idéia para quebrar esse gelo. Lula poderia promover sessões de cinema nos fins de semana no Palácio da Alvorada para grupos de deputados e senadores. O presidente aceita a proposta, e fica combinado que parlamentares levariam filhos e netos para assistir aos filmes e dar uma olhada discreta no presidente metalúrgico.

Logo na primeira sessão do cine Alvorada, Lula bola uma estratégia para evitar ao máximo o contato com os parlamentares. Chega ao local de exibição com um copo de uísque na mão já com o filme em andamento. Ou seja, atrasa-se em sua própria casa.

Naquele dia, aos deputados e senadores ansiosos para pedir liberação de verbas para seus currais eleitorais, resta esperar o fim da sessão para falar com o presidente.

Lula, que dormiu e roncou alto durante boa parte da exibição de *Narradores de Javé*, levanta-se rapidamente assim que o filme termina e, numa tentativa inócua para ser sutil, manda todo mundo embora de sua residência.

— Gente, vamos embora, vamos embora, porque amanhã eu tenho muito que fazer.

Outras sessões ainda são realizadas, mas ele sempre consegue evitar conversas sobre assuntos que o irritam, como emendas parlamentares, liberação de verbas e problemas políticos estaduais. Os parlamentares, em especial os do baixo clero, deixam de viajar aos seus redutos eleitorais nos fins de semana para, quem sabe, numa dessas sessões de cinema, conseguir alguns minutos de conversa com o presidente.

Num dos raros momentos em que passou a bater papo com deputados e senadores, o presidente foi questionado, em tom de brincadeira, pela senadora Ana Júlia, do PT paraense.

— Presidente, diga para nós. O que existe de fato entre o senhor e o governador sergipano João Alves?

— Eu sempre quis foder o João Alves. Já fiz aliança com todo mundo lá, com o Albano Franco, com o Almeida Lima. Eu faço aliança com qualquer um para foder o João Alves. Este eu quero foder de qualquer jeito.*

Esse bate-papo empolgante é interrompido de forma abrupta quando Lula diz que precisa dormir. No dia seguinte, a filha adolescente de um parlamentar, que também assistia ao filme, comenta seu espanto com o vocabulário do presidente da República.

— Pai, eu nunca vi um presidente falar tanto palavrão.

Os parlamentares, então, passam a recusar os convites para assistir aos filmes com o presidente. Não valia a pena permanecer em Brasília nos fins de semana, pois Lula chegava atrasado, dormia durante as sessões e nunca queria conversar sobre liberação de verbas para currais eleitorais.

---

*Adversário antigo de Lula, Alves usa rádios e jornais da família para atacar o presidente Em 16 de março de 2006, o *Correio de Sergipe*, de propriedade do clã, destacou na capa: "Lula evita falar com a imprensa durante sua visita a Sergipe." O presidente, no entanto, deu entrevista na tarde do dia anterior em Aracaju. Elogiou Geraldo Alckmin, o escolhido pelo PSDB para concorrer à presidência nas eleições de outubro de 2006.

O presidente sempre ficava impaciente quando tinha de participar de reuniões com grupos de parlamentares. A solução, às vezes, era beber uísque para esconder o incômodo com os assuntos do Congresso.

Um desses casos ocorre em meados do primeiro ano de governo. Lula vai almoçar com líderes dos partidos aliados da Câmara na residência oficial do ministro José Dirceu. Entre os convidados, o deputado Roberto Jefferson, do PTB do Rio de Janeiro, que dois anos mais tarde se transformaria no homem-bomba do governo petista.*

Lula bebe tanto uísque naquele dia para agüentar as conversas com os deputados que cochila no banco traseiro do carro da presidência no curto trajeto entre a casa de Dirceu e o Planalto. Tem poucos minutos para se recompor, pois já está mais de uma hora atrasado para uma cerimônia com cerca de quinhentos convidados no Salão Nobre do palácio.

Lula sobe rapidamente ao seu gabinete, joga água no rosto e bebe uma xícara cheia de café expresso. Desce correndo para o evento, mas mesmo assim não evita lentas piscadas de olhos enquanto ouve discursos sobre Imposto sobre Serviços (ISS).

Esse martírio de negociar com parlamentares e ao mesmo tempo lidar com as burocracias obrigatórias do cargo para o qual foi eleito com cerca de 53 milhões de votos faz com que o presidente adote os discursos de viagens como um hábito para responder aos ataques da oposição, às críticas da imprensa e às dificuldades para aprovar projetos no Congresso e vencer a "herança maldita" deixada por seus antecessores.

---

*Numa entrevista à jornalista Renata Lo Prete, da *Folha de S. Paulo*, Jefferson denuncia a existência de um esquema do PT de pagamento de mesada a deputados da base aliada do governo em troca de apoio nas votações do Congresso. A entrevista deflagrou uma série de investigações que provocaram o afastamento de ministros do governo petista, a cassação de três deputados, o próprio Jefferson, José Dirceu e Pedro Corrêa (PP-PE), e a denúncia de 40 pessoas ao STF pelo procurador-geral da República, Antonio Fernando de Souza, sob a acusação de integrarem uma "organização criminosa".

Como não dá entrevistas organizadas, tem na cabeça a convicção de que suas falas improvisadas em cima de palanques nos grotões do país são mais do que suficientes para esclarecer a sociedade e tirar as dúvidas da imprensa.

O teor desses discursos e o próprio humor do presidente dependem do local do evento e do tipo de público presente.

Ao longo dos anos 1980 e 1990, como líder petista, Lula construiu uma aliança forte e muito próxima com entidades sindicais e movimentos sociais. Com a estrutura do partido nas mãos, atuava como uma espécie de representante de honra dessas entidades em marchas e manifestações pelo país. Por isso, mesmo depois de chegar à presidência da República, não escondia de ninguém a satisfação que tinha de participar de eventos ao lado desses antigos "companheiros" políticos.

Para resumir, ouvia muitos elogios e poucas críticas. Nesses eventos, os raros e sempre sutis ataques ao governo eram estrategicamente endereçados à equipe econômica, como se a figura do presidente fosse alheia à condução de tal modelo.

No comando dos atos, sempre a Central Única dos Trabalhadores (CUT), a União Nacional dos Estudantes (UNE) e o Movimento dos Trabalhadores Rurais Sem Terra (MST). O último, aliás, na encruzilhada entre defender um projeto político que ajudou a eleger e enxergar suas famílias acampadas à beira de estrada à espera de um lote de terra.

Essa proximidade de Lula com a "companheirada" aumenta nos momentos de tensionamento político. Estrategicamente, então, sua agenda é toda voltada para eventos que, na prática, têm um viés emotivo carregado, tanto em Brasília como nos grotões.

O resultado não falha. O presidente pisa nos palanques e ouve as claques ou mesmo as pessoas gritando seu nome como em épocas de campanha. "Olê, olê, olê, olá; Lula, Lula" e "Um, dois, três, é Lula outra vez" são os mais entoados.

No auge da crise, porém, um grito mais raivoso era freqüentemente ouvido em eventos presidenciais com a participação de sindicatos, movimentos sociais e beneficiários do programa Bolsa-Família. "Lula é meu amigo, mexeu com ele, mexeu comigo", cantavam sindicalistas, sem-terra e metalúrgicos num recado claro e direto à oposição — que chegou a cogitar a possibilidade de *impeachment* do presidente petista, mas teve de recuar estrategicamente pela razão pragmática de não ter respaldo para isso no Congresso nem na sociedade.

Os jornalistas adoravam esse tipo de evento com as claques, pois era justamente neles que o presidente perdia a compostura e partia para o ataque à oposição e ao que se acostumou chamar de "elites" do país. Os conservadores, segundo ele, conspiravam contra um governo comandado por um nordestino e ex-sindicalista. A alegria dos repórteres não estava em ver o presidente criticar os adversários políticos, mas na possibilidade de conseguir manchetes para o dia seguinte quando Lula jogava fora os textos preparados por sua assessoria e partia para falas improvisadas por conta do clima de campanha nos locais. Muitas vezes ele exagerava na dose. Alguns desses recados por meio de discursos aconteciam em locais absolutamente inapropriados para isso. A sensação era que Lula dirigia sua fala à imprensa e esquecia o público à sua frente.

Um exemplo disso ocorre em agosto de 2005, quando viaja a Peixe, no interior do Tocantins, para visitar as obras de uma usina hidrelétrica. Naquele dia, sob um calor de quarenta graus, cerca de trezentos operários expostos ao sol pelo menos duas horas antes da chegada do presidente têm de ouvir um discurso voltado a empresários do setor elétrico.

Outro caso havia ocorrido em fevereiro de 2004, quando usou uma viagem a Caxias do Sul, onde o evento oficial era uma visita à tradicional Festa da Uva,

Márcio Fernandes – Agência Estado

**Travessia de balsa com ministros em
Itinga (Minas Gerais)**

11/1/2003

Ricardo Stuckert – Presidência da República

**No aeroporto de Montes Claros
(Minas Gerais)**
11/1/2003

Ricardo Stuckert – Presidência da República

Comunidade de Manguape, em São Sebastião
de Lagoa de Roça (Paraíba)
30/10/2003

Ricardo Stuckert – Presidência da República

Visita a obras do Canal do Sertão,
em Paulo Afonso (Bahia)
20/11/2003

Ricardo Stuckert – Presidência da República

**Em Petrolina (Pernambuco), sobrevoando
áreas atingidas pelas enchentes**
4/2/2004

Celso Jr. – Agência Estado

**Em Caxias do Sul (Rio Grande do Sul),
após a cerimônia de abertura da Festa da Uva**
20/2/2004

Ricardo Stuckert – Presidência da República

**Lançamento do Programa Nacional
de Saúde Bucal, em Sobral (Ceará)**
17/3/2004

Ricardo Stuckert – Presidência da República

**Instalações da Veracel
Celulose, em Eunápolis (Bahia)**
21/1/2005

Ricardo Stuckert – Presidência da República

**Em uma fazenda de Toritama (Pernambuco),
após um pouso preventivo do helicóptero
presidencial para fugir de uma tempestade**
11/2/2005

Jerffeson Coppola – Folha Imagem

**Ao se lembrar da mãe, dona Lindu,
Lula chora em Canto do Buriti (Piauí)**
4/8/2005

Fábio Motta – Agência Estado

**Inauguração do
Hospital de Palmas (Tocantins)**
10/8/2005

Sérgio Lima – Folha Imagem

**Em Gurupi (Tocantins), discurso às margens
da BR-153 (Belém–Brasília)**
10/8/2005

Lula Marques – Folha Imagem

**Em Santa Cruz Cabrália (Bahia),
no assentamento do MST chamado de
Luiz Inácio Lula da Silva, o "Lulão"**

28/9/2005

Fábio Motta – Agência Estado

Nas ruas de Roma (Itália)
15/10/2005

Jorge Araújo – Folha Imagem

**Em Teófilo Otoni (Minas Gerais), em cerimônia
de doação do terreno para a construção da
Universidade Federal dos Vales do
Jequitinhonha e de Mucuri**

10/11/2005

Ricardo Stuckert – Presidência da República

Entrega de residências em Lauro de Freitas (Bahia)
21/3/2006

Alan Marques – Folha Imagem

**Pausa para foto durante a visita
às obras da Universidade Federal do Vale
do São Francisco, em Petrolina (Pernambuco)**
21/2/2006

Ricardo Stuckert – Presidência da República

**Em Senador Guiomard (Acre), no lançamento de
projeto modelo de assentamento agroflorestal**
21/1/2006

Dida Sampaio – Agência Estado

No porto de Vitória (Espírito Santo)
24/3/2006

Tasso Marcelo – Agência Estado

**Em Caetés (Pernambuco), terra natal de Lula,
o pequeno Emerson volta para casa num pau-de-arara
após a mãe ter recebido o pagamento
mensal do Bolsa-Família**
16/12/2005

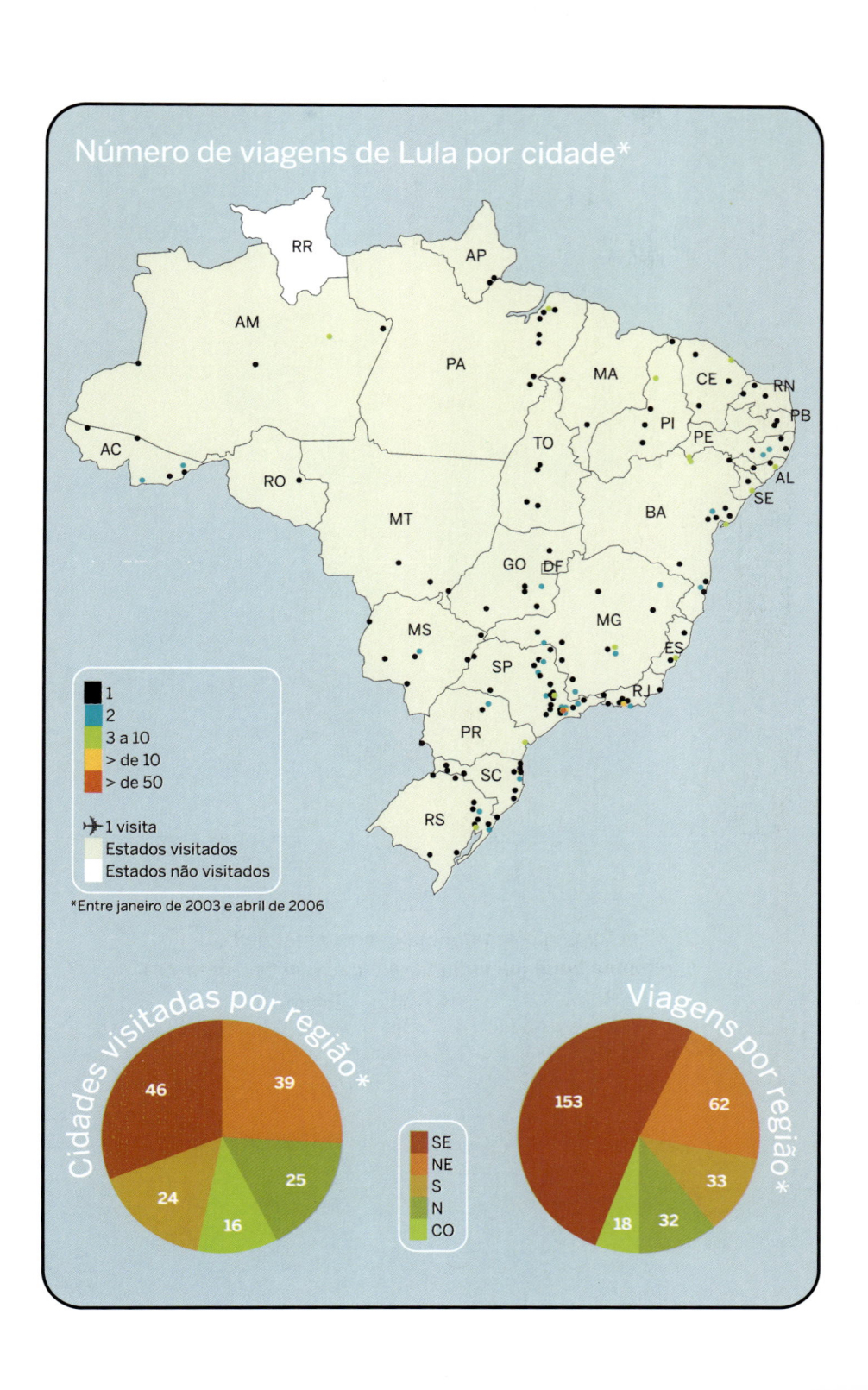

Número de viagens de Lula por cidade*

RR
AP
AM
PA
MA
CE
RN
PI
PB
TO
PE
AC
RO
BA
SE
AL
MT
GO
DF
MG
ES
MS
SP
RJ
PR
SC
RS

1
2
3 a 10
> de 10
> de 50

✈ 1 visita
Estados visitados
Estados não visitados

*Entre janeiro de 2003 e abril de 2006

Cidades visitadas por região*

46
39
25
16
24

Viagens por região*

153
62
33
32
18

SE
NE
S
N
CO

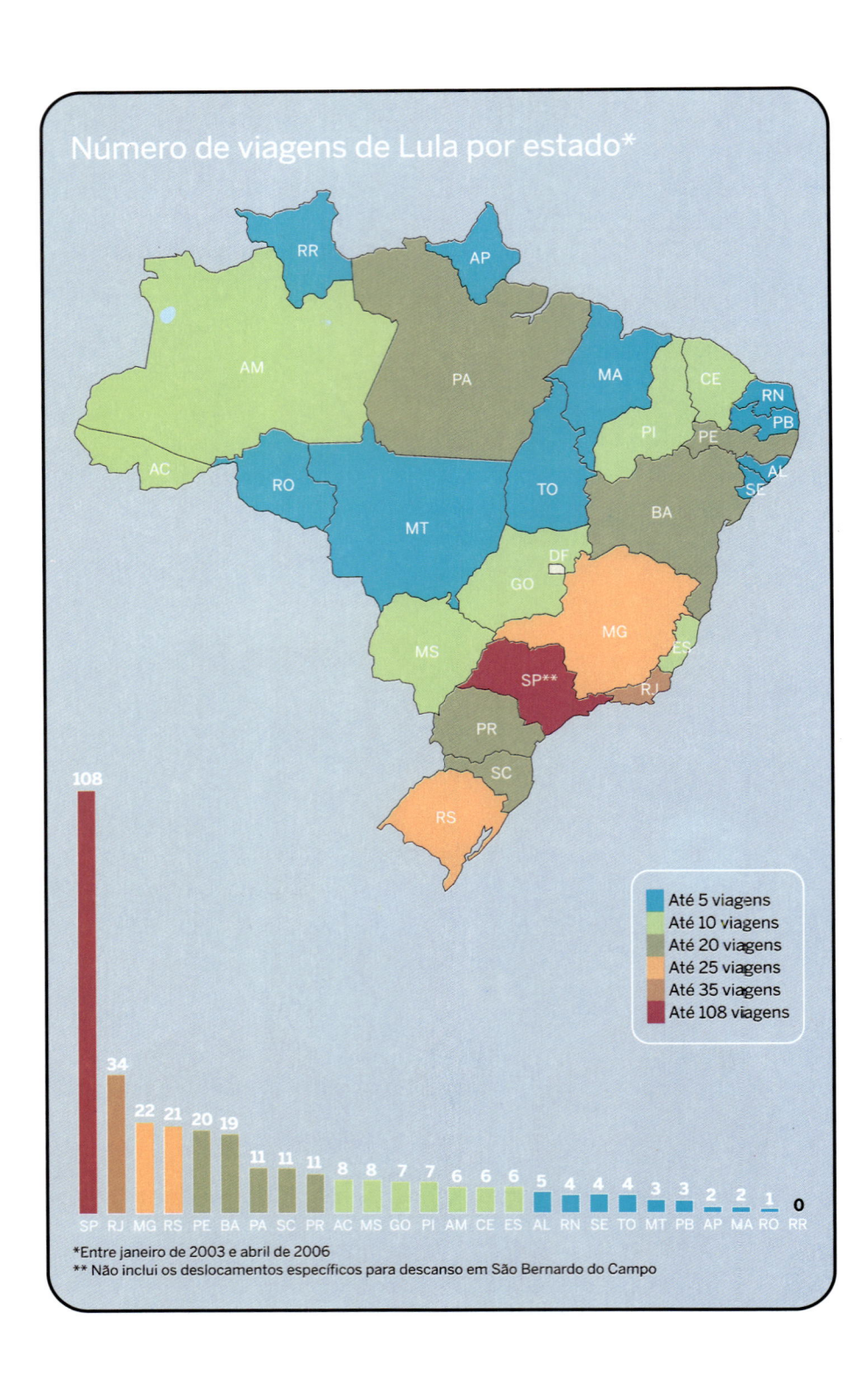

Número de viagens de Lula por estado*

Legenda:
- Até 5 viagens
- Até 10 viagens
- Até 20 viagens
- Até 25 viagens
- Até 35 viagens
- Até 108 viagens

Estado	Viagens
SP	108
RJ	34
MG	22
RS	21
PE	20
BA	19
PA	11
SC	11
PR	11
AC	8
MS	8
GO	7
PI	7
AM	6
CE	6
ES	6
AL	5
RN	4
SE	4
TO	4
MT	3
PB	3
AP	2
MA	2
RO	1
RR	0

*Entre janeiro de 2003 e abril de 2006
** Não inclui os deslocamentos específicos para descanso em São Bernardo do Campo

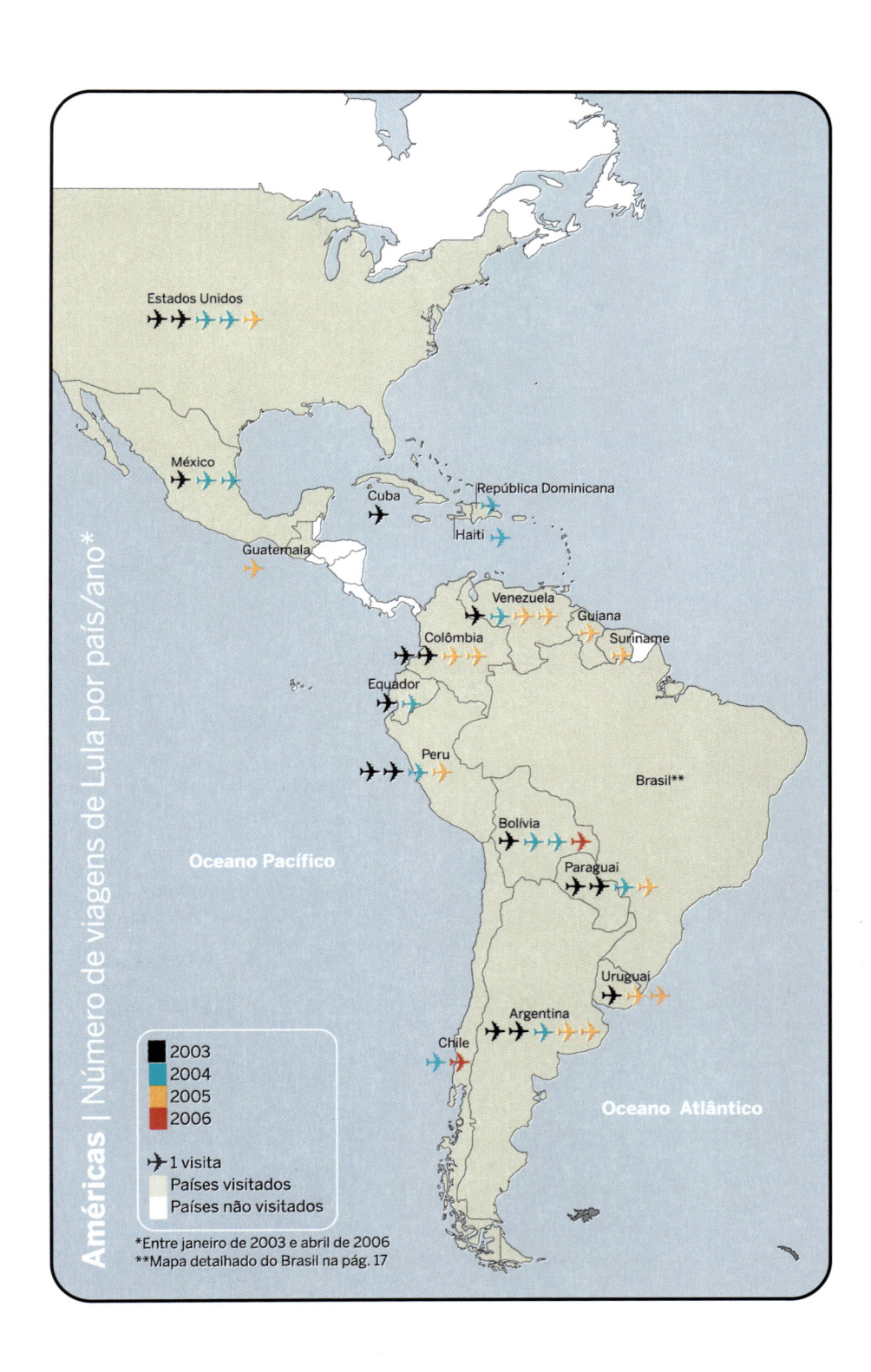

Américas | Número de viagens de Lula por país/ano*

Estados Unidos

México

Cuba

República Dominicana

Haiti

Guatemala

Venezuela

Guiana

Colômbia

Suriname

Equador

Peru

Brasil**

Bolívia

Paraguai

Uruguai

Argentina

Chile

Oceano Pacífico

Oceano Atlântico

- 2003
- 2004
- 2005
- 2006

✈ 1 visita
Países visitados
Países não visitados

*Entre janeiro de 2003 e abril de 2006
**Mapa detalhado do Brasil na pág. 17

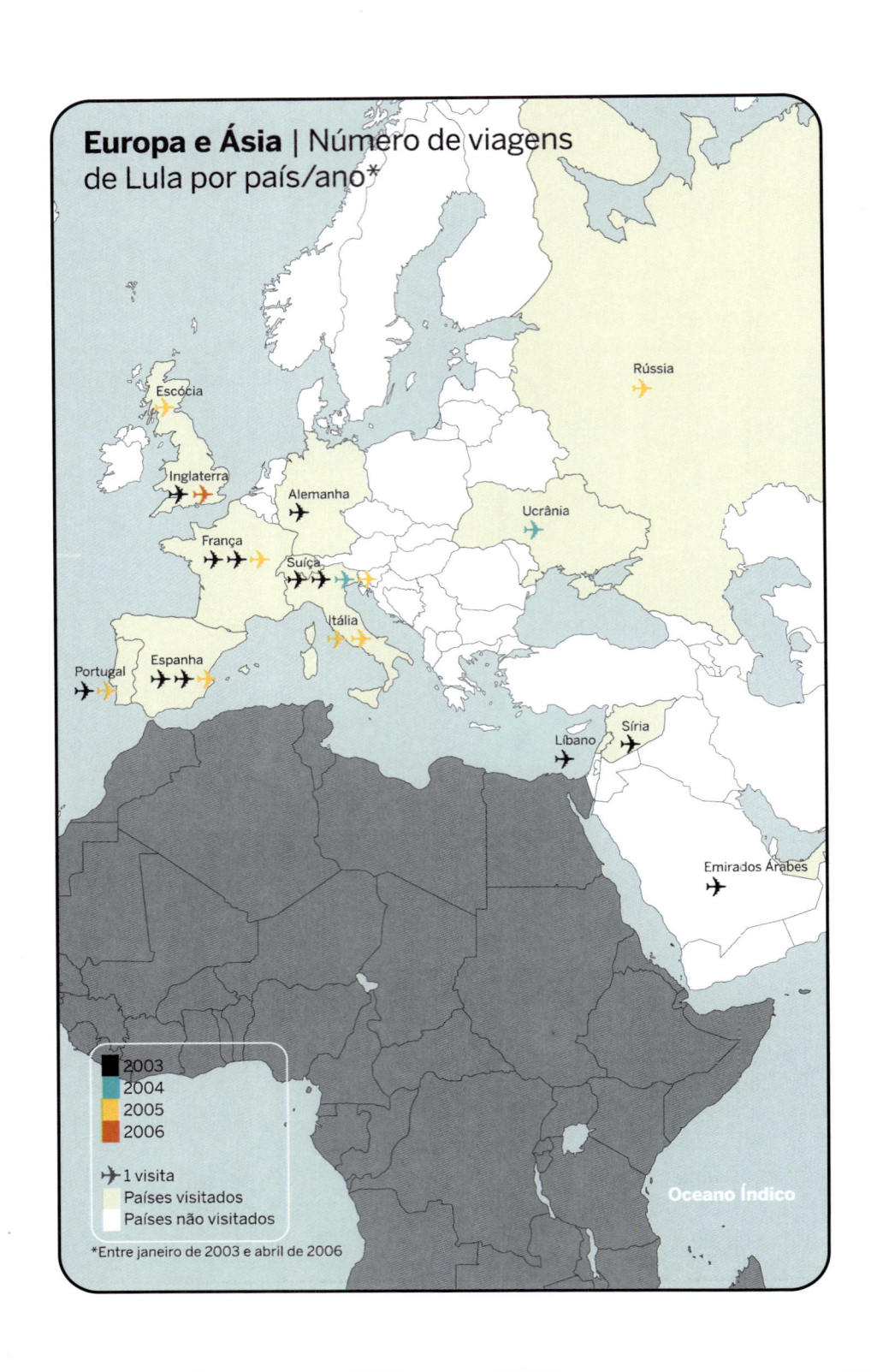

Europa e Ásia | Número de viagens de Lula por país/ano*

Escócia

Inglaterra

Alemanha

França

Suíça

Itália

Portugal

Espanha

Rússia

Ucrânia

Líbano

Síria

Emirados Árabes

2003
2004
2005
2006

1 visita
Países visitados
Países não visitados

*Entre janeiro de 2003 e abril de 2006

Oceano Índico

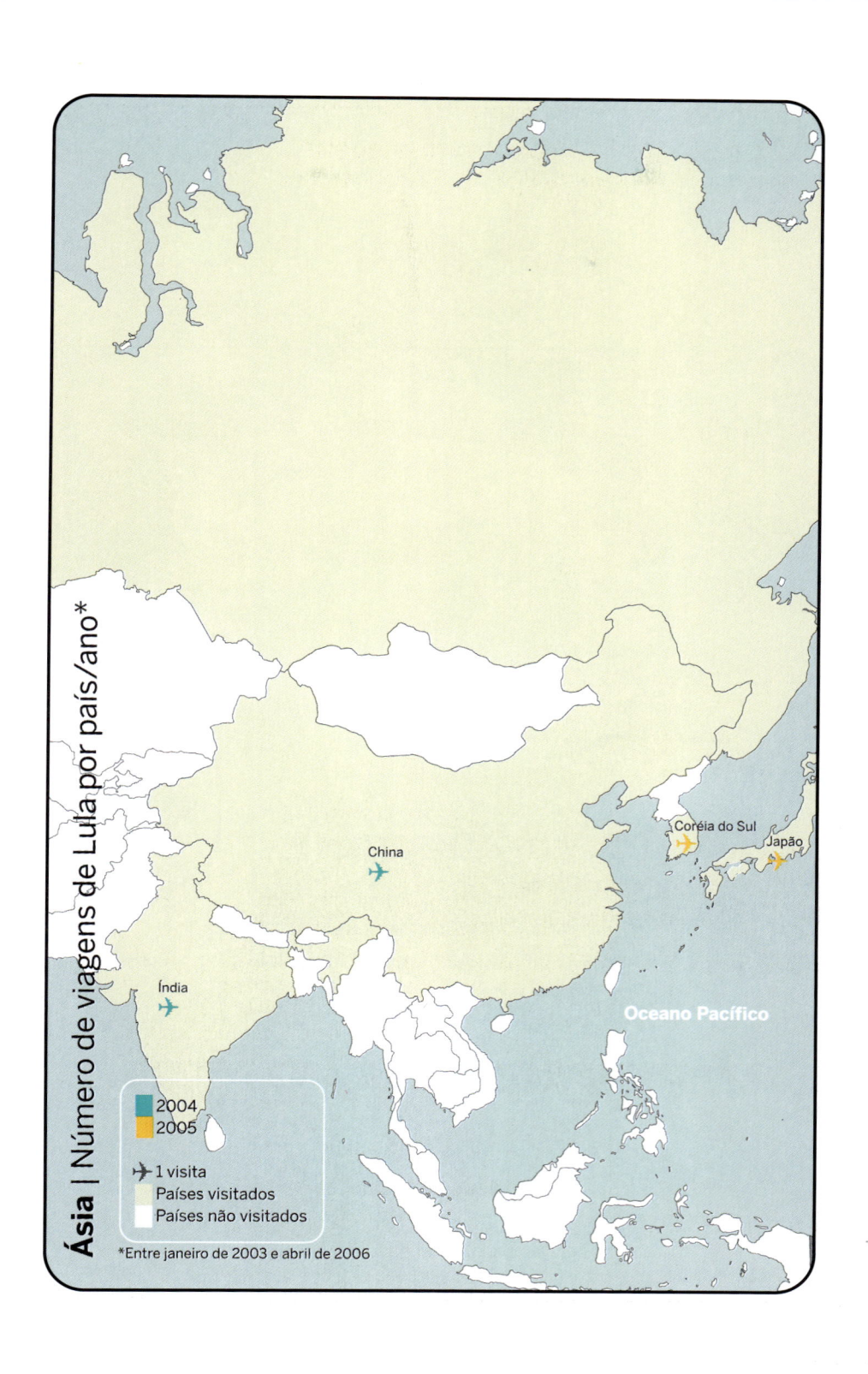

Ásia | Número de viagens de Lula por país/ano*

China

Índia

Coréia do Sul

Japão

Oceano Pacífico

2004
2005

✈ 1 visita
Países visitados
Países não visitados

*Entre janeiro de 2003 e abril de 2006

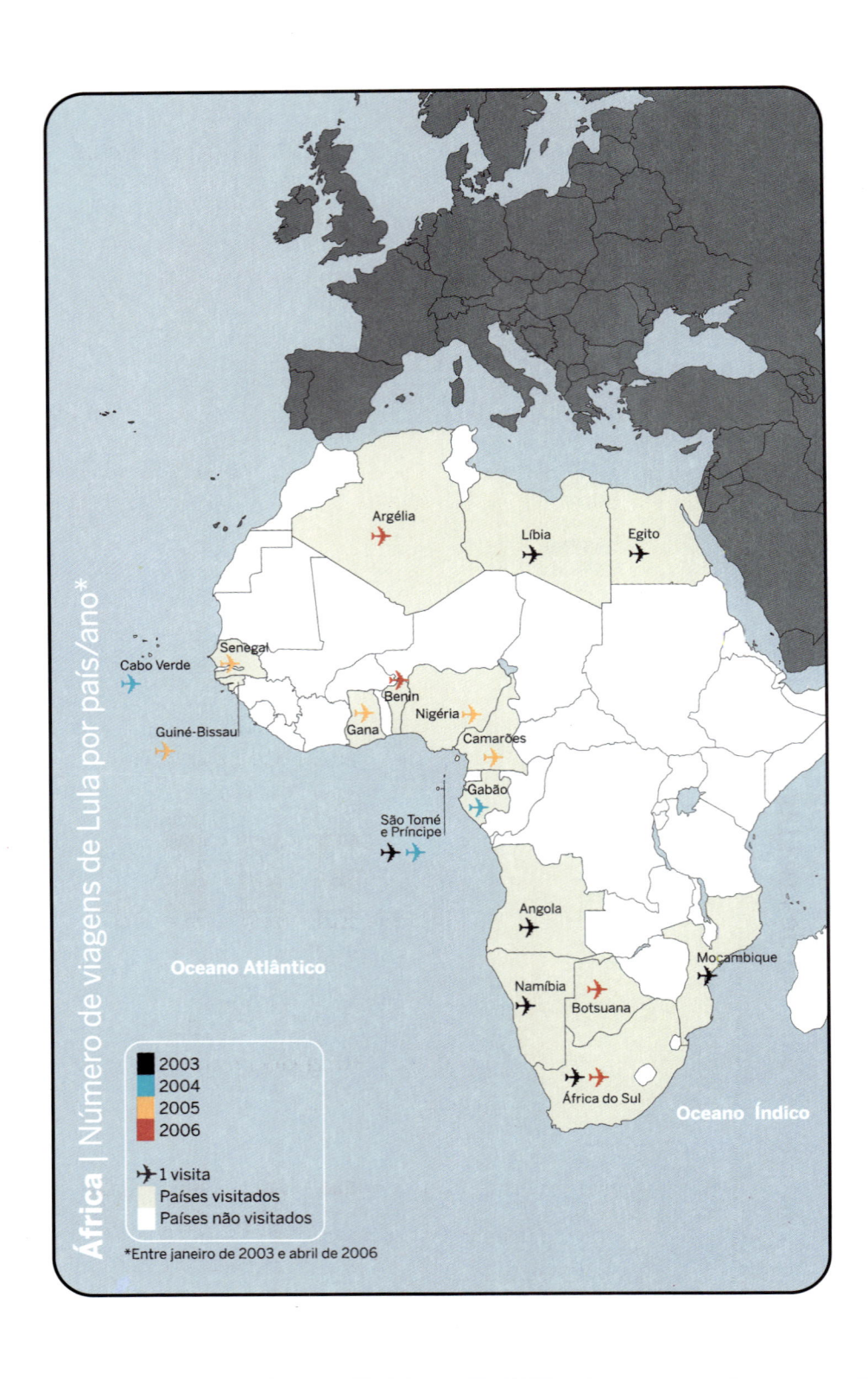

África | Número de viagens de Lula por país/ano*

■	2003
■	2004
■	2005
■	2006

✈ 1 visita
Países visitados
Países não visitados

*Entre janeiro de 2003 e abril de 2006

Argélia
Líbia
Egito
Senegal
Cabo Verde
Benin
Nigéria
Guiné-Bissau
Gana
Camarões
Gabão
São Tomé e Príncipe
Angola
Moçambique
Namíbia
Botsuana
África do Sul

Oceano Atlântico
Oceano Índico

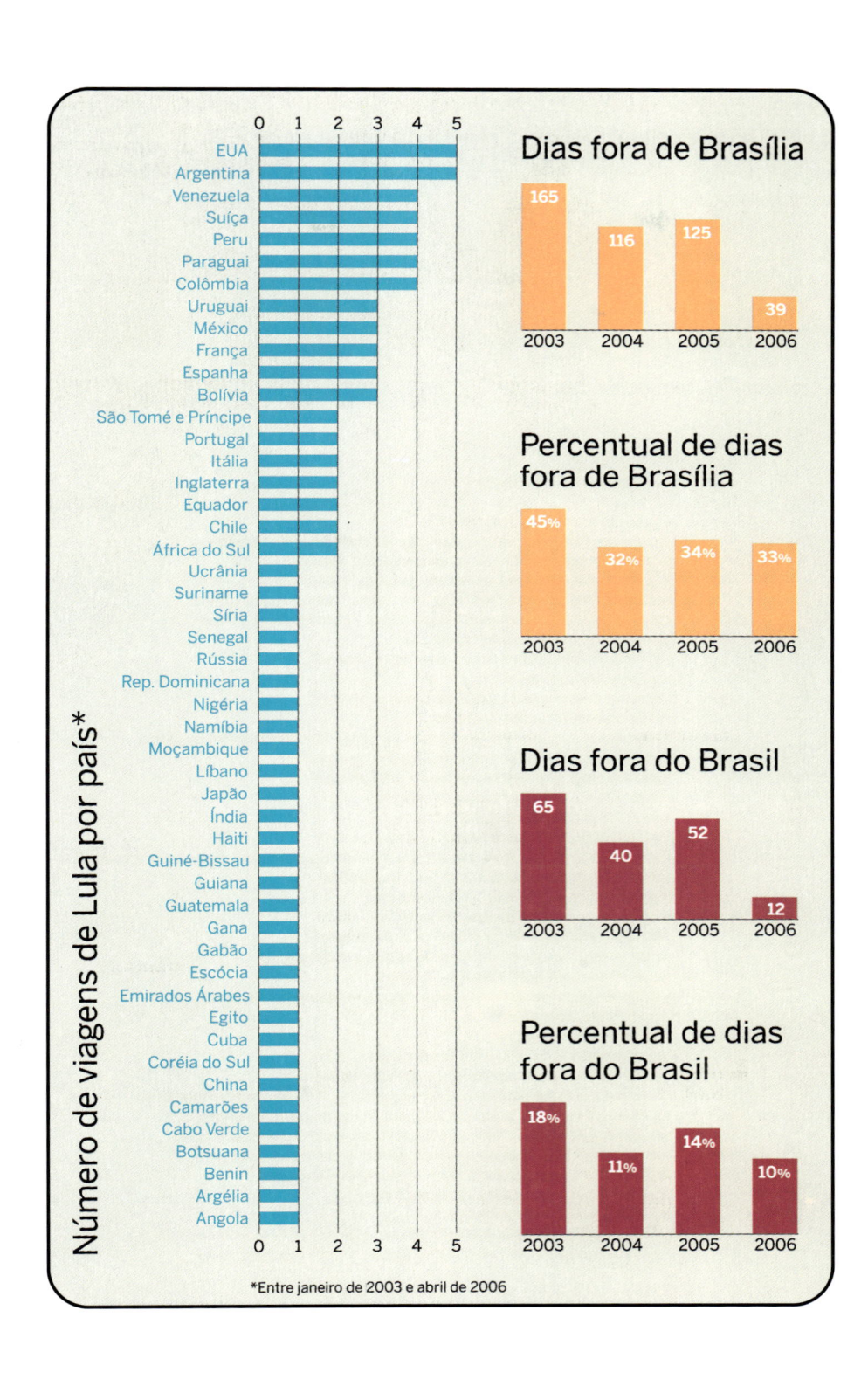

Número de viagens de Lula por país*

| | 0 | 1 | 2 | 3 | 4 | 5 |

EUA
Argentina
Venezuela
Suíça
Peru
Paraguai
Colômbia
Uruguai
México
França
Espanha
Bolívia
São Tomé e Príncipe
Portugal
Itália
Inglaterra
Equador
Chile
África do Sul
Ucrânia
Suriname
Síria
Senegal
Rússia
Rep. Dominicana
Nigéria
Namíbia
Moçambique
Líbano
Japão
Índia
Haiti
Guiné-Bissau
Guiana
Guatemala
Gana
Gabão
Escócia
Emirados Árabes
Egito
Cuba
Coréia do Sul
China
Camarões
Cabo Verde
Botsuana
Benin
Argélia
Angola

*Entre janeiro de 2003 e abril de 2006

Dias fora de Brasília

2003	2004	2005	2006
165	116	125	39

Percentual de dias fora de Brasília

2003	2004	2005	2006
45%	32%	34%	33%

Dias fora do Brasil

2003	2004	2005	2006
65	40	52	12

Percentual de dias fora do Brasil

2003	2004	2005	2006
18%	11%	14%	10%

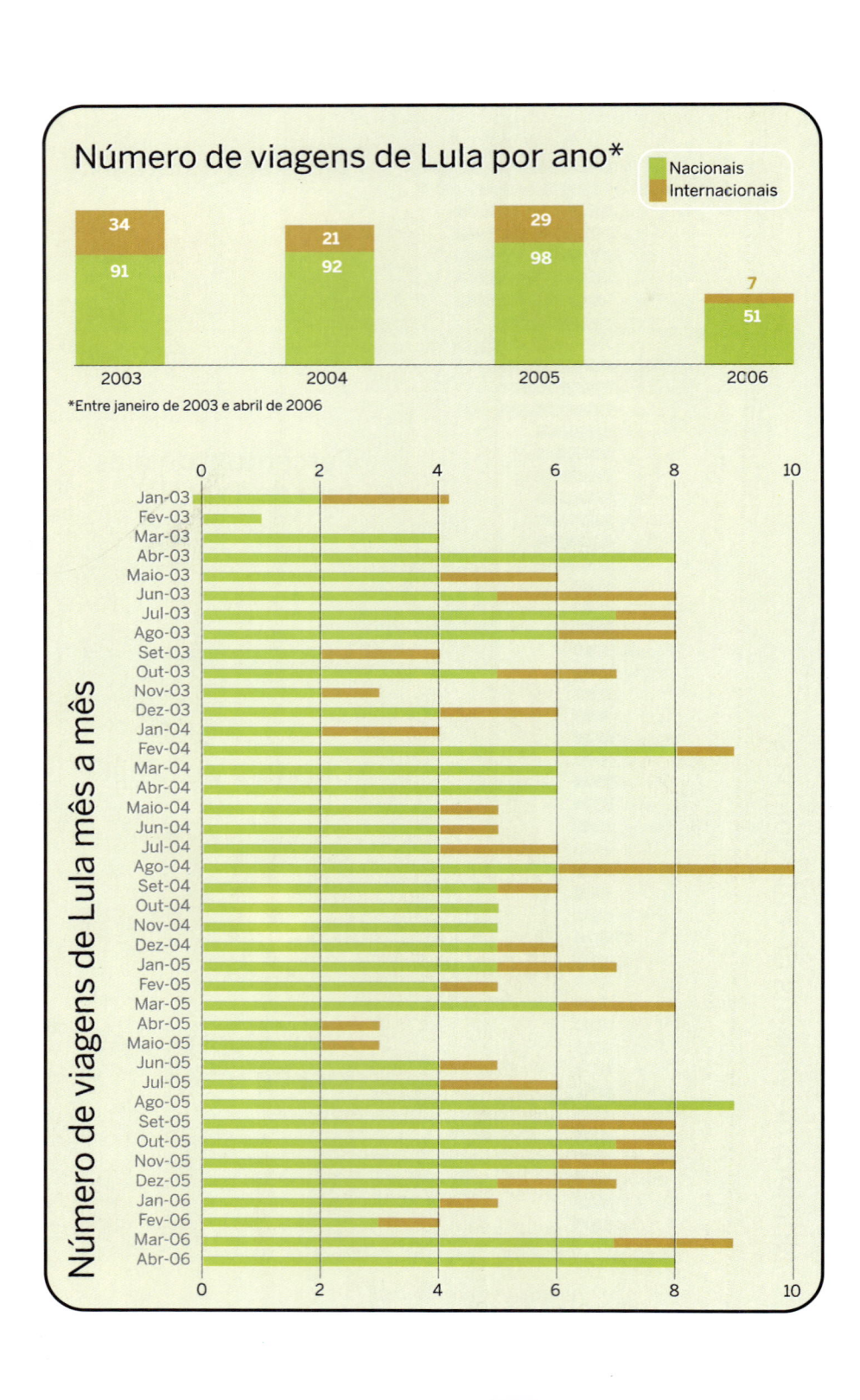

para defender o governo no caso Waldomiro Diniz, homem de confiança de José Dirceu.

Na véspera dessa visita ao Sul, num vôo comercial de Brasília para São Paulo, um dos autores, a caminho do Rio Grande do Sul, senta por acaso ao lado de Ana Tavares, mulher que entre 1995 e 2002 comandou a Assessoria de Imprensa de Fernando Henrique Cardoso e sempre foi reconhecida pela capacidade de ajudar o presidente tucano a sair com poucos arranhões das turbulências políticas.

— A crise entrava enorme no palácio e saía bem pequena — comenta a ex-assessora. Ana Tavares confidencia momentos de temor na presidência:

— Eu tinha medo dos momentos em que o presidente ficava sozinho, momentos em que tinha de tomar uma decisão. Era só ele e ele, mais ninguém. Nessas horas, um presidente não tem ninguém ao lado dele.

A ex-assessora de FHC evita comentários sobre a crise que pega Lula de surpresa. Só diz que tudo é muito triste, e que Lula vai sair dessa. Ela tem uma receita para o presidente se desvencilhar do recém-explodido caso Waldomiro.

— É hora de Lula ir mesmo para a Festa da Uva, tirar fotografias ao lado daquelas loiras enormes, lindas. Um presidente tem que fazer isso, sim. Ele não pode demonstrar abatimento, a figura do presidente deve estar acima de certas situações.

Ana Tavares desembarca no aeroporto de Guarulhos, São Paulo, e o repórter segue em outro vôo para Caxias do Sul.

Ao chegar à cidade, um repórter-fotográfico de Brasília resolve percorrer a área que Lula visitará no centro de Caxias do Sul. O fotógrafo, então, percebe que o palanque em que o presidente assistirá ao desfile da Festa da Uva foi montado em frente à praça principal da cidade, reduto de casas de bingo. O fotógrafo avalia que, dependendo da posição de Lula, será possível fazer fotos do presidente com os letreiros luminosos das casas de jogos ao fundo.

Mas para isso os letreiros devem estar ligados, pois o desfile será na noite do dia seguinte. O fotógrafo, porém, sabe que a presidência costuma ser zelosa com essas questões, e não deve permitir o funcionamento dos bingos no momento da visita de Lula. Ele passa a noite pensando na foto.

No dia seguinte, o presidente viaja para o Sul. No vôo, tem a companhia do então ministro da Secretaria de Comunicação de Governo, Luiz Gushiken, que viaja para ajudá-lo a preparar o discurso que finalmente fará sobre o caso Waldomiro.

A presença de Gushiken no vôo cria um clima de expectativa nas redações de Brasília. Lula falará pela primeira vez sobre o caso, e os jornais dão como certo que reagirá à crise. Editores disparam telefonemas aos repórteres que estão na cidade.

Lula chega à fábrica de ônibus Marcopolo, em Caxias do Sul, primeiro evento de que participaria naquele dia. Depois de visitar a linha de produção da empresa, sobe no palanque. Dezenas de empregados vestidos com macacões e capacetes o aguardam com câmeras fotográficas nas mãos.

Contido e com fisionomia séria, o presidente está com as mãos nos bolsos do paletó, sinal próprio de nervosismo. O chefe do Cerimonial, Paulo César de Oliveira Campos, entrega-lhe um celular. Quem está ao telefone é o ministro-chefe da Casa Civil, José Dirceu, que informa sobre a finalização da medida provisória que proíbe o funcionamento de casas de bingo no país. Depois de ouvir Dirceu, Lula discursa.

— Quero aproveitar que na minha frente tem homens e mulheres de macacão, que estou dentro de uma fábrica, berço onde comecei a minha vida com 14 anos, para informar que não haverá indício de denúncia de práticas ilícitas ou corrupção que não será investigada até o fim. O presidente fala da mãe: — Sou filho de uma mulher que morreu aos 64 anos analfabeta. E ela dizia: "Meu filho, a única coisa que você não pode perder nunca é o direito de andar de cabeça erguida e olhar seu semelhante nos olhos."

Depois, diz que respeita o Congresso e a imprensa. Finalmente, anuncia a MP dos Bingos. É aplaudido por uma platéia emocionada. Agora, consegue sorrir aos funcionários. E retira as mãos dos bolsos para mandar beijos e acenar aos simpatizantes.

Na saída da fábrica, o presidente é abordado por alguns jornalistas, entre os quais um dos autores. Brinca que o cabelo de um repórter está comprido demais e faz questão de negar o nervosismo pré-discurso.

— Eu estou sempre aliviado — responde, ao ser questionado por um dos autores se estava mais aliviado depois do discurso.

Após a visita à fábrica da Marcopolo, Lula faz outros dois discursos em Caxias do Sul e participa de uma série de eventos. A agenda incluiu fotos com as loiras enormes, lindas.

— Nunca estive num lugar onde tivesse tanta rainha e tanta princesa juntas.

Por fim, à noite, o presidente vai assistir ao desfile cívico da festa nas ruas da cidade. Quando senta no camarote reservado a ele, o repórter-fotográfico que imaginou a cena começa a disparar sua máquina fotográfica.

A imagem de um presidente sorridente ao lado da primeira-dama Marisa Letícia, com um luminoso "Bingo Júnior" ao fundo, estampa as capas de grandes jornais no dia seguinte. A proibição das casas de jogos e o discurso de Lula foram as manchetes dos jornais.

No caso do mensalão, a primeira reação improvisada de Lula ocorre numa viagem a Luziânia, município goiano no entorno de Brasília. O presidente está em meados do terceiro ano de mandato e é convidado a abrir um congresso da Confederação Nacional dos Trabalhadores na Agricultura, a Contag, entidade sindical do campo criada em 1963.

Naquele dia, antes de falar na sede de um centro de treinamento, o presidente deixa o palanque três vezes para ir ao banheiro. Numa dessas idas e vindas, vê o alvoroço dos presentes com discursos de petistas também convidados ao evento. O primeiro a falar é o presidente da Contag, Manoel José dos Santos, do PT pernambucano.

— Estamos acompanhando com muita tristeza essa onda de denuncismo, essa onda de transformar a opinião pública numa grande confusão, achando que de fato a corrupção atinge a todos.

Luiz Marinho, então presidente da Central Única dos Trabalhadores e depois ministro do Trabalho, faz em seguida um discurso de apoio ao governo e de ataque à "elite".

— Devemos continuar acumulando [as conquistas] para levar à reeleição do presidente Lula. E os conservadores querem impedir exatamente isso.

Chega então a vez do presidente. Num discurso de cinqüenta minutos a cerca de oitocentos trabalhadores rurais, Lula começa a falar da importância das cooperativas. Os repórteres, então, avaliam que não seria dessa vez que o presidente comentaria sobre a crise política.

— Vocês sabem que estou falando de cooperativas porque não posso falar, como presidente, daquilo que eu gostaria de falar. Cada coisa tem o seu momento e a sua hora — afirma para, minutos depois, comentar pela primeira vez, com suas próprias palavras, as denúncias de corrupção que o atingiam. — De vez em quando você é pego de surpresa com notícias que nenhum brasileiro gostaria de ser pego, sobretudo quando se trata de corrupção.

Os autores e os demais repórteres reabrem seus blocos de anotações, rabiscam um canto do papel para testar a caneta e se preparam para possíveis frases fortes do presidente. Aparentando emoção, ele eleva o tom de voz e se exalta:

— Sou filho de mãe analfabeta e pai analfabeto. Minha mãe morreu sem saber escrever um "o" com o copo. Vergonha na cara a gente aprende dentro de casa.

O presidente afirma ter ouvido muitas bobagens nos últimos dias, diz que não pode ficar correndo atrás de "denúncias vazias" encaminhadas pelo Congresso e, por fim, solta a frase mais forte e polêmica desde o início da crise·

— Ninguém neste país tem mais autoridade moral e ética do que eu para fazer o que precisa ser feito.

Em clima de campanha, todos gritam o nome de Lula como nos tempos de disputa eleitoral, enquanto os repórteres telefonam rapidamente às redações. Em poucos minutos, as agências de tempo real divulgam com estardalhaço a declaração do presidente. Os jornais fazem o mesmo na edição do dia seguinte.

Ainda exaltado, Lula prossegue seu discurso.

— Vocês pensam que eles não ficam incomodados porque estou aqui sem gravata? Porque tem um ritual, eu sou a negação do ritual histórico que foi criado neste país, mas não pela minha roupa, porque me visto até melhor que muita gente... pela minha origem.

O clima de Luziânia contagia o presidente. Ele volta ao mesmo local cinco meses depois. É verdade que a temperatura da turbulência política não está mais tão alta, mas duas CPIs ainda funcionam no Congresso e o capitão da equipe econômica, o ministro Antonio Palocci Filho, aparece enfraquecido tanto por críticas internas ao modelo econômico como por denúncias de corrupção envolvendo seus antigos assessores na prefeitura de Ribeirão Preto (SP).

Dessa vez, em Luziânia, Lula participa de um congresso de agricultores da Federação dos Trabalhadores na Agricultura Familiar do Brasil (Fetraf). A platéia grita o nome do presidente e canta *slogans* de campanhas petistas. Tudo como ele queria, principalmente para ganhar ânimo um dia depois de ter ficado até altas horas da noite no Planalto tentando convencer Palocci a não abandonar o barco.

A tarde é de chuva nas imediações de Brasília. O dia para o presidente, aliás, não havia começado nada bem. Pela manhã, uma pesquisa encomendada pela Confederação Nacional do Transporte (CNT) ao instituto Sensus mostra, mais uma vez, a popularidade do presidente em queda. O levantamento revela também que 42,8 por cento dos entrevistados têm a convicção de que Lula "participou da corrupção". O prefeito paulistano, José Serra, mais uma vez aparece à frente do petista numa projeção de segundo turno para as eleições de 2006.

A fala do presidente, esticada para a casa dos cinqüenta minutos, torna-se mais um bate-papo com os camponeses do que propriamente um discurso. Como de praxe, o texto preparado por sua assessoria é colocado de lado. À frente do púlpito, socado por ele seguidas vezes, apenas uma espécie de "cola" com números da agricultura familiar e dos programas Bolsa-Família e Luz para Todos.

Para a imprensa, trata-se de um discurso fraco, com poucos ataques à oposição e, sobretudo, nenhuma menção ao ministro Palocci, que, simultaneamente, enfrenta uma maratona de perguntas numa comissão da Câmara dos Deputados. Aos agricultores a fala cheia de numeralhas também parece não agradar, dados o silêncio e os poucos aplausos ao longo do discurso.

O inusitado do dia, porém, estava reservado para depois do discurso. Levado a Luziânia de helicóptero, Lula teria de retornar de carro ao Palácio do Planalto por conta da tempestade que passa a desabar na cidade. O imprevisto também pega desprevenida a segurança presidencial, que havia cercado apenas o trajeto que ele faria a pé do salão de eventos ao campo de futebol usado como heliponto. Com isso, está desguarnecido, para inevitáveis assédios da imprensa, o pequeno percurso entre a sala VIP e o veículo que o levará de volta a Brasília.

Mesmo debaixo de chuva, repórteres, fotógrafos e cinegrafistas permanecem por cerca de 15 minutos encostados no carro da presidência à espera de uma mínima e sempre potencial declaração.

Ensopados, os autores e alguns colegas de imprensa definem que a permanência ou não de Palocci no Ministério da Fazenda será, evidentemente, a pergunta a ser feita. Enquanto isso, para espantar a tremedeira causada pelo frio e pela chuva, alguns jornalistas resolvem improvisar uma canção: "Deixa chover, deixa molhar, é no molhado que o Lula vai falar" — cantam os jornalistas, levando ao riso até mesmo os sempre tensos seguranças do Planalto.

Lula, enfim, aparece, com o chefe da segurança ao seu lado empunhando um gigantesco guarda-chuva. Pela proximidade e talvez com pena dos repórteres encharcados, o presidente dá a manchete que todos esperam antes de entrar no carro.

— Ele [Palocci*] está mais firme do que nunca.

*No final de março de 2006, Palocci deixou o governo depois que o presidente Lula ficou convencido de que seu então ministro da Fazenda havia articulado a violação do sigilo bancário do caseiro Francenildo Costa. Dias antes, em entrevista à repórter Rosa Costa, de *O Estado de S. Paulo*, o caseiro afirmou ter visto Palocci numa casa de Brasília utilizada para festas com garotas de programa, reuniões de *lobby* e divisão de dinheiro de origem suspeita. Pelo crime, Palocci foi indiciado pela Polícia Federal.

José Dirceu sobrevive ao fogo cruzado do caso Waldomiro, mas não à artilharia do escândalo do mensalão. Em agosto de 2005, quando desembarca em Recife para ir ao velório do ex-governador de Pernambuco Miguel Arraes, o deputado Dirceu não tem mais a disposição da última vez em que esteve na capital pernambucana. Ao ver os autores no saguão do aeroporto, à meia-noite em ponto, o ex-ministro tenta demonstrar bom humor.

— Vocês trabalham muito, hein?

A uma pergunta sobre o depoimento do publicitário Duda Mendonça, que confirmou na CPI dos Correios ter recebido dinheiro do exterior para fazer a campanha de Lula, o ministro responde que Duda falou o que tinha de falar.

Dirceu entra num carro cheio de petistas e segue direto para o Palácio do Campo das Princesas, onde ocorre o velório de Arraes. Os autores perdem o fato ao imaginar que o deputado fosse apenas na manhã seguinte ao local.

Assim como na época da clandestinidade, na ditadura militar, Dirceu passa sem ser notado pela capital pernambucana.

— Um brinde a Cuba — brinca um repórter ao saber que o deputado temeu pelas vaias e passou por lá como um clandestino.

Lula ainda não havia chegado ao Palácio do Campo das Princesas quando do lado de fora já se forma uma fila quilométrica para ver o corpo do líder socialista, o homem que fez a reforma agrária em Pernambuco e foi cassado pelo regime militar.

Parados na porta do palácio, os autores começam a ouvir um canto fraquinho vindo de longe. Aos poucos, olhando para o final da fila, nota-se a aproximação de um grupo de mulheres, cerca de vinte, cantarolando a adaptação de um *jingle* da campanha de Arraes ao governo do estado em 1986:

A COMPANHEIRADA

O povo chora
Aquele que fez mais
Arraes, Arraes, Arraes
Lá no céu só vai dar Arraes

Uma imagem de padre Cícero, religioso nascido no Ceará, como Arraes, um chapéu de palha, camisas de clubes de futebol, um crucifixo, uma foto de Santa Rita, um terço e bandeiras do Brasil e de Pernambuco são colocadas sobre o caixão.

É domingo, Dia dos Pais, e Lula chega às 9:45. De longe é possível notar sua aflição com a reação das pessoas. Cerca de um ano antes, no Rio de Janeiro, fora vaiado no velório de Leonel Brizola, fundador do PDT. Mas no Recife o presidente é tratado cordialmente.

— Lula, confiamos em você — grita de longe um homem com uma bandeira do PSB nas mãos.

O presidente acena e entra no palácio ouvindo seu nome ser gritado. Logo depois, um furgão preto com vidros fumê estaciona em frente à entrada do velório. Do veículo, sai a tucanada. Os primeiros a descer são o prefeito de São Paulo, José Serra, e o governador paulista, Geraldo Alckmin, que já estavam em guerra fria pela escolha do candidato do partido a presidente em 2006. Diante dos tucanos, as pessoas cantam com raiva o *jingle* petista da campanha de 2002. Serra e Alckmin são vaiados.

— É tudo petista — reage Serra em entrevista.

Aqui vale um parêntese sobre Serra.

No início de março de 2006, diante da necessidade de decidir em poucos dias se deixaria ou não a prefeitura de São Paulo para entrar na corrida pela presidência, o tucano confidenciou a amigos que se encontrava numa situação de hesitação semelhante à que vivera 33 anos antes, no Chile. Comparava o momento de incerteza política com a decisão mais difícil de sua vida.

— Sinto-me como se estivesse de novo no Estádio Nacional de Santiago — repetia o prefeito a um grupo restrito de amigos.

Em 1973, o então professor da Universidade do Chile foi preso por militares um mês após o golpe de Estado que derrubou o governo socialista de Salvador Allende. Do aeroporto de Santiago, onde foi detido na tentativa de fugir do país, Serra foi levado ao Estádio Nacional do Chile e colocado ao lado de dezenas de outros presos políticos. No mesmo dia, foi pego de surpresa ao ser abordado por um militar.

— O senhor que é o José Serra?

— Sou eu mesmo — respondeu o tucano horas depois de ter conversado com o comandante militar responsável pelo local.

— Então pode sair. Está liberado. Pode sair.

A amigos Serra narra que, naquele momento, sua cabeça entrou em parafuso. Sabia que estava ali, preso, não por suspeita de terrorismo ou algo parecido. Tratava-se apenas de um jovem professor brasileiro, exilado político, que anos antes havia deixado seu país justamente por conta de uma ditadura militar. Explicara isso ao comandante militar do estádio assim que fora preso.

O tucano lembra que, mesmo diante de tais convicções, titubeava em abandonar o estádio. Temia ser vítima de algum tipo de emboscada assim que cruzasse o portão principal. Um tiro pelas costas, por exemplo.

No início de 2006, 33 anos depois, Serra admitia a amigos que deixar a prefeitura e eventualmente perder a disputa eleitoral para o presidente Luiz Inácio Lula da Silva seria um risco parecido com o que viveu após receber a permissão de deixar o estádio chileno. O perigo de morte, no sentido literal e no campo político, aparecia nas duas histórias.

No momento de pressão do comando tucano para que definisse sobre sua eventual pré-candidatura, Serra também comentou com amigos que, caso permanecesse no estádio chileno, também poderia ser morto. É o que pensava sobre sua eventual permanência na prefeitura. Prosseguir no mandato poderia evitar sua "morte" prematura, mas veria cada vez mais distante o sonho de chegar ao Planalto.

Em 15 de outubro de 1973, Serra decidiu deixar o estádio, mesmo sob o risco imaginário de morte. Do Chile, seguiu para os Estados Unidos, onde estudou economia e ficou sabendo que centenas de presos políticos acabaram torturados e mortos pela ditadura militar em pleno Estádio Nacional. No final de março de 2006, o tucano decidiu deixar a prefeitura, mas Alckmin é que foi o escolhido do PSDB para a disputa ao Planalto. Para Serra, sobrou estrategicamente a corrida pelo Palácio dos Bandeirantes.

Numa sala próxima ao salão onde o corpo de Arraes é velado, Lula e os adversários tucanos se enfrentam numa batalha velada. É José Serra quem puxa conversa.

— Você lembra, Lula, quando estivemos aqui em 1979, no retorno dele [Arraes] do exílio?

Lula só acena positivamente com a cabeça. O presidente vai embora sem dar entrevista. Serra e Alckmin, mesmo com as vaias, demonstram bom humor.

Em entrevista, Serra reivindica o espólio de Arraes, bandeiras do velho socialista como igualdade e justiça social. Arraes fez um governo revolucionário em Pernambuco, de 1963 a 1964, quando foi retirado à força do Palácio do Campo das Princesas pelos militares.

No primeiro governo, conseguiu firmar um pacto entre trabalhadores e usineiros da Zona da Mata. Pela primeira vez se falou em direitos trabalhistas na região. Depois de viver no exílio na Argélia, onde teve uma passagem polêmica, e na Europa, voltou ao Recife e se elegeu duas vezes governador do estado.

Serra sugere que é um dos poucos homens públicos de esquerda no país:

— Com a morte de Arraes, sou agora o único sobrevivente do Comício da Central do Brasil, no dia 13 de março de 1964.

A uma pergunta se é também o único sobrevivente do socialismo, o prefeito paulistano responde com dúvidas, numa alfinetada em Lula.

— Do comício é certo. Do resto a gente tem de avaliar.

Geraldo Alckmin, visto como um tucano de direita por aliados de Serra, elogia o ex-governador de Pernambuco, com a clara intenção de alvejar o presidente:

— Arraes deixou um legado de coerência e justiça social. É tudo o que o Brasil precisa. Perdemos o nosso querido Mário Covas, Leonel Brizola e agora Miguel Arraes. Ficam os seus exemplos para a política brasileira.

Meses depois, Alckmin atropelaria o único sobrevivente do Comício da Central do Brasil e venceria a guerra para ser o candidato do PSDB na disputa presidencial de 2006. O tucano de direita e o petista que esqueceu o socialismo seriam as alternativas do eleitor num pleito em que as figuras do bem e do mal estariam desvencilhadas das marcas esquerda e direita. A oposição teria de enfrentar um homem capaz de entrar na casa de estranhos como se fosse um dos membros da família. Em público, Lula falava abertamente que não completou os estudos de forma tradicional, errou na escolha de amigos e foi traído por antigos companheiros de partido.

Transformava deficiências em afinidades e usava a roupa certa para cada ocasião. O petista vestia poncho sem parecer estancieiro, colocava chapéu de vaqueiro do semi-árido como se fosse um costume, mostrava descontração de assalariado ao segurar um copo de cerveja, cabeceava uma bola de futebol sem se entortar diante das câmeras e procurava passar a impressão de querer acertar na condução do governo. Era preciso vender a figura de um mestre-de-obras, um sujeito reconhecido por demonstrar nas fotografias a habilidade de assentar um tijolo e empurrar um carrinho de mão.

No jogo de imagens, o presidente se colocava como íntimo de uma camada da população cansada de reclamar de projetos arquitetônicos feitos por engenheiros da política. Com o anúncio de obras e mais obras no varejo, Lula vendia a imagem aos pobres como se fosse um vizinho da comunidade que arregaça as mangas no fim de semana para encher uma laje, tomar cerveja e organizar um churrasco.

Ainda no velório de Arraes, após as entrevistas de Alckmin e Serra, repórteres perguntam ao secretário de Imprensa, André Singer, se o presidente falou algo sobre política no contato com os tucanos.

— Ele só falou com a viúva do doutor Arraes. O presidente disse que foi com Arraes que o povo pobre comprou o primeiro rádio a pilha, a primeira televisão e teve acesso à luz elétrica. Não disse nada sobre política.

Os repórteres, certos de que Lula fez mais comentários em conversas no velório, procuram políticos que estiveram com ele. O prefeito de Recife, João Paulo, é o primeiro a abrir o jogo. Segundo ele, o presidente disse que "os justos não podem pagar pelos pecadores". O deputado Beto Albuquerque, do PSB do Rio Grande do Sul, conta que Lula pediu ofensividade e coesão da base aliada para salvar o governo. Com Carlos Wilson, presidente da Infraero, Lula se emociona e confidencia que estava "muito machucado" e "se sentindo mal por dentro" por causa das denúncias de corrupção. "Um presidente não pode saber tudo que acontece no governo", disse.

Os relatos dos políticos são publicados nos jornais do dia seguinte. As declarações são atribuídas a "pessoas próximas do presidente". Já as palavras oficiais, repassadas pelo secretário de Imprensa, não têm o mínimo destaque.

No velório, um homem grita diante do caixão de Arraes, o Pai Arraia do povo do interior:

— Não tem mais macho em Pernambuco para brigar pela democracia como Arraes. Pernambuco está lascado. — E o cabra chora depois da manifestação.

Cerca de cinco mil pessoas levam o corpo de Arraes para o Cemitério de Santo Amaro. Mulheres e crianças arrancam flores das coroas enviadas por personalidades como o ditador Fidel Castro. São flores de Pai Arraia, dizem. Flores santas.

No início do governo, os discursos improvisados do presidente provocavam arrepios em seus assessores. Viam naquilo a possibilidade de um escorregão ou de uma frase dúbia que poderiam desgastar o Palácio do Planalto. Os mesmos auxiliares também pediam que o presidente evitasse usar os eventos oficiais para responder à oposição.

Lula, porém, ignorava esses apelos. Freqüentemente, descartava o discurso preparado pela presidência para poder improvisar à vontade, principalmente quando estava à frente de sua claque. Aí era só festa, com frases de efeito, metáforas, brincadeiras, gafes e auto-elogios repetitivos.

— O povo gosta é de improviso — costumava repetir o presidente a seus preocupados assessores.

Um desses desrespeitos às sugestões dos assessores ocorreu em abril de 2004, numa viagem ao Acre. Naquele dia, Lula passaria por três municípios do estado, em eventos importantes para a propaganda do governo. Em Rio Branco, Manoel Urbano e Cruzeiro do Sul, haveria, respectivamente, a inauguração de um hospital para idosos, a reativação do Correio Aéreo Nacional e o lançamento do Programa Nacional de Erradicação da Hanseníase.

Por conta disso, na viagem Brasília–Rio Branco, no início da manhã, o então secretário de Imprensa Ricardo Kotscho entra na cabine presidencial e pede cautela ao amigo.

— Veja se não vai responder ao Fernando Henrique, hein? Nós vamos fazer uma porrada de coisas interessantes nessa viagem. — Kotscho sabia que o presidente estava irritado com um artigo recente de FHC no qual criticava a inoperância do governo petista, menos de dois meses após o estouro do caso Waldomiro Diniz.

No avião, Lula afirma que tentará ao máximo se conter, o que de fato não ocorre quando sobe num minipalanque erguido no Hospital do Idoso da capital acreana. Lá, molhado de suor, diz que assumiu o país com uma "dívida impagável" e que seus antecessores formam um grupo que governa o Brasil "há quinhentos anos". Afirma ainda, numa crítica à oposição, que tem gente que não se "conforma em ficar no banco de reservas".

Ao ouvir o presidente, Kotscho percebe que os programas e as inaugurações do governo no Acre serão ignorados pela imprensa. Tudo se resumiria aos ataques à oposição e a FHC.

— Acabou a viagem. Esquece o resto — afirma o secretário de Imprensa ao presidente depois do discurso.

— Eu não agüentei. Tinha de dar a resposta. Eu não podia ficar quieto, porra — responde Lula, que voltaria a atacar Fernando Henrique em outro discurso naquele mesmo dia.

A mania de improvisar persistiu em todo o governo, o que resultava muitas vezes em gafes e frases infelizes. O incessante ritmo de viagens e a vontade de fazer longos e raivosos discursos eram ingredientes perfeitos para trapalhadas que causavam embaraços diplomáticos, turbulências políticas, constrangimentos e rixas regionais.

As falas premeditadas do presidente também causavam dor de cabeça no Planalto. Uma delas ocorre no segundo semestre de 2004, quando usa um evento oficial em São Paulo para pedir votos à reeleição da então prefeita Marta Suplicy.

— É por isso que nós temos a obrigação política de levantar a cabeça com muito orgulho e dizer aos companheiros e às companheiras de São Paulo inteira que, se as pessoas querem continuar tendo progresso nas políticas sociais, não tem outro jeito, dia 3 de outubro é votar na Marta Suplicy para continuar administrando São Paulo — afirma o presidente ao final do evento oficial.

Lula é jogado contra a parede por ter ultrapassado os limites da lei. Sabe que está errado, mas decide arriscar. É obrigado, dias depois, a pedir desculpas publicamente pela declaração de apoio, que nada ajudou a petista.

Mesmo após a polêmica, ele prosseguiu em campanha para Marta, só que nos bastidores. Sabia que a perda da prefeitura de São Paulo, principalmente por ser José Serra o adversário em questão, representaria um forte revés para o PT e o governo. Ao ver na agenda que teria uma viagem para este estado, Lula convidou o senador petista Eduardo Suplicy para integrar a comitiva. O presidente pretendia convencer o ex-marido de Marta a participar ativamente da campanha eleitoral paulistana. Sabe que um dos agravantes à rejeição da prefeita está na forma como ela desfez seu casamento com o senador para se casar com o franco-argentino petista Luís Favre.

Suplicy senta numa cadeira da cabine presidencial ao lado de Lula, antes mesmo de a aeronave decolar. Lula sabe que teria ali pouco mais de uma hora de conversa com o senador:

— Meu caro, a primeira coisa que eu quero e preciso saber é se você conseguiu superar a separação da Marta...

O senador coçou a careca, sorriu e respondeu positivamente. Lula, então, prosseguiu o interrogatório.

— Eduardo, você está feliz? — questiona Lula ao senador.

— Estou, sim. Eu estou namorando a Mônica [Dallari]...

Lula, depois de fazer a média inicial, parte para aquilo que lhe interessava. E deixa de lado as conversas introdutórias.

— Então eu quero que você participe muito da campanha da Marta. É importante que esteja no palanque ao lado dela. O povo de São Paulo vai gostar de vê-lo ao lado dela.

Além de fazer discursos infelizes e articulações político-pessoais, Lula sempre aproveitou essas viagens para pensar na vida que teria após deixar o Palácio do Planalto. E comentava suas decepções e idéias com deputados e senadores que o acompanhavam mundo afora.

Em julho de 2004, no longo trajeto entre Canaã dos Carajás e o Rio de Janeiro, Lula chama o senador paraense Luiz Otávio para uma conversa na cabine presidencial do Boeing da Força Aérea Brasileira. No bate-papo, o presidente resolve falar de aposentadoria.

— Quando eu fui eleito para a presidência, não tinha a menor idéia de que o presidente não tem direito à aposentadoria — admite Lula ao senador.

Luiz Otávio se ajeita na cadeira, beberica mais um pouco de uísque, mostrando-se admirado com a afirmação de Lula.

— É mesmo, presidente?

— Para você ver, não é mesmo? O Fernando Henrique até me disse isso antes de eu assumir. Uma coisa é você ser presidente, ter toda essa estrutura à sua disposição. E outra é sair daqui sem nada disso, sem uma aposentadoria.

Já ciente de que não terá direito a nenhum centavo da União quando deixar a cadeira de presidente, Lula passa a idealizar a possibilidade de voltar ao Legislativo. Deputado constituinte no final dos anos 1980, ele admite isso em conversa com o deputado petista Doutor Rosinha (PR), numa viagem ao Uruguai no final de 2005.

Em Montevidéu, o presidente se mostra interessado na criação do Parlamento do Mercosul.

— Meu caro, como vai ser a escolha dos parlamentares?

O deputado petista explica ao presidente que, em 2007, a idéia é escolher deputados eleitos em seus respectivos países para integrar o Parlamento. Em 2010, então, é que se escolheriam os integrantes específicos para o Legislativo do Mercosul.

— Ótimo. Aí, sim, eu vou poder disputar uma vaga nesse parlamento.

É início de agosto de 2005, ano da maior crise do governo. Agosto é um mês marcante na política brasileira. Em 1954, Getúlio se matou. Jânio renunciou em 1961. Nas redações, o comentário é de que agosto é o mês decisivo para Lula. Outras ligações do presidente com o esquema de corrupção poderiam surgir nos próximos dias ou semanas.

Num único dia o presidente estará em Teresina, Floriano, Eliseu Martins e Canto do Buriti, cidades do Piauí. Para cada um desses lugares, o jornal tem de enviar uma equipe. Os repórteres escalados para a cobertura das duas últimas cidades, a cerca de quatrocentos quilômetros da capital, estão certos de que, ao chegar à sua escala final, o presidente já teria feito discursos e posado para fotos suficientes para preencher a parte de política do jornal. Nada mais renderia em Eliseu Martins e Canto do Buriti. Mesmo assim, aventuram-se a rodar algumas centenas de quilômetros de uma estrada esburacada e sem sinalização, à noite, para chegar a Eliseu Martins.

A cidade é pequena, conta apenas com uma pequena pousada, próxima à igreja. No dia seguinte, sob um sol de rachar, os repórteres vão para um trecho da BR-135, recém-recuperado pelo governo federal. Lula desceria no local de helicóptero. Pouco antes, em Floriano, o presidente cita Getúlio Vargas como exemplo de político "vítima de mentiras" e de escândalos forjados pela "elite". O comentário feito em discurso acende o sinal amarelo nas redações. Vargas se suicidou em meio a uma turbulência política e tentativas de golpe pela UDN nos anos 1950.

— Não sei de onde ele [Lula] tira essas coisas — diz uma pessoa muito próxima do presidente, negando que na ocasião Lula teria mesmo pensado em repetir o gesto de Vargas.

Um filho de Eurídice Ferreira de Mello, a dona Lindu, nunca se mataria como um velho fazendeiro. Lula ouve de um conhecido a comparação do momento que vive com o drama de Vargas e, como tudo que achava interessante na boca dos outros, resolveu citar o ex-presidente em discurso.

Por volta das 13:00, a comitiva chega a Eliseu Martins. Faz muito calor. A região é de transição entre o cerrado e o semi-árido. Cerca de quinhentas pessoas, na maioria mulheres e crianças, estão em frente a um pequeno palco. Nem todas dispõem de sombrinhas e chapéus para se proteger do sol. Um estudante ergue um cartaz de apoio ao presidente. Mas o governador Wellington Dias, do PT, que estava no palco, é vaiado.

— Não queira ter unanimidade, Wellington, pois nem Jesus Cristo teve unanimidade — diz Lula em discurso. A frase do presidente de apoio ao governador é vista também pelos repórteres como um desabafo pessoal diante do escândalo do mensalão.

Depois de discursar no local, Lula resolve cumprimentar as pessoas. Nesse momento, em voz alta, um grupo de homens reclama do governador:

— Esse cara [Dias] é um ladrão, um vagabundo, presidente.

Lula, constrangido, abre as mãos e sai de fininho do local. De carro, ele segue para uma vila de agricultores, uma espécie de *kibutz*, a uns vinte quilômetros, em Canto do Buriti. A estrada é só poeira. No final da tarde, o presidente conhece uma plantação de mamona e o processo de produção do óleo que será transformado em biodiesel.

O ex-tesoureiro do PT, amigo de Lula e presidente do Sebrae, Paulo Okamotto, é abordado por repórteres no meio da plantação de mamona. Ele, que jura tirar dinheiro do próprio bolso para pagar dívidas de amigos petistas, inclusive de Lula, recusa-se a comentar sobre a crise e explica que acompanha o presidente na viagem porque o órgão que chefia apóia o biodiesel.

Na vila, Lula entra numa casa. Ali, bate papo com os moradores por cerca de meia hora. Depois, sobe num pequeno palanque para discursar. Cerca de duas mil pessoas o aplaudem. Políticos dizem em conversas reservadas que o presidente se emocionou na visita à casa. Nada demais.

O discurso de Lula começa sem empolgação. Mas ele se lembra da viagem de 13 dias que fez, ainda menino, de Garanhuns a Santos, com a mãe e sete irmãos. Todos de pau-de-arara, fugindo da miséria. Um repórter diz que o presidente parece estar com os olhos marejados. Depois, um outro garante que Lula chorou.

— Não esquentem a matéria — reage um outro repórter.

Lula passa a mão no rosto. É nítido que ele está chorando, chorando um pouco.

— Convivi com minha mãe até 1980, quando ela morreu. Nunca vi, em nenhuma situação, por pior que fosse, minha mãe perder a esperança.

Agora, o presidente chora. Ninguém tem mais dúvida. Lula chora copiosamente. Chega a soluçar. Boa parte do povo também chora. Muita gente na platéia grita: "Olê-olê-olê-olá, Lula, Lula."

— Volto para Brasília mais convicto de que o Brasil tem jeito — conclui o presidente.

A sua imagem com lágrimas no rosto, nos últimos minutos da viagem ao Piauí, estampa as capas dos principais jornais do dia seguinte. Os diários informam na manchete que Lula citou Vargas e chorou.

Em várias oportunidades, em público ou nos bastidores, o presidente derrama lágrimas sem se incomodar com quem está à sua frente, principalmente quando fala da mãe analfabeta. Em dezembro de 2002, eleito, caiu em lágrimas ao receber do Tribunal Superior Eleitoral o diploma de presidente da República. Chorou ao encontrar ex-meninos de rua no Fórum Social Mundial de Porto Alegre, ao abraçar familiares das vítimas do acidente de Alcântara, ao ouvir depoimentos de catadores de lixo em São Paulo e, segundo Roberto Jefferson, ao perceber que poderia vir à tona o esquema do mensalão.

O presidente chorou também logo nos primeiros dias de governo, ao visitar a pobreza piauiense. A idéia dele foi levar todos os ministros de seu governo para conhecer de perto a miséria nacional. Em dois dias, a caravana passou pela Vila Irmã Dulce, em Teresina (PI); pela comunidade Brasília Teimosa, no Recife (PE); e pelo município de Itinga, no norte de Minas Gerais.

As lágrimas aparecem na primeira parada. Na Vila Irmã Dulce, um reduto petista com problemas crônicos de desemprego e falta de saneamento básico, Lula decide visitar sozinho a casa de uma família local.

Ao entrar, o presidente apóia a mão na parede de barro. Logo percebe uma única panela num velho fogão. Nitidamente, aquilo o perturba. Ele passa pela família de seis pessoas e dirige seu olhar distante pela única janela da casa. De costas para todos, Lula pede uma toalha ao ajudante-de-ordens. Ao passá-la no rosto, limpa ao mesmo tempo gotas de suor e de lágrimas. Com a voz embargada, faz um rápido e tímido comentário com os auxiliares que o cercam naquele momento.

— Gente, que absurdo é esse? A casa não tem banheiro, não tem esgoto, não tem nada. É revoltante essa gente não ter o mínimo de dignidade para viver.

Minutos depois, Lula corre para o palanque e faz um discurso conservador para os que o elegeram com a esperança de mudanças de verdade no país.

— Quando a gente gera um filho, ele demora nove meses para nascer. Depois demora mais quase nove, dez ou 11 meses para andar. O governo também é assim: eu não posso prometer para vocês que amanhã estará tudo resolvido.

Em junho de 2006, um dos autores pergunta a Lula, em Manaus, se ele espe rava ocupar novamente o primeiro lugar nas pesquisas depois dos escândalos políticos.

— Nunca me abalei — respondeu.

— Mas em Canto do Buriti o senhor chorou — rebateu o autor.

— Eu sou chorão de nascença. Choro até por causa de novela.

No início do quarto ano de mandato, Lula volta a ser um otimista. Dessa vez, de olho nas eleições, falaria com a imprensa em quase todas as viagens. O bom astral do presidente chega a ponto de ele voltar a citar D. Pedro II em lugares que havia tempo não recebiam um chefe de Estado. É assim na cida- de de Viana, no Espírito Santo, onde inaugura uma subestação de energia elétrica:

— A última autoridade federal que veio aqui foi o imperador em 1870. Eu estou vindo quase 150 anos depois.

Quando começou seu terceiro ano de governo, ele não despertava mais a curiosidade nos grandes países do exterior como no início do mandato. O dis- curso era o mesmo: o combate à fome, a luta contra os subsídios agrícolas euro- peus e a maior participação de nações emergentes, como o Brasil, nas Nações Unidas. O presidente, no entanto, conseguiria manter-se como centro das aten- ções, recorrendo ao mesmo discurso em pequenos países, fora do tradicional circuito diplomático.

Em fevereiro do terceiro ano, ele fez uma viagem a três países latino-americanos. Primeiro foi à Venezuela, onde se encontrou com Hugo Chávez. Depois, seguiu para Guiana e Suriname.

Na chegada ao aeroporto de Georgetown, capital da antiga Guiana Inglesa, os repórteres são aconselhados pelos diplomatas do Itamaraty a só consumir água em garrafas e com uma data de fabricação específica. O país ainda se recupera de enchentes, que destruíram plantações, arruinaram casas e resultaram na proliferação de doenças, como a peste bubônica. No hotel, ninguém ousa consumir gelo. Para complicar, a Coca-Cola é servida quente com um copo de gelo em separado.

A comitiva do presidente e os repórteres ficam no mesmo hotel em Georgetown. Na primeira noite, Lula acompanha do quarto, por telefone, a votação para a escolha do novo presidente da Câmara. O deputado petista e amigo de Lula, Luiz Eduardo Greenhalgh, disputa o pleito. Por fora, concorrem José Carlos Aleluia, do PFL, e Severino Cavalcanti, que embora seja do PP, partido da base aliada, é o candidato dos deputados sem expressão da Casa, o chamado baixo clero.

A escolha de Greenhalgh como candidato da base aliada do Planalto causa racha no PT. O deputado Virgílio Guimarães alega que tinha feito um acordo com o então presidente da Câmara, João Paulo Cunha, também do PT, para ser o seu sucessor. Virgílio também está na disputa.

A noite é tensa no plenário da Câmara e na suíte presidencial do hotel de Georgetown. A oposição no Legislativo, visualizando a oportunidade de criar mais embaraços ao governo, une esforços e embarca na campanha de Severino, um eterno candidato que em eleições anteriores largava a candidatura em troca de cargos. Dessa vez, Severino, com 74 anos, acusado de pequenos golpes na praça, como cheques sem fundos e nepotismo, segue até o fim da disputa.

A eleição na Câmara entra pela madrugada. Lula não agüenta esperar e vai dormir. Na manhã seguinte, é informado por assessores da vitória do conterrâneo Severino Cavalcanti.

Lula não explode no momento em que fica sabendo da derrota petista. Deixa para descontar toda a sua raiva alguns minutos depois, quando recebe das mãos de assessores o discurso que fará sobre o combate mundial à fome. Diante do ministro Celso Amorim e de auxiliares do Planalto e do Itamaraty, o presidente folheia rapidamente a papelada e a arremessa a metros de distância.

— Enfiem no cu esse discurso, caralho. Não é isso que eu quero, porra. Eu não vou ler essa merda. Vai todo o mundo tomar no cu. Mudem isso, rápido.

O "Lulinha paz e amor" está mesmo uma fera. Antes de dar entrevista para comentar a derrota do PT na Câmara, o presidente faz o tal discurso de combate à fome e recebe as chaves da cidade na prefeitura de Georgetown, um prédio do século XIX construído com madeira. A ex-colônia ainda preserva, como marcas do período inglês, a catedral e a Corte de Justiça, prédios também de madeira.

No retorno ao hotel, Lula dá uma rápida entrevista para comentar a derrota na Câmara:

— Quem perdeu foi o PT, não foi o governo.

A entrevista é de fato tão rápida que os repórteres não podem nem perguntar sobre a morte da missionária americana Dorothy Stang, em Anapu, no Pará. Naquele dia, a presidência nem sequer divulga nota para comentar o assassinato cometido por fazendeiros. Semanas antes de morrer, Stang enviou uma carta a Lula informando sobre as ameaças que recebia e reclamando do tratamento dado a ela pelo governador tucano Simão Jatene.

No final do terceiro ano de governo, quando a crise do mensalão começava a esfriar, Lula decidiu abandonar de vez o discurso de exaltação à falta de diploma.

Ele volta a Garanhuns, Pernambuco, para inaugurar uma escola batizada com o nome da mãe, dona Lindu. A uma platéia de aproximadamente mil pessoas, o presidente diz que o país está mudando, pois uma pessoa simples virou nome de escola. Afirma que Lindu era um exemplo de mulher, por manter a esperança mesmo comendo o "pão que o diabo amassou". Pela primeira vez, diz que o desejo da mãe era ver os filhos formados.

— Obriguem seus filhos a irem para a escola. As crianças não podem ter preguiça em estudar — grita, em discurso para as mulheres que acompanham a solenidade.

O país pode não ter mudado tanto assim, mas pela primeira vez Lula admite fazer parte de uma elite:

— Agora sou da elite política, porque virei um político importante. Mas não estava escrito e previsto na sociologia que um retirante nordestino e torneiro mecânico chegaria à presidência.

Lula iniciou o mandato ouvindo críticas por desdenhar do diploma. Três anos depois, porém, ocupava o primeiro lugar de uma lista que não soube aproveitar como peça de *marketing*. O petista passou a dividir com Juscelino Kubitschek a dianteira da relação de maiores criadores de universidades. Uma análise dos históricos das 55 instituições federais de ensino superior mostra que cada qual assinou dez decretos de instalação de universidades.

JK deixou aos sucessores a implantação de oito entidades, todas criadas nas últimas seis semanas do mandato de cinco anos. Lula começou a instalar as dele no terceiro ano de governo e tirou do papel as universidades criadas por FHC.

O petista e JK estão à frente de Costa e Silva, construtor de sete instituições, Fernando Henrique, seis, e Eurico Gaspar Dutra, cinco. O número de universidades criadas nos quatro anos de Lula é igual à soma das instituições instaladas pelos outros presidentes do período de redemocratização. José Sarney criou duas universidades, mesmo número de Itamar Franco. Fernando Collor não fez nenhuma.

Muitas dessas universidades criadas pelos presidentes surgiram com a incorporação de faculdades federais existentes. Das dez do governo Lula, seis foram instaladas em estruturas de faculdades federais antigas — Triângulo Mineiro, Rural do Semi-Árido, Vale do Jequitinhonha, Alfenas, Ciências Sociais de Porto Alegre e Tecnológica do Paraná. As outras quatro universidades surgiram na planta: Grande ABC, Grande Dourados, Recôncavo Baiano e Pampa. Todas em implantação no decorrer do quarto ano de governo.*

Lula participou de lançamentos de pedras fundamentais de 43 extensões de federais no interior. Esse comportamento do presidente na área, visto como eleitoreiro por muitos, contrasta com sua visão sindical.

O petista sempre acreditou no aumento da renda como a salvação dos bra-

---

*Se forem consideradas as universidades montadas a partir de faculdades federais, Lula fica em segundo lugar, empatado com Costa e Silva e atrás de JK no *ranking*. FHC se mantém na quarta posição, com três universidades "novas" durante os dois mandatos. As "novas" universidades de JK significaram, porém, a federalização de faculdades estaduais.

sileiros. Apesar dessa visão, o governo petista manteve a curva crescente no gráfico de matrículas nas federais. O número de estudantes nas universidades da rede cresce desde 1989, segundo o Instituto Nacional de Estudos e Pesquisas Educacionais Anísio Teixeira (Inep).

No último ano do governo Figueiredo, 326 mil pessoas estudavam nas universidades federais. O número caiu no último ano de Sarney (315 mil), cresceu no final do governo Itamar (363 mil) e manteve o ritmo ao fim do primeiro mandato de FHC (408 mil), do segundo governo tucano (531 mil) e no segundo ano do governo petista (574 mil).

Lula conseguiu também matricular, por meio de incentivos fiscais, cerca de 200 mil estudantes pobres em faculdades privadas.

O primeiro ministro da Educação do seu governo foi Cristovam Buarque, substituído em 2004 por Tarso Genro. Um ano depois, Genro deixou a pasta para presidir o PT. O ministério passou a ser chefiado pelo secretário executivo Fernando Haddad, um técnico de discursos enfadonhos que dialogava com as universidades e o Congresso. Na avaliação de assessores palacianos, Haddad na prática continuou como secretário. Lula passou a acumular discretamente o cargo de ministro. O presidente supervisionava de perto as ações do ministério, especialmente o Prouni. Virou rotina técnicos do quarto escalão serem surpreendidos com telefonemas de Lula. Em conversas de 15 a 20 minutos, cobrava agilidade, pedia números e exigia soluções. Ele percebeu, na opinião de assessores, que uma boa atuação seria uma resposta ao tratamento preconceituoso que recebia de setores da opinião pública e do empresariado, minaria o discurso dos adversários e seria uma armadilha para os que questionavam a sua capacidade intelectual.

Em meados do quarto ano de governo, enviou ao Congresso o projeto de reforma do ensino superior, propondo mais autonomia às instituições. Foi ainda o primeiro presidente a receber no Palácio do Planalto grupos de reitores.

Mas para se saber o papel de cada governo no estímulo ao diploma vale uma análise de investimentos e da produção acadêmica em cada período. Uma das críticas principais à gestão petista foi em relação ao ensino básico. Lula, muitas vezes criticado com razão pela apologia que fazia à sua falta de estudo, apresentou, como poucas vezes se viu, um projeto de universidade pública, com a expansão do ensino superior.

Numa visita ao campus da Universidade Federal Rural de Pernambuco, em Garanhuns, em agosto do terceiro ano de governo, Lula afirmou que, por nascer num ambiente de pobreza, tinha a obrigação política, moral, ética e humanitária de investir na educação:

— Quando dizia em 1989 que era preciso um metalúrgico para resolver o problema da educação no Brasil, alguns vendiam isso como prepotência. Mas é que senti a dificuldade de não ter feito universidade, porque tinha de trabalhar, pagar aluguel e cuidar de uma mãe e duas irmãs, não podia prescindir de um centavo para pagar escola. Segundo, porque tive que pagar a universidade para os meus filhos.

Horas depois, durante um evento na praça principal de Garanhuns, o presidente disse que a construção de universidades incomodava os adversários. Ele se limitou a fazer comparações com FHC. Lula usou chapéu de cangaceiro com estrelas de Salomão e falou abertamente da possibilidade de disputar a reeleição e da vontade da oposição de sangrá-lo até o pleito do ano seguinte.

— Se querem respeito, me respeitem, porque eu não devo a minha eleição a favor de ninguém, eu devo a minha eleição ao povo deste país. (...) Se eu for [candidato], com ódio ou sem ódio, eles vão ter que me engolir outra vez, porque o povo brasileiro vai querer.

Em fevereiro de 2006, um dos autores e um colega fotógrafo estão em Parnaíba, município a 370 quilômetros de Teresina, no litoral do Piauí. Naquele momento, pelas notícias de bastidores, o presidente havia emagrecido, resultado de uma rígida dieta, e andava feliz pelos resultados das novas pesquisas de opinião. Ele retomava a popularidade pré-mensalão, pregava a importância do diploma na vida, demonstrava não querer mais saber de bebida e aparecia como o favorito para as eleições de outubro. Os dois jornalistas se hospedam no hotel, de frente para a praia e onde está a comitiva do presidente, no município vizinho de Luís Correia.

Depois de passar no mesmo dia por Juazeiro do Norte, Petrolina, Arapiraca e Recife, Lula pernoitaria no local para, na manhã seguinte, visitar uma universidade. À noite, quando o presidente chega ao hotel, os dois jornalistas preferem a discrição, para não queimar a aposta de fotografá-lo na manhã seguinte numa possível caminhada pela praia.

Enquanto Lula janta, os dois seguem para a sala de jogos. Vão jogar pingue-pongue e sinuca para passar o tempo. Por volta de 3:00 da madrugada, resolvem ir até a praia. Permanecem ali até o dia amanhecer, para evitar que os seguranças os impeçam de se aproximar quando o dia clarear. Soldados da Polícia Militar dormem numa barraca de palha na areia.

Às 5:40, da praia é possível notar que já estão acesas as luzes da suíte do presidente. O momento é de expectativa.

O coronel Gonçalves Dias — promovido a general-de-exército no início de 2006 —, chefe da segurança de Lula, desce de sunga até a areia, acena à dupla de jornalistas e inicia seu *cooper* matinal. É sinal de que o presidente dessa vez não caminharia. Os repórteres desanimam, mas permanecem na areia. Minutos depois, seguranças trocam calças por bermudas. Os jornalistas voltam a ter esperança de que Lula, enfim, surgirá. Às 6:00, em ponto, o fotógrafo afirma ao repórter que viu alguém na suíte vestido com uma camiseta regata azul e um *short* vermelho. Seria Lula?

Sim, era ele. A dupla logo nota o presidente na varanda da suíte. "Ele vai descer, ele vai descer." E realmente, ele chega à areia da praia ao lado do coronel Gonçalves Dias, refeito de sua corrida. O fotógrafo consegue manter a calma: não dispara a máquina fotográfica. Disparar o dedo naquele momento poderia criar uma situação tensa com o presidente, que se aproxima e cumprimenta a dupla de zumbis.

— Vocês não dormiram?

Lula começa a correr. Os jornalistas, mesmo de calças compridas, avançam na água. Na volta, sob uma chuva fina, o presidente dá um mergulho. Comenta que a água é "quente" e, de repente, voltando-se para o mar, com a água nos joelhos e de braços abertos, faz uma oração de agradecimento a Deus. Os seguranças abaixam a cabeça em sinal de respeito. O fotógrafo dispara a máquina. Ao final da prece, a chuva por coincidência termina.

— Vou falar para o dono do jornal que vocês ficaram até as três jogando sinuca e pingue-pongue, e ainda por cima apostando dinheiro — brincou o presidente, que ainda chama o fotógrafo de "mané" pelo fato de estar na praia de calça comprida.

Diante da empolgação do fotógrafo, um dos autores comenta que ainda falta fazer a "moldura" da foto. Depois de quase uma hora de caminhada, solta a primeira pergunta, na qual ficou pensando durante todo o tempo em que Lula caminhava:

— Está pronto para a batalha, presidente?

Lula responde que não vai ter batalha e que a eleição será civilizada e respeitosa.

Naquele momento, pela experiência acumulada em outras viagens, o repórter sabe que uma pergunta importuna acabaria com a conversa. Quem cobre o palácio enxerga um muro invisível em volta do presidente. Na busca por notícias do poder, a proximidade física apresenta armadilhas para a notícia, que corre risco tanto na abordagem da autoridade quanto na ânsia de tentar intimidade.

O repórter então diz baixinho:

— Mas do outro lado tem batalha.

O presidente afirma que o PSDB, em dificuldades para escolher o nome do candidato à presidência, "parece o PT dos anos 80". Fala também sobre as cinco tartarugas que cria na Granja do Torto. Diz ter vontade de levar um saco de areia da praia para os bichos botarem ovos. Ainda na praia, aponta para as conchas. Um assessor se antecipa e recolhe três delas.

Mais de mil pessoas esperam Lula no pátio da universidade. Amarelinho, como é conhecido um radialista popular do Piauí, consegue furar novamente o cerco dos seguranças e se aproximar do presidente.

— Lula, o que você está sentindo no Piauí?

— Amarelinho, estou muito feliz de estar aqui novamente.

O radialista tira o gravador e deixa o presidente falando sozinho. Amarelinho fala com entusiasmo aos ouvintes:

— Conseguimos entrevistar de novo o presidente.

As pessoas presentes ao evento gritam o nome do radialista. Os colegas de profissão também aplaudem a façanha de Amarelinho. Todos correm para ouvir o que o presidente falou. "Amarelinho, estou muito feliz de estar aqui novamente."

Gustavo Petta, presidente da UNE, e o reitor da universidade, Luiz de Souza Santos Júnior, fazem discursos a favor do governo. O senador Alberto Silva, aliado do PMDB, pega o microfone e exige que o presidente anuncie de vez que é candidato.

A dupla que acompanhou Lula no passeio da praia torce para o presidente desconsiderar o pedido do senador. Tudo isso para que a entrevista exclusiva à beira-mar não perca força.

Sob aplausos da multidão, o governador petista Wellington Dias veste no presidente uma faixa verde e amarela, da Ordem da Renascença, comenda mais importante do Piauí. Com a faixa no peito, Lula diz que um homem público não precisa de época de eleição para fazer campanha.

— Ele faz campanha da hora em que acorda à hora em que dorme, 365 dias por ano.

Pesquisa do Instituto Datafolha divulgada naquela manhã mostra que ele voltou a liderar a corrida para a reeleição. No discurso, sugere ter consciência de que o grotão e o esquema de viagens o ressuscitaram politicamente.

— Isso deixa as pessoas que não gostam de nós muito nervosas. "Por que ele vai inaugurar? Não pode inaugurar. Este é um ano que tem eleição, então o Lula não pode viajar, ele tem que ficar sentado na cadeirinha dele, de presidente, esperando as pessoas irem lá pedir dinheiro."

Lula não abre mão das viagens.

— Vou sair para a rua porque é exatamente na rua que está a compreensão das coisas que nós fazemos.

Os dois jornalistas que entrevistaram o presidente na praia torcem agora para Lula não conversar mais com a imprensa. Finalmente, ele entra no carro e segue para o aeroporto.

No dia seguinte, em Teresina, os jornalistas vêem as fotos do mergulho do presidente nas capas de diversos jornais. Num restaurante popular na capital, assistem a um programa de uma emissora local quando são surpreendidos com a exibição das fotos. Um homem no restaurante, fã do presidente, grita ao ver a imagem de Lula com os braços para o alto.*

— É o vingador.

Um dia depois, repórteres arrancam de seguranças e funcionários do Planalto a informação de que o presidente vai passar o feriado de Carnaval numa base da Marinha no litoral sul do Rio de Janeiro. O local, na restinga da Marambaia, já havia sido usado por Fernando Henrique.

Enquanto isso, a dois dias da suposta viagem, a Secretaria de Imprensa da presidência desconversa sobre a informação. Limita-se a dizer que essa possibilidade não pode ser descartada nem confirmada. Algo oficial, segundo eles, talvez só na véspera dessa eventual viagem.

Os jornais não podem perder tempo e ficar apenas na dependência desse serviço de antiinformação do Planalto. É preciso estar no local pelo menos com um dia de antecedência. E mais, na véspera de Carnaval, os vôos de Brasília para o Rio estão lotados, assim como os hotéis do litoral do estado.

---

*Ao comentar a reportagem de Lula na praia, o *Financial Times* destacou na edição de 6 de março de 2006 que a recuperação da popularidade do presidente sugere a "intervenção divina". "Se ele realmente deu a volta por cima trata-se de um progresso tão notável quanto a sua ascensão original da pobreza extrema ao Palácio do Planalto", escreveu o repórter Jonathan Wheatley. E continua: "(...) os seus oponentes políticos observaram impotentes os fatos, enquanto os eleitores esqueciam o escândalo e se focavam, em vez disso, na estabilidade econômica que, apesar do índice desapontador de crescimento, melhorou de maneira constante as vidas de vários dos eleitores naturais de Lula, que fazem parte das camadas mais pobres da população."

Lula ficará num local isolado onde somente de barco pode-se tentar uma aproximação. Por conta disso, outro agravante: é preciso alugar uma lancha para fazer esse plantão em mar aberto. Os jornais, então, decidem agir mesmo sem ter a confirmação do Planalto. Os autores, um recém-chegado de Petrolina e outro de Parnaíba, embarcam para o Rio de Janeiro na sexta-feira pela manhã. Do aeroporto do Galeão seguem em carros alugados até Itaguaí. Às 18:34, o celular de um deles toca. O identificador de chamadas aponta: Planalto — PABX. Na linha, uma assessora do palácio informa que Lula vai mesmo à restinga.

Naquele momento, a informação oficial é irrelevante, pois, em Itacuruçá — distrito de Mangaratiba —, esse repórter havia encontrado alguns funcionários do Planalto. Além disso, ao atender o celular, havia acabado de alugar uma lancha para os quatro dias de Carnaval. O que era óbvio três dias antes apenas ganhou um caráter oficial-burocrático.

Lula age como se, com um estalar de dedos, deixasse de ser presidente e não devesse satisfação a ninguém sobre seus momentos de descanso. Esquece, porém, que toda a estrutura de suas folgas, da alimentação ao combustível da aeronave, é custeada com dinheiro público.

Nos quatro dias de plantão dentro de uma lancha em mar aberto, diante da restinga da Marambaia, os jornalistas não conseguem aproximar-se do presidente. Uma fragata com canhão e lanchas da Marinha impedem a aproximação dos barcos alugados pela imprensa.

Na manhã do sábado de Carnaval, na marina-porto de Itacuruçá, os jornalistas são informados por um barqueiro de que o presidente pode almoçar no restaurante de uma ilha particular da região. No caminho da ilha, no primeiro dia de plantão marítimo, o barqueiro faz um retrato pouco animador aos jornalistas.

— Eu acho que vocês não vão conseguir nem entrar nessa ilha. Lá é só com reserva feita no Rio de Janeiro.

Antes de chegar, os repórteres passam a imaginar uma ilha paradisíaca, com um restaurante cinco estrelas, tudo muito chique, cobrado em dólar. Na ilha, os repórteres se impressionam. É tudo muito requintado, o que leva a imaginar que Lula pode mesmo deixar a base da Marinha para almoçar por lá. Um funcionário permite que os jornalistas deixem a lancha e sigam a pé por uma trilha até o famoso restaurante, construído ao lado da residência do dono. Mas afirma que o almoço só será possível com reservas. O jeito, então, é procurar o dono da ilha e do restaurante. Almoçar ali se torna algo estratégico para a cobertura. Lula pode aparecer a qualquer momento. Depois de um demorado banho, o dono do restaurante se aproxima. Com um avental branco, ouve as explicações dos jornalistas e admite que não foi procurado pelo Planalto por conta de uma eventual visita do presidente. Ao final, diz que todos estão convidados a comer de graça.

Os repórteres aceitam o convite, mas com a condição de pagarem a conta ao final da refeição. O dono da ilha segue para o restaurante dizendo que não aceitará dinheiro. Os jornalistas, então, combinam entre si que cada um deixará no mínimo cinqüenta reais, além do valor das bebidas. Acreditam estar a minutos de um banquete requintado.

Meia hora depois, chega à ilha um grupo de 150 turistas europeus, aparentemente da Escandinávia. Um sino toca para anunciar o início do almoço. E, para a surpresa dos jornalistas, o *self-service* tem carne de boi, peixe, macarrão, churrasco, galinha e lingüiça. A mistureba está longe de ser a comida imaginada.

O clima é carnavalesco. Enquanto os turistas avançam na comida e bebem caipirinha, um trio amador de sambistas toca "Garota de Ipanema". Ao mesmo tempo em que servem banana de sobremesa, garçonetes vestidas de baianas prosseguem oferecendo carne de churrasco. O negócio ali é mesmo para encantar os gringos. Aparece até um funcionário com uma arara no ombro para vender fotos instantâneas aos turistas.

É o momento em que os jornalistas têm a certeza de que Lula não vai encarar esse almoço. Cada um deixa trinta reais e retorna para a lancha do plantão, num dia em que os repórteres-fotográficos têm de se contentar com a imagem de grupos de botos nadando nas águas da baía de Sepetiba. Nada de Lula.

No domingo de Carnaval, ainda sem informações sobre o presidente, os repórteres seguem de lancha até o "Carnamar", um cortejo de cerca de cem barcos decorados, a cinco minutos da base militar. A expectativa é captar a imagem de foliões com máscaras de Lula, Delúbio e Marcos Valério ou quem sabe o "barco do mensalão", mas o que se vê são temas que exaltam especialmente a Copa do Mundo. Nada de política. Na embarcação das "meninas" de rosa-choque, só empolgação. "Aê galera, o Carnaval neste ano não está fraco, não", grita o locutor do evento.

O jeito é retornar às proximidades da base da Marinha. Não há negociação. Mais uma vez as embarcações militares impedem que lanchas alugadas por jornalistas se aproximem. Uma foto do presidente caminhando na praia salvaria o dia. Mas, no segundo dia de plantão, apenas botos e tartarugas marinhas haviam sido registrados pelas câmeras fotográficas.

No terceiro dia, pela manhã, novamente uma lancha da Capitania dos Portos intercepta a embarcação dos jornalistas. Demonstrando nervosismo, um dos dois militares da Marinha pede a carteira de habilitação do piloto da lancha. Teteco, o barqueiro, admite sem cerimônia que não tem a documentação pessoal, apenas a da embarcação.

— Vamos apreender essa embarcação. Ela será rebocada até a marina-porto de Itacuruçá — diz um marinheiro.

Surpresos com a falta de documentação do barqueiro, os repórteres têm reações distintas com o flagrante dos militares. Uma repórter telefona desesperada para a redação de seu jornal.

— Eu estou aqui como pessoa jurídica, e não como pessoa física. Eu estou avisando oficialmente ao jornal que a Marinha vai rebocar o nosso barco e eu não sei o que vai acontecer.

Enquanto isso, outros jornalistas preferem reagir com bom humor e pedem que a embarcação seja apreendida e levada para a base da Marinha na qual está o presidente Lula.

— Esta é uma área militar. Vamos levá-los a Itacuruçá — responde, bravo, o marinheiro.

O barqueiro reclama que os marinheiros não colocaram bóias para evitar choques das duas embarcações. Quer saber quem vai pilotar a lancha, pois está sem habilitação.

— Posso levar — diz o marinheiro.

— Você tem carteira? — perguntou Teteco.

— Irmão, eu sou da Marinha do Brasil — reage o marinheiro. — Eu queria ver o que você faria se a gente fosse PM.

Os repórteres tentam acalmar os ânimos. Um deles, em voz baixa, diz: "Se fossem policiais, o piloto ia molhar a mão de vocês." Enquanto o bate-boca se desenrola, os fotógrafos fazem fotos de embarcações estacionadas próximas à praia da restinga. Depois do bate-boca, o piloto da lancha deixa os repórteres em Itacuruçá e corre para pular Carnaval no Bloco do Carvão. A lancha não é apreendida.

Mais tarde, no hotel, os fotógrafos começam a ampliar as fotos em seus *laptops*. Aumentam ao máximo a imagem de uma das lanchas próximas à praia. Até que um deles sai gritando.

— Eu consegui fotografar o Lula. Venham ver. É ele mesmo.

Na imagem, captada também pelos demais fotógrafos no momento em que a embarcação dos jornalistas passava pela *blitz* da Marinha, o presidente aparece descalço, sem camisa, de bermuda branca e com uma vara de pesca na mão. Os jornais publicam as fotos no dia seguinte.

Chega então o quarto e último dia de plantão. É terça-feira de Carnaval, e os repórteres passam oito horas em mar aberto. Novamente, uma lancha da Capitania dos Portos aborda a embarcação, enquanto os fotógrafos disparam suas câmeras em direção a um barco onde supostamente o presidente está pescando. O trabalho só termina quando um helicóptero decola da base da Marinha levando Lula e a primeira-dama.

O presidente preferiu o isolamento, o descanso total. As últimas imagens de Lula o mostravam de bom humor, de bem com os eleitores e com a faixa verde e amarela no peito. Distante do continente, o presidente estava com auto-estima elevada, pronto para mais uma eleição.

Semanas depois, Lula e Marisa Letícia andariam de carruagem em Londres com a rainha Elizabeth II. A imprensa brasileira, que sempre tratou com certa chacota a mania de o presidente dimensionar a importância do programa de biodiesel para o futuro da "humanidade", reproduziria o interesse do primeiro-ministro britânico, Tony Blair, em relação ao combustível renovável. Lula, *"boy from Brazil"*, recebia elogios dos jornais da Inglaterra pela condução da política fiscal e monetária, e nenhum repórter conseguiu registrar uma gafe do casal brasileiro.

Horas após desembarcar no Recife, ao voltar da Inglaterra, Lula correu para entregar casas aos moradores da antiga favela Brasília Teimosa, que tinha visitado no início do governo. Num palanque montado no bairro Casarão do Cordeiro, onde foram instaladas 224 famílias, o presidente foi tocado, abraçado e beijado e falou aos ex-favelados sobre o encontro com a rainha.

— Foi extraordinário estar com a rainha, que tratou a Marisa e a mim com fineza, e o mesmo tratamento recebemos dos empresários ingleses e do primeiro-ministro, Tony Blair. Nunca fomos tão bem tratados, mas nada paga encontrar meu povo brasileiro, esse povo extraordinário, que compreende o que temos feito no Brasil.

Num encontro com políticos pernambucanos, Lula relatou que Elizabeth II confidenciou a ele que uma das jóias de que mais gosta lhe tinha sido presenteada por Assis Chateaubriand, jornalista e ex-embaixador brasileiro em Londres.

Um parlamentar brincou:

— O senhor não disse que a jóia poderia ser roubada, né?

Lula ficou em silêncio. O presidente disse ter ficado impressionado com a recepção dos ingleses.

— Aquilo existe há mil anos porque a organização é impecável. É uma liturgia do poder e do detalhe. Mas imagina um homem que nasceu em Caetés dormir no quarto de um palácio daqueles.

Nas viagens com o presidente, os jornalistas sempre buscam reportagens que não se limitem ao factual político do dia. Às vezes, uma história interessante pode ser encontrada em cidades próximas àquela a ser visitada oficialmente.

No terceiro ano de mandato, quando Lula esteve em Garanhuns (PE) para inaugurar uma escola com o nome de sua mãe, teve quem, antes da solenidade, estendesse a viagem até o município de Caetés, o antigo distrito onde nasceu o presidente. De carro, de Garanhuns até lá, são cerca de vinte minutos. A estrada está asfaltada. A primeira reação de um jornalista que cobre o dia-a-dia político não pode ser outra ao chegar à terra do presidente.

— É incrível, ele saiu daqui.

Uma coisa é ouvir todos os dias o mesmo discurso sobre a origem humilde do presidente. Outra é ver com os próprios olhos o lugar em que ele nasceu, num desses grotões onde a vida é sempre difícil. Sair dali, diante daquela situação, parece ser uma sorte de poucos.

Na porta do Centro Médico Dona Lindu encontra-se a vendedora ambulante Odete Maria da Silva, de 55 anos.

— O pessoal fica inventando histórias para derrubar o Lula, como fez com o Collor. Mas Deus é maior que todo mundo. Lula vai ganhar outra vez — diz a mulher.

A vendedora diz que não sabe nada dessa "tal de crise". Não conheceu Lula, assim como nunca viu Collor. Para ela, Lula não é um conterrâneo famoso, mas um homem que fala o que ela entende e "se preocupa" com pessoas humildes. Odete lembra que, no governo Fernando Henrique, a lata de óleo no comércio local custava 3 reais. No governo Lula, a lata sai por 1,80.

— Fico triste porque inventam coisas contra ele. Por que eu vou dizer que o governo é ruim?

Lula cresceu com o discurso do retirante nordestino, companheiro dos trabalhadores. No início, somente intelectuais, universitários, funcionários públicos e uma parcela restrita da sociedade aceitavam e apoiavam esse discurso. A campanha de 2002 e o início do governo estenderam o prestígio do petista aos grotões, redutos tradicionais de caciques conservadores ou de aventureiros e salvadores da pátria.

Nas eleições municipais de 2004, dois anos depois da vitória de Lula, o Diretório Nacional do PT montou uma estrutura para ajudar petistas nos pequenos municípios, com o repasse de santinhos, camisetas e panfletos com o retrato do presidente.

No final do terceiro ano de governo, passado o auge da crise, Lula cai nas pesquisas de opinião. Mas ainda resta esse eleitorado que tem o perfil que o próprio presidente usa para falar do passado. É assim em Caetés. O agricultor Cícero Cesário de Oliveira, 71 anos, diz acreditar na inocência do conterrâneo:

— Ele não sabia de nada, não. Ele é novato. Quem sabe é o pessoal mais velho, deputado e senador. Caetés antes de Lula [chegar ao poder] era uma carniça, não era lugar, não. Esses bichões têm de entender que Lula é um véio bom.

Em 1989, Caetés preferiu Collor a Lula. Nas duas eleições seguintes, a cidade optou por Fernando Henrique. Depois de todas as crises, no final do terceiro ano de mandato, o prestígio de Lula se focou no lugar em que, no início, era um estranho ou um rejeitado político, embora tenha sido lá que o presidente nasceu e viveu os sete primeiros anos de vida. Agora, ao lado dele estão os seguidores de Collor, uma gente que tem por hábito continuar no barco mesmo com a água no pescoço.

Se o grotão não foi o reduto onde começou a carreira política, ao menos foi uma das principais fontes de inspiração para os discursos que encantaram o sul do país, que o tornaram o Lula.

Caetés é administrada pelo petista Zé da Luz. Nos últimos anos, escolas foram reformadas e prédios da prefeitura ganharam pintura nova. A praça Frei Damião, local de pedidos e oferendas, também passou por mudanças. Zé da Luz chegou a propor a construção de uma estátua de Lula na entrada da cidade.

— Eu não aceitei, claro — comentou o presidente com os autores deste livro numa outra ocasião.

Agora tem água encanada na cidade. Mas a água não é usada para consumo humano. O vendedor de água mineral Elias Azevedo dos Santos, 16 anos, também diz que vai votar em Lula na próxima eleição. Santos afirma que no governo passado faturava oitenta reais por mês com a venda de água.

— Hoje, vendo mais baldes de água por causa do Bolsa-Família. As pessoas estão com mais dinheiro para gastar.

O Bolsa-Família, o PT local e as diversas ações federais na cidade natal do presidente podem ter melhorado o comércio e a vida das pessoas do lugar, mas uma figura que Lula conhece muito bem se mantém forte na estrutura social de Caetés. Dono de pau-de-arara, Otávio Ferreira da Silva, 59 anos, diz que os negócios aumentaram. No início de 2005, por 72 mil reais, ele comprou um caminhão zero-quilômetro para transportar gente na carroceria. A traseira do veículo ganhou bancos improvisados de madeira. Afirma que não comprou um ônibus, pois queria um veículo que pudesse ser utilizado em outras atividades. Fez isso também porque nenhum órgão público fiscaliza o transporte coletivo na região.

— Posso fazer fretes diversos com o caminhão. E agora, com o Lula, o pau-de-arara sempre anda cheio, principalmente no final do mês, quando as pessoas saem da roça para receber o Bolsa-Família na cidade.

Uma passagem no pau-de-arara para o trajeto de seis quilômetros entre Caetés e o distrito de Atoleiro custa um real.

O Bolsa-Família melhorou a vida dos conterrâneos do presidente. Mas não seria dessa vez que o pau-de-arara sairia de cena. Foi num carro desse tipo que Lula, ainda criança, fez a primeira viagem da vida dele, acompanhado da mãe e de sete irmãos — uma jornada de 13 dias do agreste a São Paulo, onde conheceu a política e as multidões.

Passados cinqüenta anos da viagem da destemida dona Lindu e seus filhos, o país teria completado uma etapa da democracia com as posses de um presidente intelectual e de outro oriundo de uma fábrica e aclamado pelas universidades.

Com Fernando Henrique, os brasileiros puderam sentir o gosto de mostrar ao mundo que a imagem do jeca era distorcida ou não representava toda a sociedade. Depois, com Lula, soube-se que não é preciso maquiagem para se apresentar e se relacionar com nações desenvolvidas. O Brasil daria mostra, mesmo simbolicamente, de que cidadãos de qualquer classe social poderiam chegar ao poder. Usar toga de doutor ou falar com a descontração de um operário seriam apenas estilos de presidentes.

Os carismáticos petistas e os técnicos tucanos, no entanto, não romperiam a tradição de salvadores da pátria. Nessas viagens pelo país afora, percebe-se o quanto atuaram na manipulação de sonhos coletivos exagerados.

Lula, em especial, teve a façanha de atravessar uma das mais fortes turbulências políticas no Brasil sendo tocado, abraçado e beijado por multidões, sem precisar obrigatoriamente do trabalho sempre eficiente das claques. Ele caminhou rumo à disputa de outubro dando mostras de que o carisma está acima de legendas e das respostas necessárias. Um rei às avessas, que mantém a coroa simplesmente expondo o sangue que não é azul.

Em junho de 2002, a "Carta ao povo brasileiro" foi divulgada pelo PT dias depois de um encontro entre Lula e Fernando Henrique em Brasília, ainda na época da campanha eleitoral.

— Fernando, o que você acha que vai acontecer?

— Você vai ganhar, Lula. Você vai ser meu sucessor.

Em seguida, Lula pediu que o então presidente convencesse os amigos Bill Clinton, Tony Blair e a turma do FMI sobre as intenções petistas de diálogo.

— Faço a minha parte, convenço meus amigos, Lula. Mas você tem de fazer a sua, segurar seus radicais — respondeu o presidente.

Lula voltou a São Paulo disposto a redigir a carta aos amigos de Fernando Henrique. Em outras palavras, colocou no papel justamente aquilo que os banqueiros queriam ouvir. O PT, com direito a um rígido superávit fiscal, manteria a política econômica tucana de Pedro Malan.

O novo presidente cumpriria os termos da carta. Ele aposentaria o personagem barbudo e gorducho que fazia tremer os banqueiros e os latifundiários do país. No governo, porém, houve um momento em que aquele velho petista deu sinais de vida. Por pouco menos de duas horas, é verdade, saiu do coma e falou como se ainda acreditasse em colocar em prática seus antigos discursos.

O fato se dá em Tóquio, no Japão, no final de maio de 2005. Certo dia, pela manhã, o presidente é informado por assessores que, do outro lado do mundo, o Planalto e os partidos da base aliada haviam sido derrotados na tentativa de barrar a criação da CPI Mista dos Correios, que nos meses seguintes promoveria uma devassa no PT e em setores do governo federal.

À noite, após uma maratona de eventos oficiais, Lula segue para um jantar na residência do embaixador brasileiro no Japão. Entre os convidados, há ministros, assessores, diplomatas, deputados e senadores. Cerca de vinte pessoas. Todos brasileiros. Ele chega com uma aparência péssima. Está visivelmente atordoado por conta do clima de tensão política em Brasília. Se tivesse cancelado a viagem à Ásia, avalia que poderia ter atuado diretamente para impedir a criação da CPI.

Para aliviar esse estresse, nada melhor do que uma dose caprichada de uísque com gelo. Antes mesmo do início do jantar, Lula manda servir o segundo, o terceiro e o quarto copos. Visivelmente alterado, o presidente sai por um momento do coma profundo que o ajudou a eleger-se. O "Lulinha paz e amor" dos marqueteiros não está mais ali. Agora, é o petista das antigas.

Com o quarto copo de uísque pela metade, pede a palavra aos presentes e coloca a política externa de seu governo em discussão. Sua primeira reserva de munição é usada contra os vizinhos sul-americanos do Mercosul, a começar pela Argentina.

— Tem hora, meus caros, que eu tenho vontade de mandar o Kirchner para a puta que o pariu. É verdade. Eu tenho mesmo — afirma, aos gritos, para desconforto absoluto dos demais à mesa.

Lula está incontrolável e prossegue sua investida a Néstor Kirchner e à Argentina, que havia se posicionado contra a proposta brasileira de ampliação das cadeiras permanentes do Conselho de Segurança da ONU.

— A verdade é que nós temos de ter saco para aturar a Argentina. Temos de ter muito saco.

O clima se torna de aflição até para assessores do Planalto acostumados com o palavreado do presidente. Os diplomatas não conseguem acreditar naquilo que presenciam. Sem papas na língua, o petista prossegue com um ataque ao uruguaio Jorge Batlle:

— Aquele lá não é uruguaio porra nenhuma. Aquele lá foi criado nos Estados Unidos. É filhote dos americanos.

Definitivamente não há como controlar o presidente. Ele parece disposto a falar tudo aquilo que está entalado em sua garganta desde a conservadora "Carta ao povo brasileiro". Tudo aquilo parece ser um grande desabafo de um presidente que, ao ser eleito, fez sua primeira viagem internacional à Argentina e se desdobrou em deslocamentos no intuito de aproximar os vizinhos do continente. Uma política de governo que sofreu fortes críticas de setores internos que privilegiavam a atenção aos Estados Unidos e à União Européia e que nunca acreditaram nas relações com interlocutores em situação econômica igual ou pior que a do Brasil.

O auge dessas críticas ocorre em 2006, quando o presidente da Bolívia, Evo Morales, nacionaliza as reservas de gás e ameaça expropriar bens da Petrobras. Enquanto a imprensa brasileira e a oposição ao Planalto exigem medidas duras e retaliações contra o miserável país vizinho, Lula prega o diálogo e mantém o respeito à Constituição. O parágrafo único do artigo 4º determina: "A República Federativa do Brasil buscará a integração econômica, política, social e cultural dos povos da América Latina, visando à formação de uma comunidade latino-americana de nações."

Na seqüência do jantar, Lula coloca o Chile em debate. Lamenta que o país sul-americano tenha optado por privilegiar seu comércio com os Estados Unidos, e não com os colegas do Mercosul:

— O Chile é uma merda. O Chile é uma piada. Eles fazem os acordos lá deles com os americanos. Querem mais é que a gente se foda por aqui. Eles estão cagando para nós.

Ele ainda está sob o efeito do uísque que o mantém fora do estado de consciência. Depois de concluir o tema internacional, parte então para assuntos caseiros. Evita atacar o Congresso e a oposição, pois entre os convidados há deputados e senadores de diferentes partidos. Sobre Fernando Henrique, limita-se a dizer que a política externa dos tucanos ficou aquém do potencial brasileiro. Sobra então para os fazendeiros.

— Tem que acabar com essa porra de fazendeiro que todo ano vem pedir dinheiro ao governo. Esses caras têm que entender que eles sugaram a nação por décadas e mais décadas. Agora é a hora de a gente botar o MST na terra, criar os assentamentos que temos que criar. Eu estou convencido disso. Não tem jeito.

Duas semanas antes, o MST havia concluído uma caminhada com 15 mil pessoas entre Goiânia e Brasília. Desfilaram por horas pela Esplanada dos Ministérios e depois, por meio de uma comissão, foram recebidos pelo presidente no Palácio do Planalto. No jantar, prossegue suas críticas aos produtores rurais.

— E essa bancada ruralista? Tem que banir essa gente. Toda hora é historinha de refinanciamento de dívida pra cá, refinanciamento de dívida pra lá. Esse pessoal que pede renegociação todo ano tem de ser banido. Tem que acabar com isso — conclui o presidente, que, ao longo de sua gestão, sempre buscou confrontar suas ações com os oito anos de tucanato e evitar uma autocomparação com o Lula de tempos atrás.

Os vinte convidados ao jantar assistem atônitos à fala de Lula, enquanto militantes de esquerda, sindicalistas, estudantes, sem-terra, integrantes de movimentos sociais e simples eleitores lulistas, se estivessem ali na embaixada, serviriam mais uísque ao presidente para que tal discurso fosse colocado em prática. Provavelmente, ficariam com a sensação de que Lula deveria ter bebido mais, muito mais em seu governo.

À mesa de jantar está um homem que enfrenta o dilema de representar os dois lados do Brasil. Lula dá mostras de que deve atender a um lado em troca da governabilidade e, ao mesmo tempo, tenta deixar claro ainda pertencer ao lado dos que exigem igualdade de oportunidade.

No calor da divergência, o feito de tirar três milhões de brasileiros da miséria,* um recorde desde que o assunto começou a ser pesquisado com rigor, é minimizado ou exaltado de acordo com os interesses políticos.

Na embaixada do Brasil no Japão, o ritmo da bebedeira e o efeito alcoólico de Lula diminuem ao longo da conversa e do jantar. Com isso, na hora da sobremesa e do cafezinho, o presidente retorna ao seu estado de coma profundo, ao menos em relação à imagem vendida nos anos 1980 e 1990. É de novo o "Lulinha paz e amor" da "Carta ao povo brasileiro".

---

*A pesquisa "Miséria em queda", da Fundação Getúlio Vargas, mostra que em 2004 a taxa de brasileiros na faixa de extrema pobreza caiu 8 por cento em comparação com o ano anterior. Foi o mais baixo patamar desde 1992, quando foi lançada a nova Pesquisa Nacional por Amostra de Domicílios do IBGE, que considera miserável a pessoa que não pode ingerir 2.288 calorias por dia, nível recomendado pela Organização Mundial de Saúde.

Fontes consultadas

BAUM, Ana (org.). *Vargas, Agosto de 54, A história contada pelas ondas do rádio.* Rio de Janeiro: Garamond, 2004.

Brasil 1994-2002: A era do Real. Brasília: Secom-Presidência da República, 2002.

CAMAROTTI, Gerson e **PEÑA,** Bernardo de la. *Memorial do escândalo.* São Paulo: Geração Editorial, 2005.

CARDOSO, Fernando Henrique. *A arte da política: a história que vivi.* Rio de Janeiro: Civilização Brasileira, 2006.

COUTO, Ronaldo Costa. *Brasil: história indiscreta da ditadura e da abertura: Brasil: 1964-1985,* Rio de Janeiro São Paulo: Record, 1998.

GASPARI, Elio. *A ditadura escancarada.* São Paulo: Companhia das Letras, 2002.

GOUGET, Alba Gisele e **ISHAQ,** Vivien. *Os presidentes e a República.* Rio de Janeiro: Arquivo Nacional, 2001.

KAPUSCINSKI, Ryszard. *O imperador: a queda de um autocrata.* São Paulo: Companhia das Letras, 2005.

KUBITSCHEK, Juscelino. *Por que construí Brasília.* Brasília: Senado Federal, 2000.

LIMA, Valentina da Rocha e **RAMOS,** Plínio de Abreu. *Tancredo fala de Getúlio.* Porto Alegre: L&PM Editores, 1986.

SCHWARCZ, Lilia Moritz. *As barbas do Imperador: Dom Pedro II, um monarca nos trópicos.* São Paulo: Companhia das Letras, 1998.

SWIFT, Jonathan. *Viagens de Gulliver.* São Paulo: Nova Cultural, 2003.

Outras fontes de informação:

O Estado de S. Paulo
Folha de S.Paulo
www.presidencia.gov.br
www.info.planalto.gov.br

Índice onomástico

Este livro foi composto na tipologia Minion,
em corpo 11/17 e impresso em papel offset 90g/m²
pelo Sistema Cameron da Divisão Gráfica
da Distribuidora Record.

1